Microsoft Teams

Helmut Gräfen

Microsoft Teams

Praxis-Handbuch

mitp

Bibliografische Information der Deutschen Nationalbibliothek
Die Deutsche Nationalbibliothek verzeichnet diese Publikation in der Deutschen Nationalbibliografie; detaillierte bibliografische Daten sind im Internet über <http://dnb.d-nb.de> abrufbar.

Bei der Herstellung des Werkes haben wir uns zukunftsbewusst für umweltverträgliche und wiederverwertbare Materialien entschieden.
Der Inhalt ist auf elementar chlorfreiem Papier gedruckt.

ISBN 978-3-7475-0134-4
1. Auflage 2020

www.mitp.de
E-Mail: mitp-verlag@sigloch.de
Telefon: +49 7953 / 7189 - 079
Telefax: +49 7953 / 7189 - 082

klimaneutral
natureOffice.com | DE-077-529981
gedruckt

Lektorat: Lisa Kresse
Sprachkorrektorat: Petra Heubach-Erdmann
Coverbild: © apinan / stock.adobe.com
Satz: III-satz, Husby, www.drei-satz.de
Druck: Medienhaus Plump GmbH, Rheinbreitbach

Inhaltsverzeichnis

Einleitung

Als ich im Sommer 2019 die Idee zu diesem Buch hatte, war ich mir sicher, dass Microsoft Teams das Potenzial hat, *die* Standardsoftware für Kommunikation und Collaboration zu werden. Die weltweite Corona-Krise hat die Nutzerzahl von MS Teams noch einmal deutlich ansteigen lassen. Plötzlich stehen Unternehmen vor der Herausforderung, aus dem Stand Homeoffice-Arbeitsplätze in großer Zahl zu schaffen. Da drängt sich MS Teams als Lösung natürlich förmlich auf. Entweder ist das Tool bereits eingeführt oder Unternehmen nehmen das Angebot Microsofts an, MS Teams für ein halbes Jahr kostenlos nutzen zu dürfen. Ich gehe davon aus, dass auch nach der Corona-Krise die Besprechungskultur in Unternehmen eine andere sein wird und dass MS Teams die Kommunikation und die Kollaboration in den Firmen nachhaltig verändern wird.

Warum habe ich dieses Buch geschrieben?

Vor 3 Jahren begann ich, mich mit MS Teams auseinanderzusetzen. Literatur dazu gab es kaum und wenn, dann nur englischsprachige. Das Recherchieren von Informationen und Zusammenhängen war äußerst mühselig. Das Wissen, das ich mir auch durch meine Berater- und Trainertätigkeit in MS Teams über die Jahre angeeignet habe, möchte ich gerne an andere weitergeben. Dabei liegt es mir besonders am Herzen, die Nutzung von MS Teams unter einem organisatorischen Aspekt zu betrachten. Diese Vorgehensweise halte ich auch für zwingend erforderlich. Aus diesem Gedanken heraus habe ich eine 8-Schritte-Methode entwickelt, die das Rückgrat dieses Buches bildet.

Wie ist das Buch aufgebaut?

Kapitel 1 »Microsoft Teams und Office 365« beschreibt die Philosophie von MS Teams und wie es in das Office-365-Paket eingebunden ist.

Kapitel 2 »Der Aufbau von Microsoft Teams« gibt Ihnen einen Überblick über den Aufbau von MS Teams. Hier erfahren Sie, welche Funktionsbereiche die Software bietet und wie Sie sich sicher in der Oberfläche von MS Teams bewegen.

In **Kapitel 3 »Die 8 Schritte zur erfolgreichen Arbeit mit Microsoft Teams«** empfehle ich Ihnen, mit der 8-Schritte-Methode zu arbeiten, und erkläre, warum diese Vorgehensweise sinnvoll ist. Die folgenden Kapitel beschreiben die Schritte der Methode.

In **Kapitel 4 »Ein Team planen, erstellen und konfigurieren (Schritte 1 bis 3)«** erfahren Sie, wie Sie ein Team erstellen und welche Einstellungen Sie in einem Team vornehmen können.

In **Kapitel 5 »Ein Team mit Kanälen strukturieren (Schritt 4)«** gehe ich auf das Planen und Erstellen von Kanälen und die Abgrenzung von Standardkanälen und privaten Kanälen ein.

In **Kapitel 6 »Dateimanagement innerhalb eines Teams (Schritt 5)«** lernen Sie, wie Sie Ordner und Dateien in MS Teams hochladen, erstellen und bearbeiten.

In **Kapitel 7 »Aufgabenmanagement innerhalb eines Teams (Schritt 6)«** zeige ich Ihnen die verschiedenen Aufgabentools und deren Kommunikation untereinander.

In **Kapitel 8 »Mitglieder eines Teams festlegen (Schritt 7)«** beschreibe ich die verschiedenen Möglichkeiten, Mitglieder und Gäste in ein Team aufzunehmen.

In **Kapitel 9 »Chatten und Besprechungen in Microsoft Teams«** erfahren Sie die Unterschiede zwischen Kanalchats und 1:1-Chats und zwischen geplanten Online-Besprechungen und Sofortbesprechungen.

In **Kapitel 10 »Microsoft Teams mit Apps erweitern«** erkläre ich Ihnen, wie Sie OneNote, Planner und Apps von Fremdanbietern in Ihr Team einbinden. Außerdem beschreibe ich 11 Anwendungsmöglichkeiten für OneNote.

Auf welche Version und welchen Stand bezieht sich das Buch?

Sie können das Buch für alle Office-365-Pläne nutzen, die MS Teams beinhalten. Es bezieht sich auf den Office-365-Funktionsstand aus April 2020.

Kurz vor der Drucklegung dieses Buches hat Microsoft die Namen der Pläne (Abomodelle) zum Teil geändert. Da sich der Produktname *Office 365* etabliert hat und es erfahrungsgemäß mehrere Monate dauert, bis sich die Namensänderungen bei den Benutzern durchgesetzt haben, habe ich mich dafür entschieden, im Buch mit dem Produktnamen *Office 365* zu arbeiten. Zu Ihrer Orientierung führe ich hier die wichtigsten Pläne mit altem und neuem Namen auf.

Alter Name	Neuer Name
Office 365 Business Essentials	Microsoft 365 Business Basic
Office 365 Business Premium	Microsoft 365 Business Standard
Office 365 Business	Microsoft 365 Apps for Business
Office 365 E1	Stand heute keine Namensänderung
Office 365 E3	Stand heute keine Namensänderung
Office 365 E5	Stand heute keine Namensänderung

Microsoft bietet auch die Pläne Microsoft 365 E3 und Microsoft 365 E5 an. Sie beinhalten die Funktionen und Apps der Pläne Office 365 E3 und Office 365 E5. Darüber hinaus aber auch unter anderem das Betriebssystem Windows Enterprise.

Für wen ist das Buch gedacht?

Das Buch ist sowohl für Teamleiter gedacht, deren Aufgabe es ist, Teams in MS Teams zu erstellen, als auch für die Teammitarbeiter, die mit MS Teams einfach und produktiv arbeiten wollen.

Was ist mit neuen Funktionen?

MS Teams und Office 365 sind sehr dynamische Produkte. Microsoft veröffentlicht fast wöchentlich neue Funktionalitäten. Mit den folgenden Webseiten halten Sie sich auf dem Laufenden:

Der Microsoft Teams-Blog:

`https://www.microsoft.com/de-de/microsoft-365/blog/category/teams/`

Die Office-365-Roadmap mit der Auflistung von Funktionen, die gerade ausgerollt werden oder sich in der Entwicklung befinden:

`http://roadmap.office.com`

Fragen und Anregungen?

Wenn Sie Fragen oder Anregungen zu meinem Buch haben, lade ich Sie herzlich ein, mir eine Mail an `helmut.graefen@team-babel.de` zu schicken. Es kann zwar ein paar Tage dauern, aber ich werde Ihnen auf jeden Fall antworten.

An dieser Stelle möchte ich mich bei meiner Lektorin Lisa Kresse bedanken, die mich zu jeder Zeit unterstützt hat. Dank gebührt auch den anderen Mitarbeitern des mitp-Verlages, die zum Gelingen des Buches beigetragen haben.

Ein besonderer Dank gilt meiner Frau, Anne Nießen, die mein Buchprojekt immer befürwortet und mich moralisch unterstützt hat.

Ich wünsche Ihnen beim Lesen viele neue Erkenntnisse und ein produktives Arbeiten mit MS Teams.

Monschau, im April 2020
Helmut Gräfen

Kapitel 1

Microsoft Teams und Office 365

1.1 Die Philosophie von Microsoft Teams

Mit Microsoft Teams bietet Microsoft innerhalb von Office 365 ein mächtiges Tool zur Teamarbeit an. MS Teams ist immer Bestandteil von Office 365 und kann nicht als separates Produkt erworben werden. Unternehmensfremde Personen, die in ein Team eingeladen werden, brauchen jedoch nicht zwingend Office 365. Mit dem Link, der mit der Einladungsmail geliefert wird, können sie Teams auch mit einer Weboberfläche nutzen, siehe auch Abschnitt 1.6.

Microsoft Teams ist ein chatbasierter Arbeitsraum für Teams in Office 365. In diesem Team-Arbeitsraum können Dateien sehr schnell innerhalb des entsprechenden Teams von allen Teammitgliedern gesehen und bearbeitet werden. Microsoft Teams ist ein echtes Collaboration-Tool. Das bedeutet, dass alle Teammitglieder auf die Daten, die in MS Teams liegen, zugreifen können. Ein Versenden von Dateien per Mail an andere Teammitglieder, wie man es noch von den Fileserver-Ressourcen kennt, ist damit nicht mehr nötig.

Abb. 1.1: Die Funktionsschwerpunkte von MS Teams

Letztendlich hat Microsoft Teams drei Funktionsschwerpunkte. Es dient als ...

1. **Collaboration-Plattform** zum gemeinsamen Bearbeiten von Daten in einem Team. Mehr dazu in Kapitel 6.

2. **Chat-Plattform**, sowohl zum Chatten innerhalb eines Teams als auch zum Chatten mit Personen, die nicht zum Team gehören. Mehr dazu in Kapitel 9.
3. **Dashboard**, an das Funktionalitäten angedockt werden können, die Microsoft Teams selbst nicht bietet. Mehr dazu in Kapitel 10.

1.2 Die Benefits von Microsoft Teams

Microsoft Teams bietet eine Reihe von Benefits, die den Einsatz des Tools im Unternehmen sehr interessant machen:

- Alle Teammitglieder können ohne weitere Berechtigungszuweisungen mit den Dateien arbeiten, die im Teambereich liegen.
- Das Versenden von Dateien innerhalb eines Teams per Mail wird damit überflüssig.
- Falls teamrelevante Informationen per Mail an Teammitglieder gesendet wurden, können diese innerhalb von MS Teams in das entsprechende Team weitergeleitet werden.
- Mehrere Personen können zeitgleich an einem Dokument arbeiten.
- Eine Dateiversionierung wird automatisch vorgenommen.
- Jedes Teammitglied kann Dateien aus- und einchecken.
- Es wird eine schnelle und kontextbezogene Kommunikation innerhalb des Teams via Chats ermöglicht.
- 1:1-Chats und Gruppenchats sind auch außerhalb des Teams möglich.
- Sie haben die Möglichkeit, Sofortbesprechungen in einem Video-Chat zu führen.
- Geplante Meetings im Team können durchgeführt werden.
- Sie können zusätzliche Funktionen über Registerkarten einbinden.

1.3 Vorüberlegungen zum Einsatz von Microsoft Teams

Der Hype um Microsoft Teams ist zurzeit gewaltig. Viele Unternehmen sind dabei, Office 365 und MS Teams einzuführen. Entscheider unterschätzen die Komplexität der Implementierung von MS Teams jedoch oft.

In meiner täglichen Berater- und Trainerpraxis erlebe ich es immer wieder, dass MS Teams eingeführt wird, ohne dass sich die Verantwortlichen darüber Gedanken gemacht haben, was eigentlich hinter der Software steckt und welche Konsequenzen sich aus der Einführung ergeben. Die folgenden Sachverhalte sollte man sich unbedingt vor der Implementierung bewusst machen, da sie sich unter anderem auf die Konzeption eines Teams und die tägliche Arbeit mit der Software auswirken:

1. Mit dem Anlegen eines Teams werden im Hintergrund mehrere Ressourcen automatisch erstellt:
   - eine Office-365-Gruppe (unter anderem für Berechtigungen)
   - eine SharePoint-Teamwebseite
   - eine Mail-Adresse (E-Mail-Verteiler) für das Team
   - ein Gruppenkalender für das Team
   - ein OneNote-Notizbuch
   - ein Aufgabenplan in der App Planner
2. Die Ressourcen eines Teams werden über sogenannte Kanäle thematisch strukturiert. Der Kanal ALLGEMEIN wird immer automatisch mit dem Team angelegt und kann nicht gelöscht werden. Alle weiteren Kanäle können in der Standardeinstellung von allen Mitgliedern des Teams angelegt, bearbeitet und gelöscht werden.
3. Die Berechtigungen in MS Teams werden auf Teamebene festgelegt und gelten für alle Kanäle des Teams. Jedes Mitglied und jeder Gast darf in allen Kanälen alle Team-Daten lesen, bearbeiten und löschen. Ausnahme: Sie legen in einem Team einen privaten Kanal an. Dazu mehr in Abschnitt 5.2.2.
4. Das Speichern von Daten erfolgt immer auf Kanalebene.
5. Innerhalb des Teams wird immer auf Kanalebene gechattet.
6. Die komplette Kommunikation in einem Team läuft über die Chats und Exchange Online. Alle Benachrichtigungen aus MS Teams, aber auch aus Anwendungen wie SharePoint Online, Planner und To-Do setzen Exchange Online voraus.

Wichtig

Exchange Online und ein Exchange-Server *On-Premises* unterhalten sich nicht automatisch miteinander. Wenn Sie also MS Teams eingeführt haben, aber die Mailboxen der User noch in einem Exchange-Server *On-Premises* geführt werden und nicht in Office 365, laufen z. B. alle Benachrichtigungen innerhalb von Office 365 per Mail ins Leere.

Mail-Konten und Postfächer sollten auf jeden Fall bereits nach Exchange Online migriert sein, bevor Sie die Arbeit mit MS Teams beginnen. Nur dann können alle sinnvollen Funktionalitäten von MS Teams und Office 365 genutzt werden. Außerdem steigert dies die Nutzungsakzeptanz von MS Teams im Unternehmen.

7. Jedes Team kann seinen Bereich in MS Teams individuell gestalten.
8. MS Teams braucht zwingend SharePoint Online, um Team-Daten dort in der Dokumentenbibliothek einer Teamwebsite abzulegen.
9. SharePoint Online ist ein Dokumentenmanagementsystem, das z. B. eine automatische Versionierung von Dateien beinhaltet und das Aus- und Einchecken von Dateien ermöglicht.
10. MS Teams ist nicht immer der Königsweg. Wenn eine Gruppe von Personen nicht zwingend die Chat-Funktionalität benötigt, reicht unter Umständen auch eine Teamwebsite in SharePoint Online.
11. Ein Team muss nicht zwangsläufig über MS Teams erstellt werden. Existiert z. B. schon eine Teamwebsite in SharePoint Online oder eine Office-365-Gruppe, kann ein Team auch über diese Ressource angelegt werden.

1.4 Die Integration in Office 365

Um all diese Funktionalitäten gewährleisten zu können, sind mehrere Bestandteile und Programme von Office 365 in MS Teams integriert oder mit MS Teams verbunden:

- Office-365-Gruppen
- SharePoint Online
- Outlook (Exchange Online)
- OneNote
- Planner
- Skype for Business

Die folgenden Ressourcen werden immer automatisch mit dem Anlegen eines Teams erzeugt, wenn bei seinem Erstellen die Option TEAM VÖLLIG NEU ERSTELLEN gewählt wurde:

- eine Office-365-Gruppe (unter anderem für Berechtigungen)
- eine SharePoint-Teamwebseite
- eine Mail-Adresse (E-Mail-Verteiler) für das Team
- ein Gruppenkalender für das Team
- ein OneNote-Notizbuch
- ein Aufgabenplan in der App Planner

1.4.1 Office-365-Gruppe

Office-365-Gruppen stellen einen Dienst bereit, der auf Funktionalitäten aus Exchange Online, SharePoint Online und anderen Komponenten aus Office 365 basiert. Die automatisch erstellte Office-365-Gruppe bekommt automatisch den gleichen Namen wie das Team selbst. In die Gruppe werden automatisch die Mitglieder des neu angelegten Teams aufgenommen. Die Office-365-Gruppen steuern im Hintergrund die Berechtigungen für den Zugriff auf die Teams-Daten. Außerdem werden die folgenden Ressourcen immer automatisch mit dem Anlegen einer Office-365-Gruppe angelegt:

- eine SharePoint-Teamwebseite
- ein verstecktes Postfach mit
  - einer Mail-Adresse (E-Mail-Verteiler) für das Team
  - einem Gruppenkalender für das Team
- ein OneNote-Notizbuch
- ein Aufgabenplan in der App Planner

Tipp

Wenn die Zusammenarbeit mit mehreren Personen nicht zwingend eine Chat-Funktionalität erfordert und der Schwerpunkt auf der gemeinsamen Dateibearbeitung liegt, braucht man nicht unbedingt ein Team in MS Teams. Eine Office-365-Gruppe reicht unter Umständen aus. Standardmäßig dürfen alle Office-365-Benutzer Office-365-Gruppen in Outlook anlegen. In einer Office-365-Gruppe können auch Unterhaltungen geführt werden. Die Unterhaltungen werden in Outlook dargestellt und verwaltet.

1.4.2 SharePoint-Teamwebsite

Die SharePoint-Teamwebsite erhält ebenfalls den gleichen Namen wie das Team selbst. Sie enthält unter anderem eine Dokumentenbibliothek, in die Ordner und Dateien des Teams gespeichert werden. Nach dem Anlegen des Teams stehen zwei Oberflächen zur Dateibearbeitung der Team-Daten bereit:

1. Die Benutzeroberfläche der SharePoint-Teamwebsite
2. Die Registerkarte DATEI in den jeweiligen Kanälen eines Teams (mehr zu Kanälen in Kapitel 5)

Mehr zum Thema Dateimanagement in MS Teams erfahren Sie in Kapitel 6.

Wichtig

Ordner und Dateien aus MS Teams werden ausschließlich in SharePoint Online abgelegt, niemals im OneDrive for Business.

1.4.3 Verstecktes Outlook-Postfach in Exchange Online

Weiterhin wird mit dem Anlegen eines Teams auch automatisch ein verstecktes Postfach erstellt. Es beherbergt die Mail-Adressen des Teams und einen Gruppenkalender für das Team. Für jeden Kanal wird immer eine separate Mail-Adresse angelegt. Einen Gruppenkalender gibt es nur für das ganze Team und nicht für jeden Kanal.

Wichtig

Produktives Arbeiten mit MS Teams ist nur dann möglich, wenn die Postfächer der beteiligten Personen in die Cloud, sprich in Exchange Online migriert wurden. Es ist die Aufgabe Ihrer IT-Abteilung, diese Migration durchzuführen. Wer mehr dazu wissen möchte, dem sei der folgende Microsoft-Link empfohlen: `https://docs.microsoft.com/de-de/exchange/mailbox-migration/mailbox-migration`.

1.4.4 OneNote-Notizbuch

Das OneNote-Notizbuch, das automatisch angelegt wird, erhält den Namen »Notizbuch für *Name des Teams*«. Wird dieses Notizbuch direkt in das Team eingebunden, ergeben sich sehr interessante Nutzungsmöglichkeiten. Hier können z. B. die Regeln dokumentiert werden, nach denen ein Team arbeiten will. Das Notizbuch kann auch dazu genutzt werden, Meeting-Ressourcen wie die Agenda und das Ergebnisprotokoll an einer zentralen Stelle zu führen. Mehr dazu in Abschnitt 10.1.

1.4.5 Planner

In der Planner-App wird automatisch ein Plan für das Team angelegt. Der Planner dient dazu, im Team die Teamaufgaben zu managen und den Teammitgliedern zuzuweisen. Er bietet die Möglichkeit, die Teamaufgaben in verschiedenen Ansichten darzustellen (z. B. nach Zuständigkeit, nach Status etc.). Mehr dazu in Kapitel 7.

1.4.6 Skype for Business

Microsoft unterscheidet zwischen zwei Welten: Cloud-Computing in Office 365 und herkömmliche IT-Strukturen und -Plattformen, die Unternehmen in ihren eigenen Räumlichkeiten vorhalten. Eine vor Ort installierte Software-Lösung wird als *On-Premises* oder abgekürzt auch *On-Prem* bezeichnet. Diese Begrifflichkeit wird verwendet, um eine saubere Abgrenzung zu der Online-Welt aus Office 365 zu gewährleisten. Nehmen wir als Beispiel den Exchange-Server. Wird er in der Cloud betrieben, heißt er Exchange Online. Wird er im Unternehmen vor Ort betrieben, heißt er Exchange Server On-Premises. Die Unterscheidung zwischen Online und On-Premises ist für Skype for Business besonders wichtig. Bei Skype for Business On-Premises bleibt vorerst alles beim Alten. In Office 365 sieht die Welt aber schon anders aus:

Wichtig

Skype for Business ist in Office 365 komplett in MS Teams aufgegangen und als separate Anwendung in Office 365 nicht mehr verfügbar. Alle Funktionalitäten, die Sie möglicherweise bisher in Ihrem Skype-Client genutzt haben, finden Sie in Office 365 ausschließlich in MS Teams. Mehr dazu in Kapitel 9.

1.5 Die verfügbaren Microsoft-Teams-Clients

MS Teams kann zum einem direkt von der Office-365-Startseite (`https://office.com`) aus einem Browser aufgerufen werden, zum anderen stellt Microsoft installierbare MS-Teams-Clients für Windows und Mac und Apps für die mobilen Betriebssysteme Android und iOS zur Verfügung.

Wichtig

Alle diese Clients erfordern eine aktive Internetverbindung. MS Teams im Offlinemodus zu nutzen, ist nicht möglich.

1.5.1 Webapplikation

Webapplikationen sind nicht jedermanns Sache. Allerdings ist es die Variante, die immer funktioniert, sofern ein gängiger Webbrowser auf dem Rechner oder dem Tablet installiert ist. In Online-Besprechungen und Videochats kann es in der Webapplikation jedoch vorkommen, dass Sie Ihren Desktop nicht freigeben können.

Abb. 1.2: Teams-Client: Webapplikation

1.5.2 Desktop

Wer MS Teams lieber mit einem installierten Programm nutzen möchte, kann dies ohne Probleme tun. Sie können MS Teams sowohl auf einem PC als auch auf einem Mac installieren. In der Windows-Welt sind für die Installation nicht einmal Administrationsrechte erforderlich. Die Oberfläche des installierten Programms ist mit der Oberfläche der Webapplikation nahezu identisch. Mit den auswählbaren Menüfunktionalitäten verhält es sich ebenso. Gegenüber der Webapplikation gibt es bei Online-Besprechungen und Videochats auch keine Probleme mit dem Freigeben Ihres Desktops.

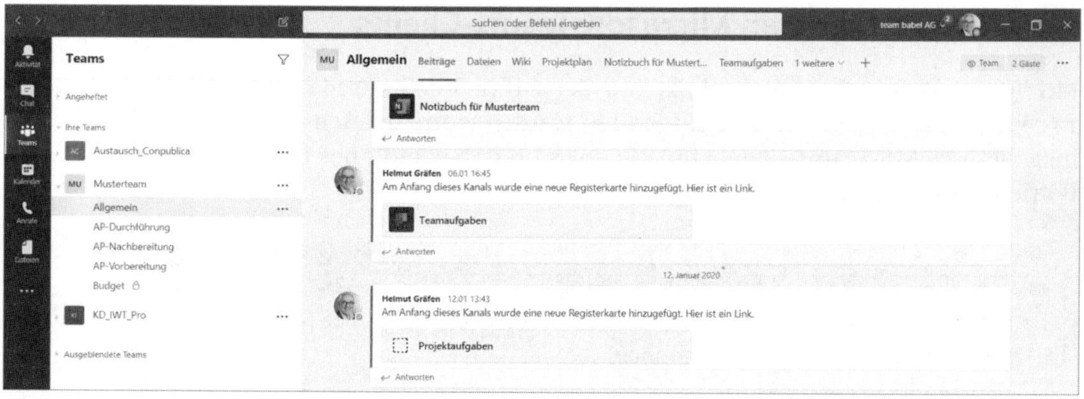

Abb. 1.3: Teams-Client: Desktop

1.5.3 Mobile Apps

Die mobilen Apps haben eine Benutzeroberfläche, mit der man sowohl auf dem Tablet als auch auf dem Smartphone vernünftig arbeiten kann. Damit stehen für alle Situationen, stationär und mobil, MS-Teams-Anwendungen zur Verfügung, die für die jeweilige Nutzungssituation optimiert sind. In der mobilen App liegt der Fokus stärker auf den Chatverläufen Ihres Teams. Diese werden in der App als erste Information angezeigt. In der Webapplikation und dem installierten Programm wird die Bereichsnavigation TEAMS zuerst angezeigt. Die mobile App ist für Android und iOS verfügbar.

Abb. 1.4: Teams-Client: Mobile App

1.6 Ohne ein Office-365-Konto in Teams arbeiten

Es wird wahrscheinlich immer wieder vorkommen, dass Sie unternehmensfremde Personen in Ihr Team aufnehmen wollen, auch wenn diese noch nicht über einen Office-365-Account verfügen. Solche Personen können trotzdem (als Gast) in ein Team eingeladen werden und werden dann automatisch dazu aufgefordert, einen neuen Account anzulegen. Die erforderlichen Schritte der eingeladenen Person von der Einladung bis zur Teilnahme am Team beschreibe ich im folgenden Abschnitt. Die verschiedenen Möglichkeiten zum Hinzufügen von Mitgliedern erläutere ich in Kapitel 8 im Detail.

Abb. 1.5: Unternehmensfremde Person als Gast in ein Team einladen

Die Person, die hier eingeladen wurde, erhält automatisch per Mail eine Einladung mit einem Link zum Beitritt in das Team.

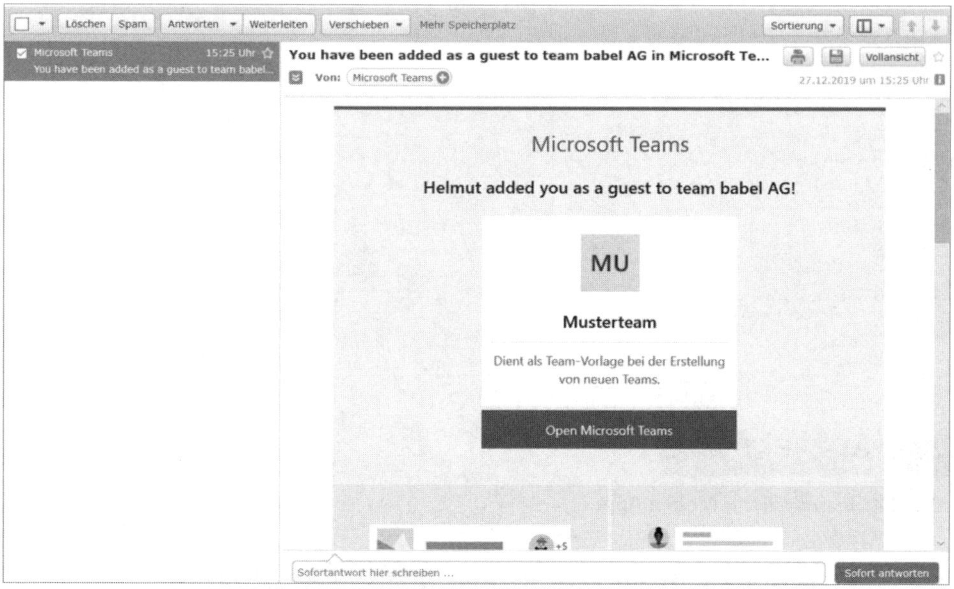

Abb. 1.6: Einladungsmail mit einem Beitrittslink

Nachdem der Eingeladene OPEN MICROSOFT TEAMS angeklickt hat, wird er in einem Fenster darauf hingewiesen, dass er kein Microsoft-Konto besitzt.

Abb. 1.7: Hinweis, dass der Eingeladene kein Microsoft-Konto besitzt

Mit einem Klick auf die Schaltfläche WEITER wird ein Konto für diese Person erzeugt. Im nächsten Fenster muss sie ein Kennwort für das neue Konto definieren.

Abb. 1.8: Kennwort für das neu erstellte Microsoft-Konto

Im nächsten Fenster werden das Land und das Geburtsdatum der eingeladenen Person abgefragt.

Abb. 1.9: Eingabe von Land und Geburtsdatum

Nach dem Bestätigen mit der Schaltfläche WEITER wird dem Eingeladenen ein Sicherheitscode per E-Mail gesendet und das Fenster zum Eingeben des Sicherheitscodes angezeigt.

Abb. 1.10: Sicherheitscode wird per E-Mail übermittelt.

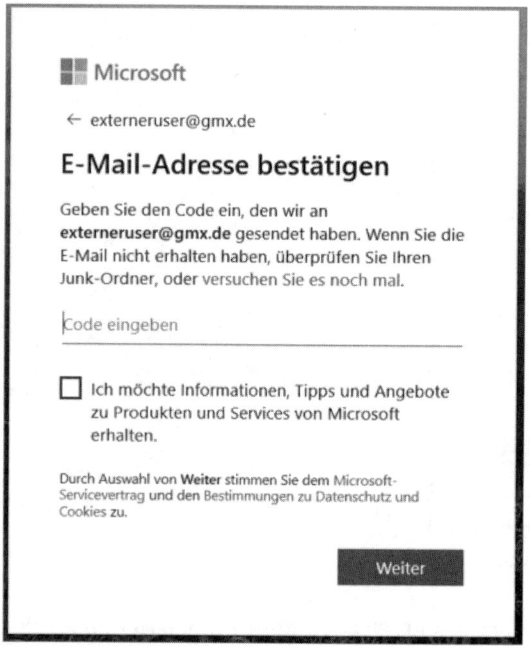

Abb. 1.11: Bestätigen der E-Mail-Adresse durch die Eingabe eines Sicherheitscodes

Nach Eingabe des Sicherheitscodes muss in einem weiteren Fenster bestätigt werden, dass das Konto von einer realen Person erstellt wird.

Abb. 1.12: Bestätigung, dass das Konto von einer reellen Person erstellt wird

In einem letzten Fenster muss der Eingeladene schließlich die Zusammenarbeit mit dem einladenden Unternehmen bestätigen.

Abb. 1.13: Zusammenarbeit akzeptieren

Nach dem Klicken auf die Schaltfläche AKZEPTIEREN wird MS Teams im Browser des Eingeladenen aufgerufen.

Abb. 1.14: MS Teams wird im Browser des Eingeladenen aufgerufen.

Hier hat er nun die Möglichkeit, sich die Windows-App von MS Teams herunterzuladen oder MS Teams in der Web-Oberfläche aufzurufen. Nach Anklicken der Schaltfläche STATTDESSEN IM WEB TEILNEHMEN wird das Team, zu dem er eingeladen wurde, in seinem Browser angezeigt.

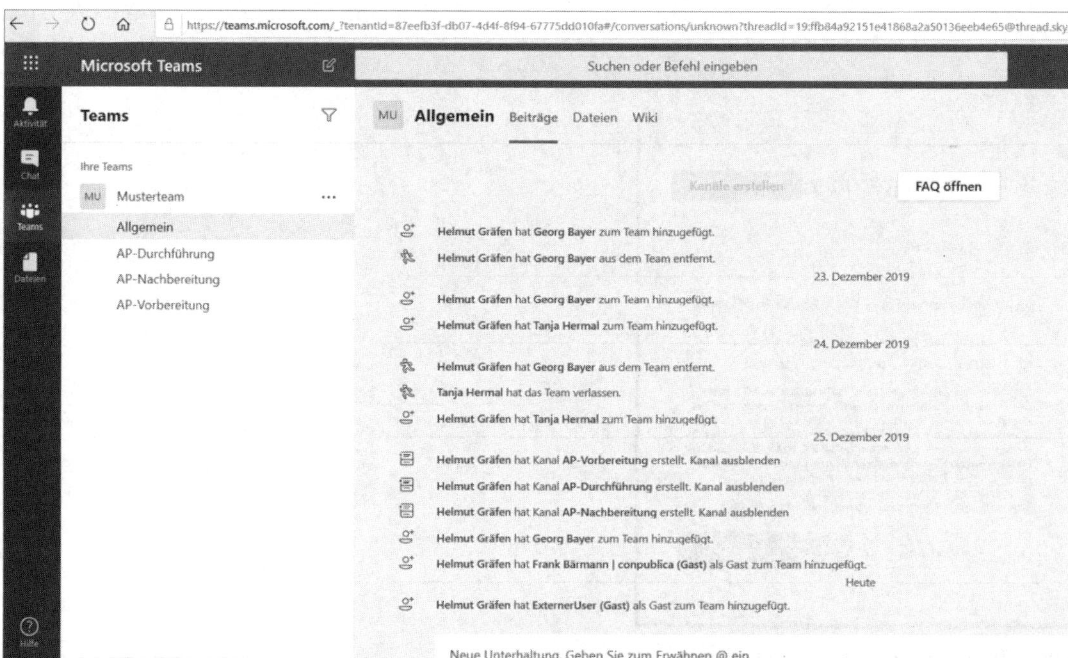

Abb. 1.15: Das Team, zu dem eingeladen wurde, wird im Browser angezeigt.

Der Eingeladene kann jetzt als Gast in dem Team mitwirken. Der Prozess *Konto anlegen* muss natürlich nur einmal durchgeführt werden. Das Erstellen des Kontos kann auch schon im Vorfeld über die Webadresse `https://teams.microsoft.com` erledigt werden.

1.7 Dateiablagekonzepte in Office 365

Office 365 unterscheidet zwischen zwei Datenablageorten: *OneDrive for Business* und *SharePoint Online*. MS Teams speichert die Teamdaten ausschließlich in SharePoint Online.

1.7.1 OneDrive for Business

Abb. 1.16: Das Icon für OneDrive for Business

Jeder Office-365-Benutzer erhält innerhalb von Office 365 einen eigenen OneDrive for Business. Auf die Daten, die er dort ablegt, kann standardmäßig ausschließlich er selbst zugreifen. OneDrive for Business entspricht in der Cloud weitgehend Ihrem Home-Verzeichnis auf Ihrem Fileserver. Die folgenden Sachverhalte sollten Sie sich bewusst machen:

- Ordner und Dateien, die hier gespeichert werden, sind persönlich und für andere nicht zugänglich.
- Ordner und Dateien können allerdings freigegeben werden. Dies gilt auch für Externe, sofern eine Freischaltung auf Tenant-Ebene vorliegt.
- OneDrive for Business kann und sollte mit dem PC synchronisiert werden. Mehr dazu in Abschnitt 6.3.

Um in Ihr OneDrive for Business zu gelangen, klicken Sie auf der Seite MICROSOFT OFFICE HOME (`https://office.com`) auf das OneDrive-Symbol. Der Zusatz *for Business* wird in den meisten Dialogen weggelassen.

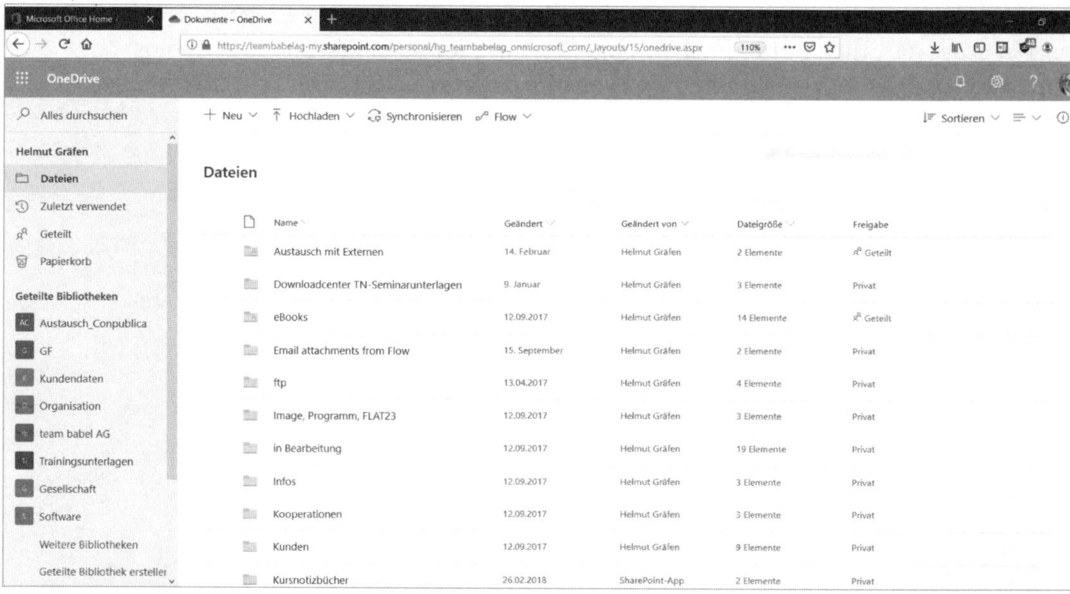

Abb. 1.17: Startseite von OneDrive

Der Aufbau der Startseite ähnelt der Darstellung der bekannten Ordnerstrukturen auf dem Fileserver. Die Menüfunktionalitäten können Sie über mehrere Wege auswählen: über die Menüzeile oder über die Navigationsleiste ganz links.

Die Menüzeile

Die Menüzeile aus Abbildung 1.18 ist nur dann zu sehen, wenn keine der aufgelisteten Ressourcen markiert wurde. Bleiben Sie mit der Maus auf einer Ressource stehen, ohne zu klicken, wird sie grau markiert und rechts neben dem Ressourcennamen werden drei Punkte dargestellt. Klicken Sie auf diese Punkte, erscheint der Dialog, den Sie in Abbildung 1.19 sehen.

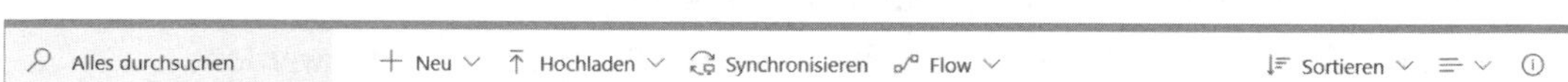

Abb. 1.18: Menüzeile in OneDrive-Benutzeroberfläche

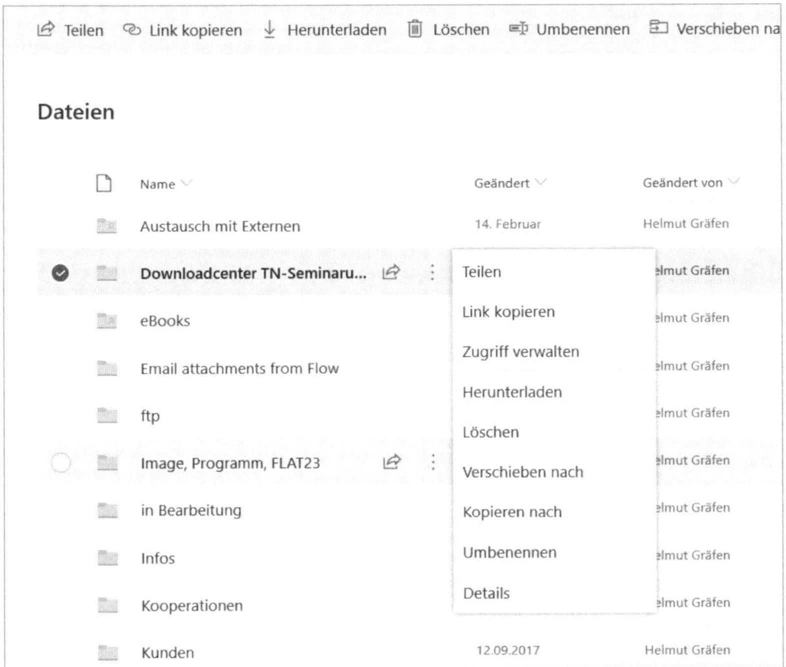

Abb. 1.19: Darstellung bei Klicken auf die drei Punkte rechts neben der Ressource

Die linke Navigationsleiste

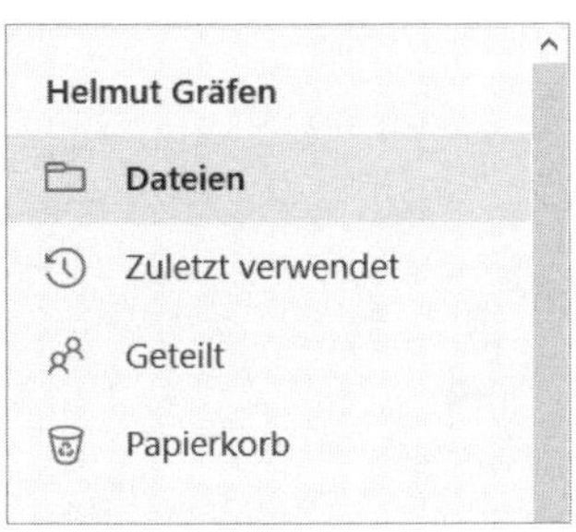

Abb. 1.20: Linke Navigationsleiste im OneDrive, oberer Bereich

Im oberen Drittel sehen Sie Auswahlmöglichkeiten, die sich ausschließlich auf OneDrive beziehen:

Dateien

Wenn Sie auf DATEIEN klicken, gelangen Sie immer wieder zurück auf den Startbildschirm von OneDrive.

Zuletzt verwendet

Hier sehen Sie die von Ihnen zuletzt verwendeten Dateien. Bitte beachten Sie, dass Sie an dieser Stelle sowohl die zuletzt verwendeten Dateien aus OneDrive als auch die zuletzt verwendeten Dateien aus SharePoint sehen.

Geteilt

Diese Navigation ist eine sehr gute Möglichkeit, um schnell und übersichtlich zu sehen, welche Ressourcen mit Ihnen geteilt und welche von Ihnen geteilt wurden.

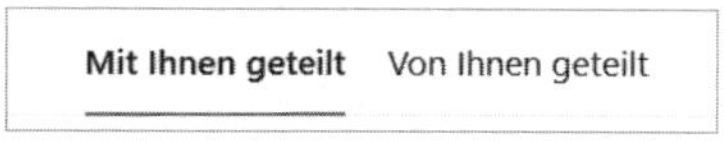

Abb. 1.21: Navigation GETEILT

Papierkorb

Gelöschte Ordner und Dateien aus Ihrem OneDrive liegen 33 Tage im Papierkorb. Innerhalb dieser Zeit können Sie die gelöschten Ressourcen einfach markieren und wiederherstellen.

Im unteren Bereich der linken Navigationsleiste werden Ihnen unter GETEILTE BIBLIOTHEKEN Links in Ihre SharePoint-Umgebung angeboten. Sie können also aus der OneDrive-Navigation in eine Ressource in SharePoint springen. Wenn Sie auf einen der Links klicken, wird die ausgewählte SharePoint-Ressource angezeigt, Sie bleiben aber nach wie vor in der Navigationsleiste Ihres OneDrives.

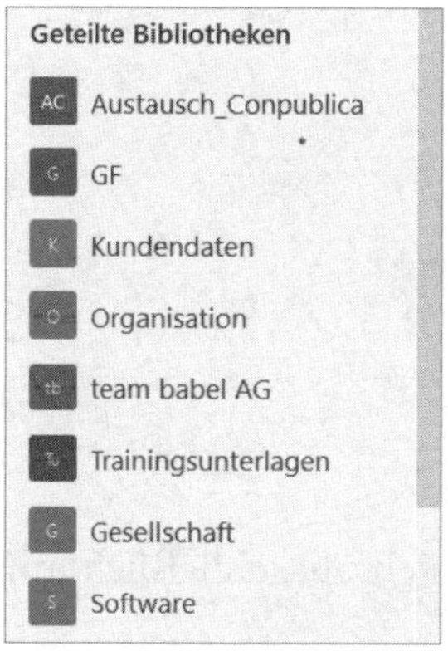

Abb. 1.22: Linke Navigationsleiste im OneDrive, unterer Bereich

> **Tipp**
>
> Ist im angezeigten Fenster die Rede von Dokumenten, Bibliotheken oder Dokumentbibliotheken, befinden Sie sich immer in einer SharePoint-Ressource.

1.7.2 SharePoint Online

Abb. 1.23: Das Icon für SharePoint Online

SharePoint Online übernimmt in Office 365 vereinfacht ausgedrückt die Rolle des Fileservers. Er dient als Plattform, um Ordner, Dateien und andere Informationen im Unternehmen zu teilen.

- In SharePoint Online werden Websites erstellt, um Dokumente und Informationen für Kollegen, Partner und Kunden freizugeben.
- Personen, die Mitglieder dieser Website sind, haben automatisch Zugriff auf alle in der Website gespeicherten Daten.
- SharePoint Online kann und sollte mit dem PC synchronisiert werden. Mehr dazu in Abschnitt 6.3.

Wenn Sie auf der Seite MICROSOFT OFFICE HOME (`https://office.com`) das SharePoint-Symbol anklicken, gelangen Sie in Ihre SharePoint-Umgebung.

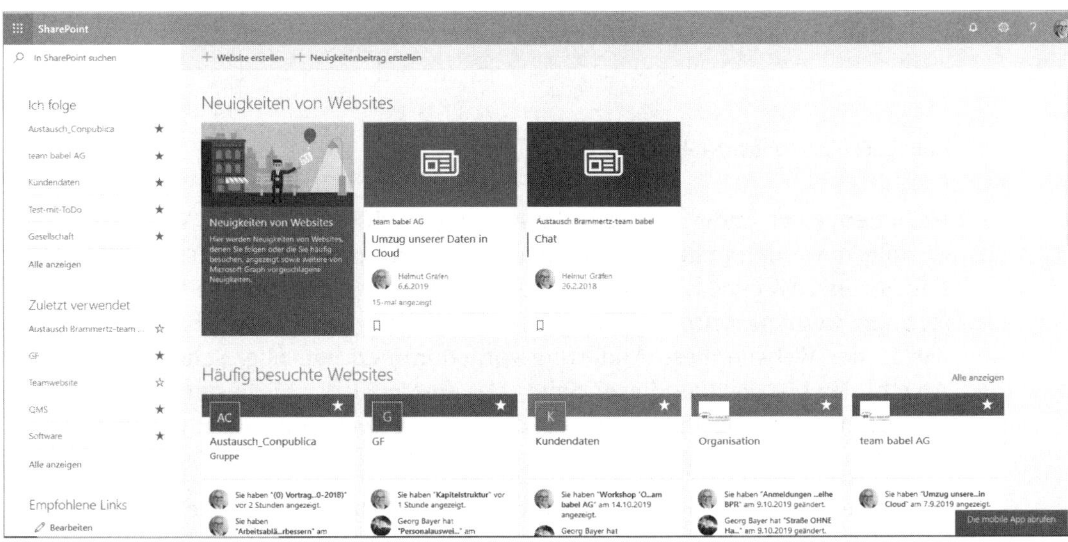

Abb. 1.24: Startseite des SharePoint-Bereichs

Die Startseite von SharePoint ist auf den ersten Blick erst einmal sehr gewöhnungsbedürftig. Auch hier haben wir auf der linken Seite eine Navigationsleiste.

Rechts von der Navigationsleiste werden die SharePoint-Sites angezeigt, deren Besitzer Sie sind oder in denen Sie als Mitglied oder Besucher eingetragen sind.

Der Bereich, in dem die SharePoint-Sites zu sehen sind, ist unterteilt in *Neuigkeiten von Websites, Häufig besuchte Websites* und *Vorgeschlagene Websites.* Diese Unterteilung ist natürlich erst dann zu sehen, wenn Sie bereits einige SharePoint-Sites angelegt haben.

Wichtig

Auf der SharePoint-Startseite sehen Sie ausschließlich Websites, bei denen Sie als Besitzer, Mitglied oder Besucher eingetragen sind. Alle anderen Websites in SharePoint, mit denen Sie nichts zu tun haben, werden hier nicht angezeigt.

Der Navigationsbereich auf der linken Seite ist unterteilt in *Ich folge, Zuletzt verwendet* und *Empfohlene Links.*

Was bedeutet der Begriff *folgen* im SharePoint-Kontext? Wie bereits erwähnt, besteht SharePoint aus beliebig vielen Websites, die jeweils einem bestimmten Zweck dienen. Sie können jeder Website, auf die Sie Zugriff haben – also Websites, bei denen Sie entweder Besitzer, Mitglied oder Gast sind – folgen. Dazu öffnen Sie die gewünschte Website und klicken rechts oben auf den Text SIE FOLGEN NICHT.

Abb. 1.25: Einer Website folgen

Nach dem Klick ändert sich die Darstellung auf ICH FOLGE. Alle Websites, denen Sie folgen, werden in der linken Navigationsleiste unter ICH FOLGE aufgelistet. Das Folgen einer Website hat außerdem die Auswirkung, dass Sie per Mail darüber informiert werden, wenn sich in dieser Website etwas verändert hat. Ganz gleich, wer in der Website diese Änderung vorgenommen hat. Hier sehen Sie auch die Anzahl der MITGLIEDER dieser Seite. Mit einem Klick auf diesen Button werden Ihnen detaillierte Informationen dazu angezeigt: Wer ist Besitzer, wer ist Mitglied, wer ist Besucher dieser Seite?

In unteren Teil des Bereichs des angezeigten Fensters sehen Sie die Websites, die Sie zuletzt verwendet haben.

Sollte eine Website, auf die Sie Zugriff haben, nicht angezeigt werden, können Sie sie über das Feld IN SHAREPOINT SUCHEN oben links suchen.

Nachdem Sie die Website geöffnet haben, erscheint die jeweilige Startseite.

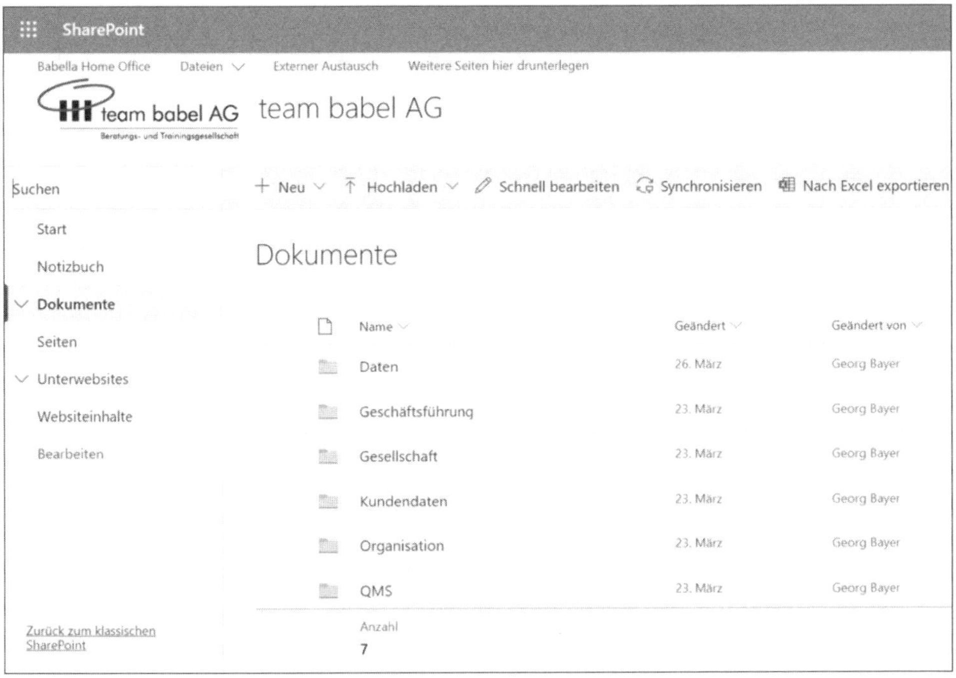

Abb. 1.26: Startseite einer Teamwebsite in der modernen Darstellung (Modern Site)

Microsoft unterscheidet in SharePoint Online bei den SharePoint-Sites zwischen *Modern Sites* (im deutschen Microsoft-Jargon *Moderne Erfahrung*) und *Classic Sites* (im deutschen Microsoft-Jargon *Klassische Erfahrung*). In Abbildung 1.26 sehen Sie eine *Modern Site.*

SharePoint gibt es bereits seit etwa 18 Jahren. Die *Classic Sites* (siehe Abbildung 1.26) stammen aus der On-Premises-Welt von SharePoint.

Die Benutzer-Akzeptanz von SharePoint On-Premises ist in vielen Unternehmen nur mäßig ausgeprägt. Einer der Gründe ist sicher die benutzerunfreundliche Darstellungsweise der SharePoint-Site. Das Layout wurde Ende der 90er Jahre entwickelt und entspricht nicht mehr aktuellen Anforderungen an eine Benutzeroberfläche.

Da SharePoint Online eine der tragenden Säulen der Office-365-Architektur ist, musste sich Microsoft zwangsläufig über die Benutzerfreundlichkeit der SharePoint-Sites Gedanken machen. Mit den *Modern Sites* versucht Microsoft, nun die Akzeptanz von SharePoint Online auf ein deutlich höheres Level zu bringen. Originalton Microsoft: *»Die moderne Erfahrung ist so konzipiert, dass sie überzeugend, flexibel, mobil und nutzerfreundlich ist.«* (`https://support.office.com/de-de/article/klassische-und-moderne-sharepoint-benutzeroberfl%C3%A4che-5725c103-505d-4a6e-9350-300d3ec7d73f`)

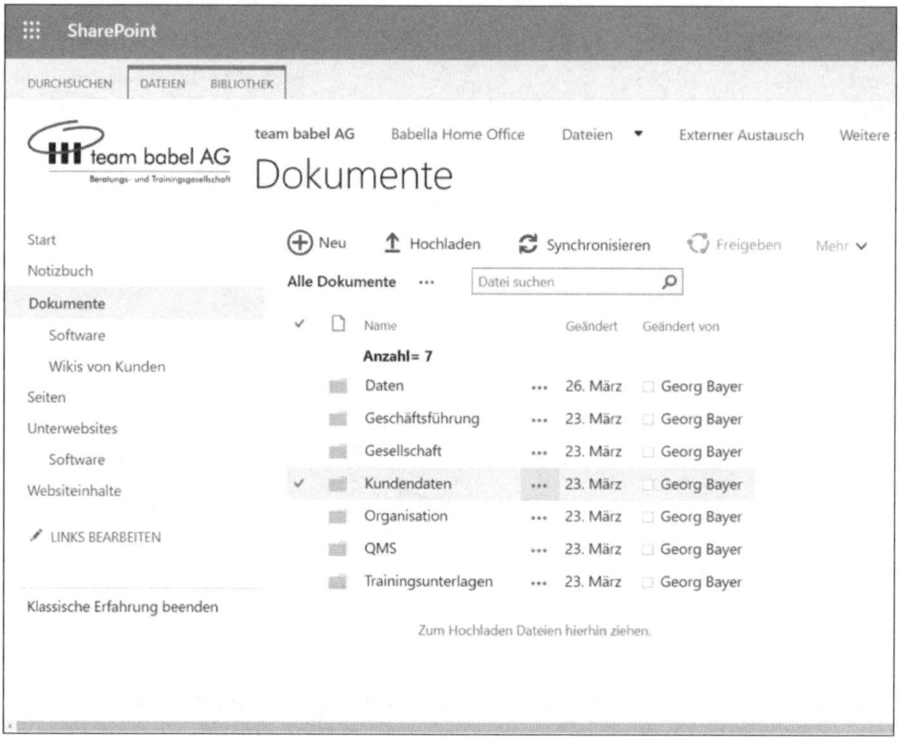

Abb. 1.27: Startseite einer Teamwebsite in der klassischen Darstellung (Classic Site)

Nicht alle Inhalte werden in SharePoint Online sowohl in der modernen als auch in der klassischen Erfahrung dargestellt. In Office 365 sind standardmäßig folgende Inhalte modern:

- Die SharePoint-Startseite
- Die meisten Listen und Bibliotheken
- Neue Homepages der Teamwebsite und der Kommunikationswebsite
- Websiteinhalte
- Websitenutzung
- Papierkorb

Wichtig

Von einer SharePoint-Site existieren nicht zwangsläufig jeweils eine *Modern Site* und eine *Classic Site*.

Jede Teamwebsite, ob als *Modern Site* oder als *Classic Site* vorhanden, enthält eine Dokumentbibliothek. In dieser Bibliothek werden die Ordner und Dateien eines Teams abgelegt.

Wird eine SharePoint-Site sowohl in der modernen als auch in der klassischen Erfahrung angeboten, können Sie aus der angezeigten Variante mit einem Link, der unten in der linken Seitennavigation angezeigt wird, die Erfahrung wechseln. In der Modern Site heißt die Schaltfläche ZURÜCK ZUM KLASSISCHEN SHAREPOINT und in der Classic Site KLASSISCHE ERFAHRUNG BEENDEN.

Wer mehr zum Thema klassische und moderne SharePoint-Sites wissen möchte, dem sei dieser Link empfohlen: `https://support.office.com/de-de/article/klassische-und-moderne-sharepoint-benutzeroberfl%C3%A4che-5725c103-505d-4a6e-9350-300d3ec7d73f`.

Mehr zum Thema Dateimanagement in SharePoint erfahren Sie in Abschnitt 6.2.

1.7.3 Unterschiedliche Ablagekonzepte für unterschiedliche Zwecke

Wo Sie Ihre Dateien ablegen, hängt davon ab, wie Sie damit arbeiten wollen und für wen Sie sie auf welche Weise freigeben möchten:

Speichern im OneDrive for Business

- Sie planen nicht, die Dateien für andere freizugeben, oder
- Sie planen, Dateien nur für einen kurzen Lebenszyklus und/oder nur für wenige Personen freizugeben.

Speichern in SharePoint Online

- Sie möchten Berechtigungen nicht für einzelne Personen und nicht für einzelne Ordner und Dateien, sondern auf Ebene einer Teamsite vergeben.
- Oder Sie möchten, dass Teammitglieder das Dokument sofort als eine für ein laufendes Projekt oder eine für alle Teammitglieder relevante Ressource erkennen.

1.8 Team-Rollen und Berechtigungen in MS Teams

In MS Teams gibt es nur drei Rollen und damit auch nur drei Berechtigungsstufen:

- *Besitzer*
- *Mitglied*
- *Gast*

Die Mitarbeiter Ihres Unternehmens (Ihres Office-365-Tenants) können *Besitzer* oder *Mitglieder* eines Teams werden. Mitarbeiter Ihres Unternehmens können nie als Gast in das Team aufgenommen werden. Die Gast-Rolle in einem Team bleibt unternehmensfremden Personen vorbehalten.

Wichtig

Die Berechtigungsstufen beziehen sich *nicht* auf die Dateibearbeitung. Jede Person im Team sieht alle Dateien und kann diese auch bearbeiten. Sie sieht auch den kompletten Chatverlauf im Team. Die drei Rollen und Berechtigungsstufen beziehen sich nur darauf, was die Person in der jeweiligen Rolle an der Struktur des Teams verändern darf.

1.8.1 Besitzer

Der Ersteller eines Teams ist automatisch auch sein Besitzer. Der Besitzer darf Mitglieder ins Team aufnehmen und entfernen. Darüber hinaus darf er die Rolle eines Mitgliedes verändern, z. B. ein Mitglied zum Besitzer hochstufen. Er kann im Team alle Einstellungen verändern und alle Elemente bearbeiten und löschen, z. B. Kanäle, Register usw. (siehe dazu auch Abschnitt 4.3.4).

1.8.2 Mitglied

Standardmäßig darf ein Mitglied fast die komplette Struktur im Team verändern. Welche Strukturveränderungen genau ein Mitglied im Team vornehmen darf, kann und sollte der Besitzer steuern. Dazu gehören u. a. das Erstellen, Bearbeiten und Löschen von Kanälen, privaten Kanälen und Registern in einem Kanal. Detaillierte Information dazu finden Sie in Abschnitt 4.3.4.

1.8.3 Gast

Standardmäßig sind die Rechte eines Gastes eingeschränkt. Er darf z. B. Kanäle weder anlegen noch bearbeiten oder löschen. Auch diese Einstellungen kann der Besitzer eines Teams verändern. Detaillierte Information dazu finden Sie in Abschnitt 4.3.4.

Tipp

Die Entscheidung, welche Personen in einem Team welche Strukturveränderungen vornehmen dürfen, sollte zwingend vor dem Erstellen eines Teams gefallen sein. Das Umsetzen der Berechtigungspassungen sollte ebenfalls durchgeführt sein, bevor Mitglieder oder Gäste in das Team aufgenommen werden.

1.9 Microsoft Teams aktivieren und konfigurieren

Dieser Abschnitt ist nur für die interessant, die über globale Administratorenrechte verfügen. Sollten Sie nicht der Administrator des Office-365-Tenants (Tenant =

Mandant = Mitglied einer Benutzergruppe, deren Benutzer dieselbe Software-Instanz verwenden) sein, dann liegt die Aufgabe des Aktivierens und Konfigurierens bei Ihrer IT-Abteilung.

Auf Tenant-Ebene kann Microsoft Teams über das Admin Center aktiviert und konfiguriert werden. Die Einstellungen, die Sie hier vornehmen, gelten Tenant-weit, also für alle Teams und Benutzer des Tenants.

Loggen Sie sich über `https://office.com` in Ihren Office-365-Account ein und klicken Sie auf das Admin-Icon, um das Admin Center zu öffnen. Klicken Sie auf den Menüpunkt EINSTELLUNGEN und wählen Sie dann DIENSTE UND ADD-INS. Wird der Punkt EINSTELLUNGEN nicht angezeigt, müssen Sie noch auf den Menüpunkt ALLE ANZEIGEN klicken.

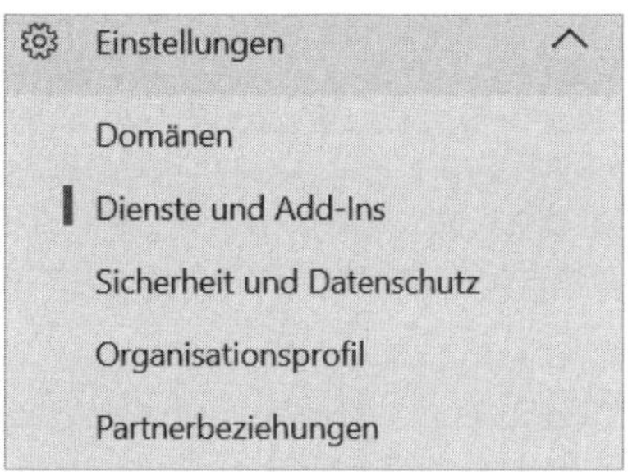

Abb. 1.28: Admin Center: Dienste und Add-Ins

Wählen Sie aus dem darauf erscheinenden Dialog die Auswahl MICROSOFT TEAMS.

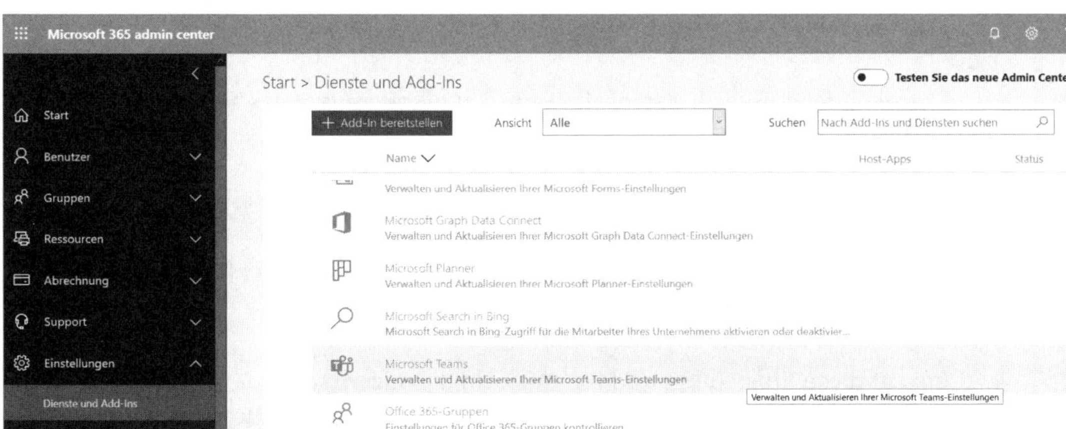

Abb. 1.29: Microsoft 365 Admin Center

Nachdem Sie diesen Punkt ausgewählt haben, erscheint der Dialog aus Abbildung 1.30.

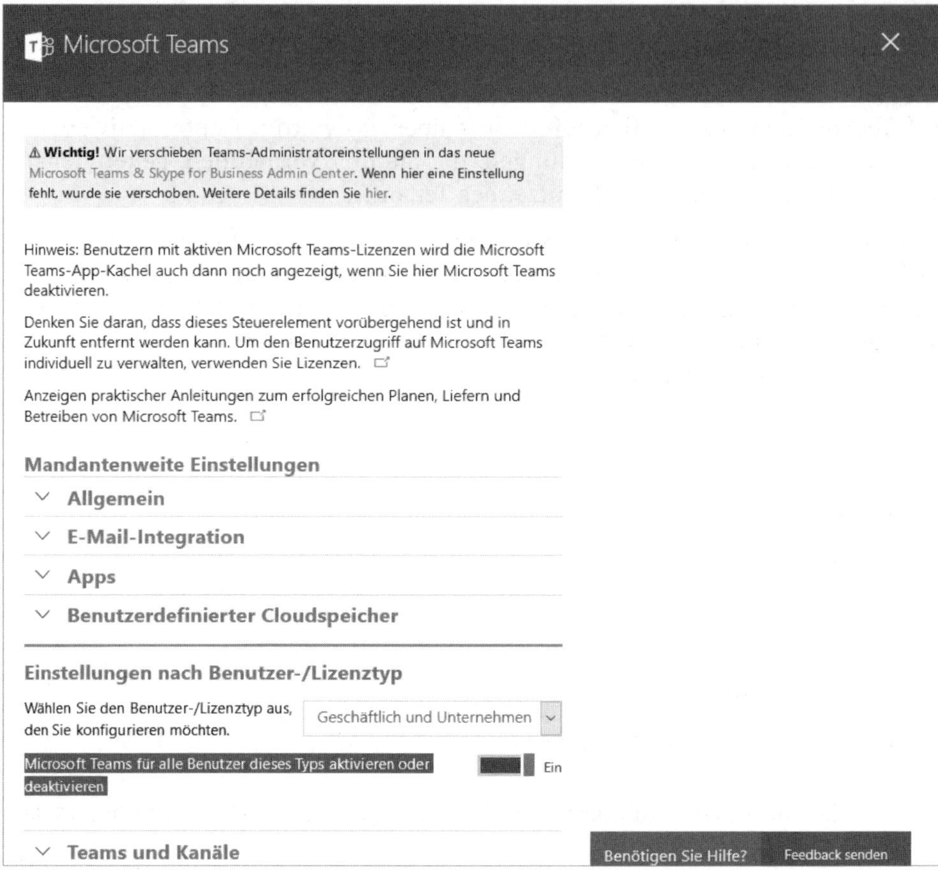

Abb. 1.30: Microsoft Teams – Einstellungen nach Benutzer-/Lizenztyp

Hier definieren Sie, ob Microsoft Teams für alle Benutzer des Tenants verfügbar ist oder nicht.

Wichtig

Zurzeit gibt es keine administrative Möglichkeit, Microsoft Teams für einzelne Benutzer zu deaktivieren.

Bis auf diese Einstellung und die Auswahl des Lizenztyps hat Microsoft alle anderen Administratoreneinstellungen von Teams in das neue **Microsoft Teams Admin Center** verschoben, das über den Menüpunkt TEAMS im Admin Center erreichbar ist.

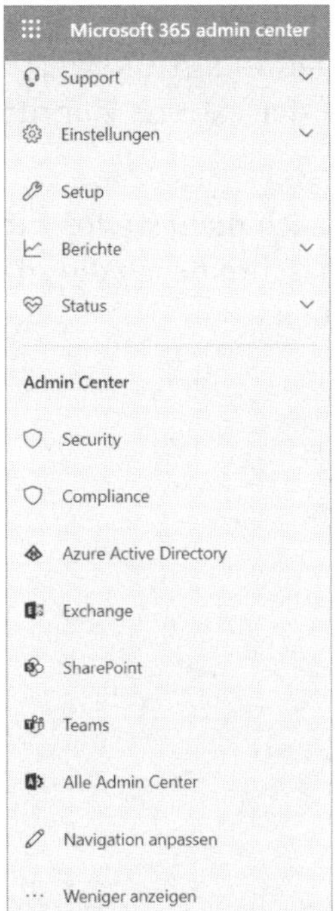

Abb. 1.31: Microsoft 365 Admin Center

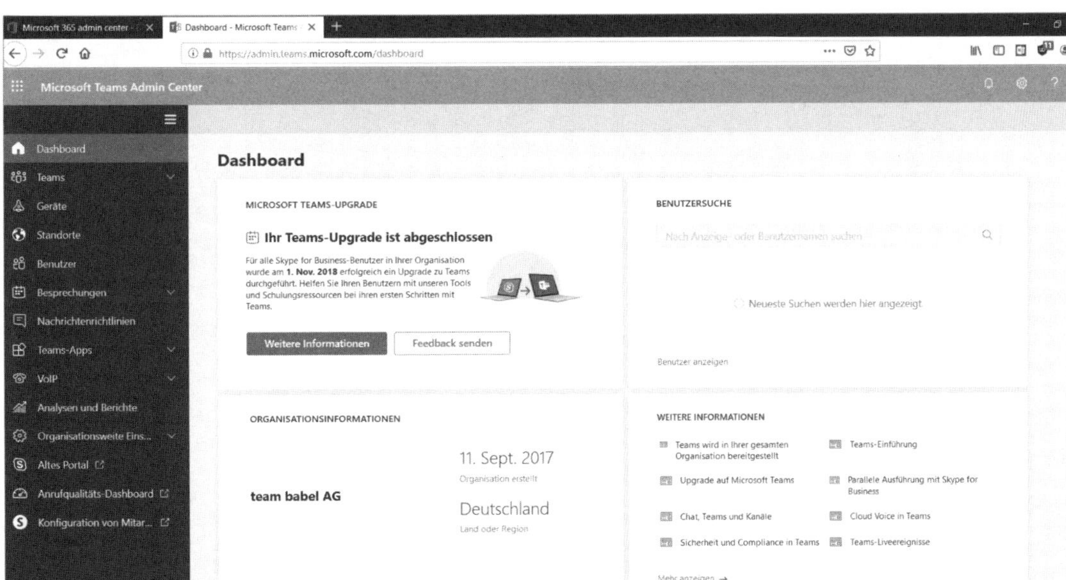

Abb. 1.32: Microsoft Teams Admin Center

Die Einstellungen, die Sie hier vornehmen, sind globale Einstellungen und gelten für alle Teams im ganzen Tenant. Über den Menüpunkt ORGANISATIONSWEITE EINSTELLUNGEN können Sie unter anderem bestimmen, wie der externe Zugriff und der Gastzugriff auf die Teams gestaltet werden sollen.

Da sich dieses Buch in erster Linie an Anwender richtet, werde ich nicht weiter auf die globalen Einstellungen für Teams eingehen. In Kapitel 4 beschreibe ich die administrativen Möglichkeiten, die die Besitzer eines Teams haben.

Kapitel 2

Der Aufbau von Microsoft Teams

2.1 Der Startbildschirm

Die beiden wichtigsten Orientierungspunkte im Teams-Fenster sind die *Titelleiste* oben (siehe Abschnitt 2.2) und die *Navigationsleiste mit den Bereichen* ganz links (siehe Abschnitt 2.3).

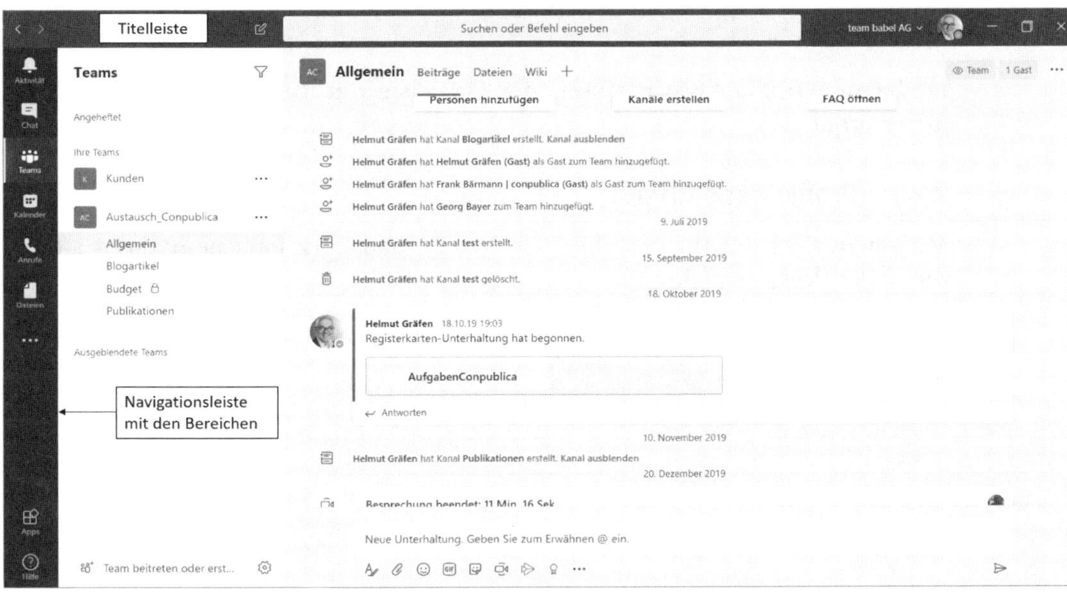

Abb. 2.1: Das Teams-Fenster

Wenn Sie MS Teams starten, wird Ihnen immer zuerst der Bereich *Teams* angezeigt. Dabei spielt es keine Rolle, ob Sie MS Teams über das installierte Programm gestartet haben oder über die Weboberfläche nutzen.

2.2 Die Titelleiste

Die Titelleisten von MS Teams im installierten Programm und in der Weboberfläche unterscheiden sich leicht voneinander:

Abb. 2.2: MS-Teams-Titelleiste im installierten Programm

Abb. 2.3: MS-Teams-Titelleiste in der Weboberfläche

In der Titelleiste der Weboberfläche von MS Teams wird Ihnen ganz links der APP-LAUNCHER angezeigt, mit dem Sie andere Office-365-Webanwendungen im selben Fenster aufrufen können.

Ich beginne mit der Beschreibung der Titelleiste von rechts, ausgehend vom Benutzerprofil.

2.2.1 Profileinstellungen

Mit einem Klick auf Ihr Profilbild oder Ihr Namenskürzel erscheint das Auswahlmenü der Profileinstellungen.

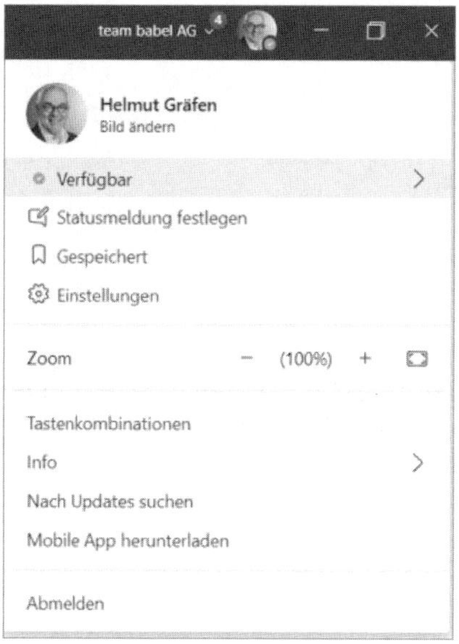

Abb. 2.4: Auswahlmenü PROFILEINSTELLUNGEN

Schauen wir uns hier die beiden interessantesten Menüpunkte an: STATUS und EINSTELLUNGEN.

Status

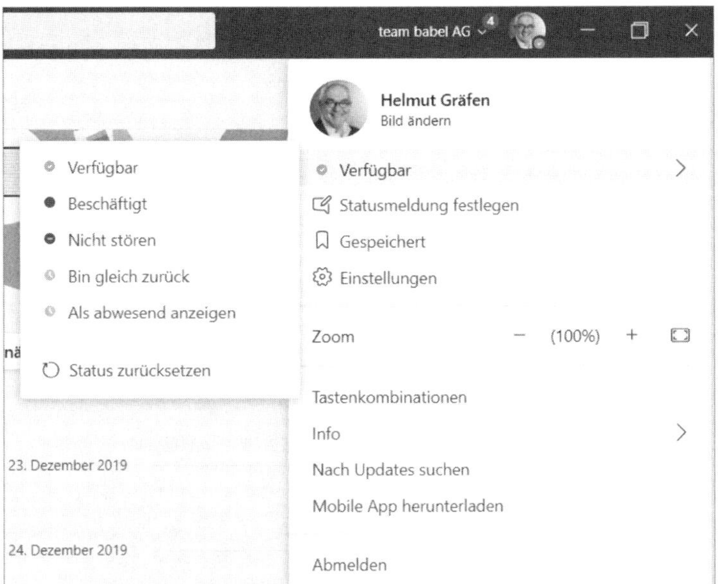

Abb. 2.5: Statusauswahl in MS Teams

Wer schon einmal mit Skype for Business gearbeitet hat, dem werden die fünf Statusausprägungen bekannt vorkommen: VERFÜGBAR, BESCHÄFTIGT, NICHT STÖREN, BIN GLEICH ZURÜCK und ALS ABWESEND ANZEIGEN.

Zum einen können Sie hier Ihren Status manuell verändern und auch eine individuelle Statusmeldung eingeben, zum anderen korrespondiert MS Teams mit Ihrem Kalender. Sind Sie z.B. in einer Besprechung, stellt sich Ihr Status in MS Teams automatisch auf BESCHÄFTIGT. Ist die Besprechung vorbei, stellt sich der Status wieder auf VERFÜGBAR.

Einstellungen

Die Benachrichtigungseinstellungen im Profil sind deutlich umfangreicher als die Benachrichtigungseinstellungen, die Sie in einem Kanal vornehmen können. Hier haben Sie die Möglichkeit, sich auch per E-Mail z.B. über eingehende Chatnachrichten oder Erwähnungen der eigenen Person benachrichtigen zu lassen.

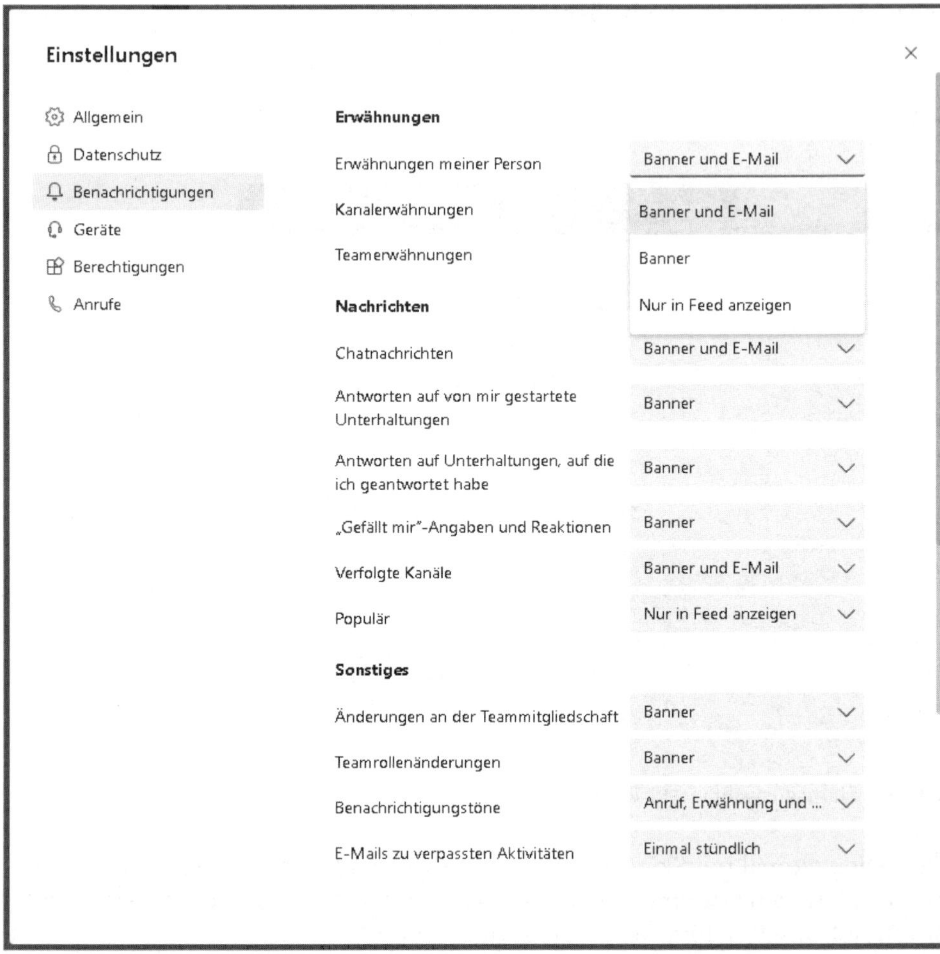

Abb. 2.6: Benachrichtigungseinstellungen in Ihrem Profil

2.2.2 Die Such-Box

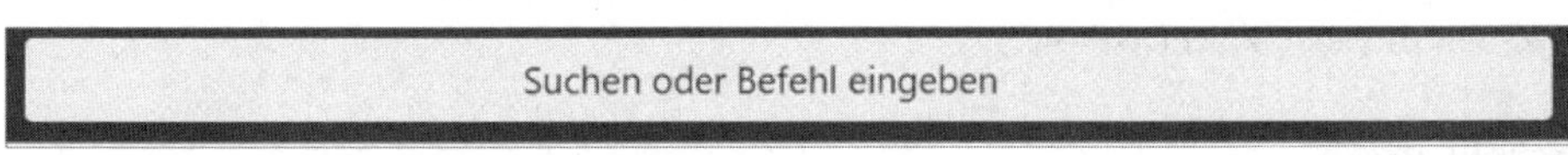

Abb. 2.7: Such-Box in MS Teams

In allen Bereichen von Office 365 sind die Such-Boxen immer mit einer Volltextsuche ausgestattet. Die Such-Box dient allerdings nicht nur zum Suchen, sondern auch dazu, Befehle einzugeben. Nachdem Sie in die Box geklickt haben, stellt sich diese wie in Abbildung 2.8 dar.

Zum einen sehen Sie eine Auflistung unterschiedlicher Eingabevarianten am Beispiel des Begriffes `ressourcen`. Die Suchergebnisse der unterschiedlichen Eingabevarianten entsprechen den Standards in anderen bekannten Suchkontexten. Ich gehe daher an dieser Stelle nicht weiter darauf ein.

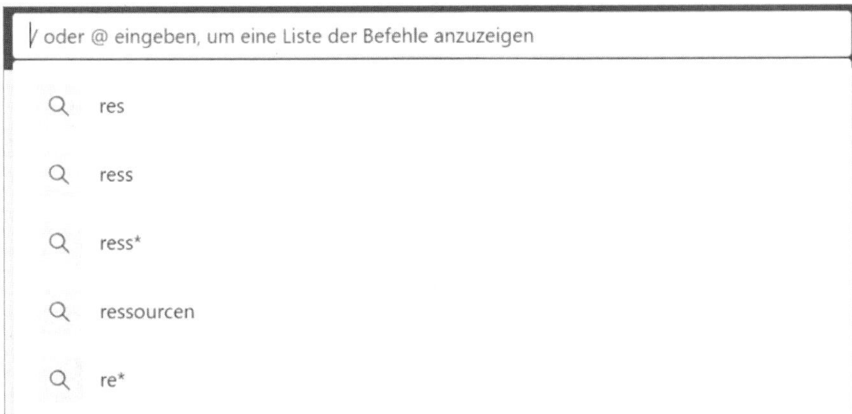

Abb. 2.8: Aktivierte Such-Box in MS Teams

Wenn Sie einen Begriff (im folgenden Beispiel den Begriff `blog`) in die Such-Box eingeben und (Enter) drücken, wird das Suchergebnis wie in Abbildung 2.9 dargestellt.

Abb. 2.9: Darstellung des Suchergebnisses

Direkt rechts neben der Bereichsnavigation wird das Suchergebnis in drei Spalten dargestellt: NACHRICHTEN, MITGLIEDER und DATEIEN. Über das Filtersymbol rechts daneben lässt sich das Suchergebnis noch feiner filtern.

Klicken Sie ein Suchergebnis an, stellt MS Teams rechts daneben die entsprechende Ressource komplett dar.

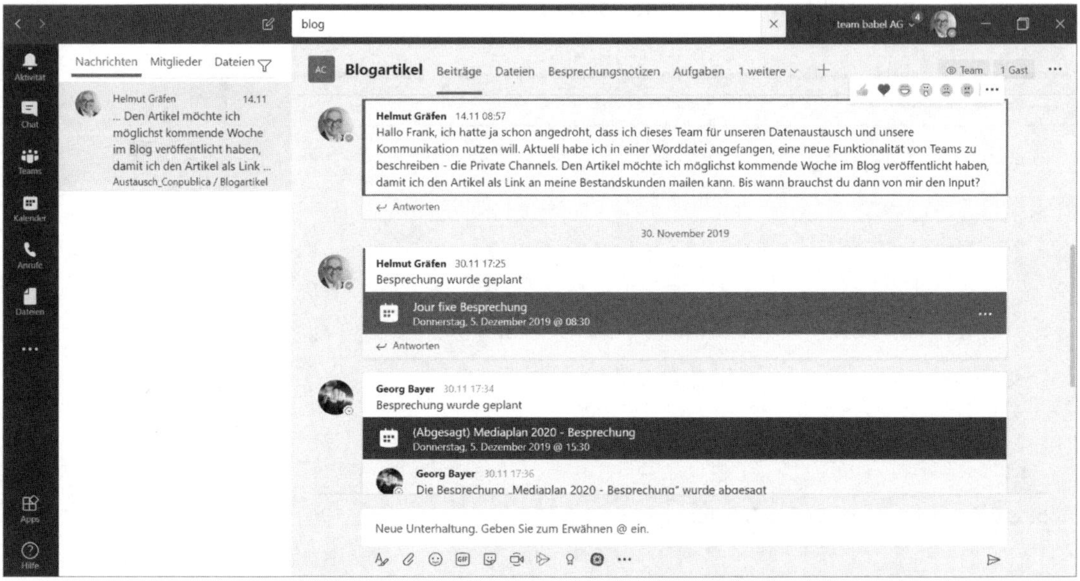

Abb. 2.10: Darstellung des Suchergebnisses mit Anzeige der gewählten Ressource

2.2.3 Das Symbol »Neuer Chat«

Mit dem Symbol links neben der Such-Box rufen Sie einen Privatchat auf. Mehr dazu in Abschnitt 9.2.

Abb. 2.11: Icon für den Aufruf eines privaten Chats

2.3 MS Teams und das Navigieren in den Bereichen

Über die *Navigationsleiste mit den Bereichen* wählen Sie den Funktionsbereich aus, mit dem Sie arbeiten wollen. Mit den Bereichen, die Sie in Abbildung 2.12 sehen, können Sie in MS Teams arbeiten.

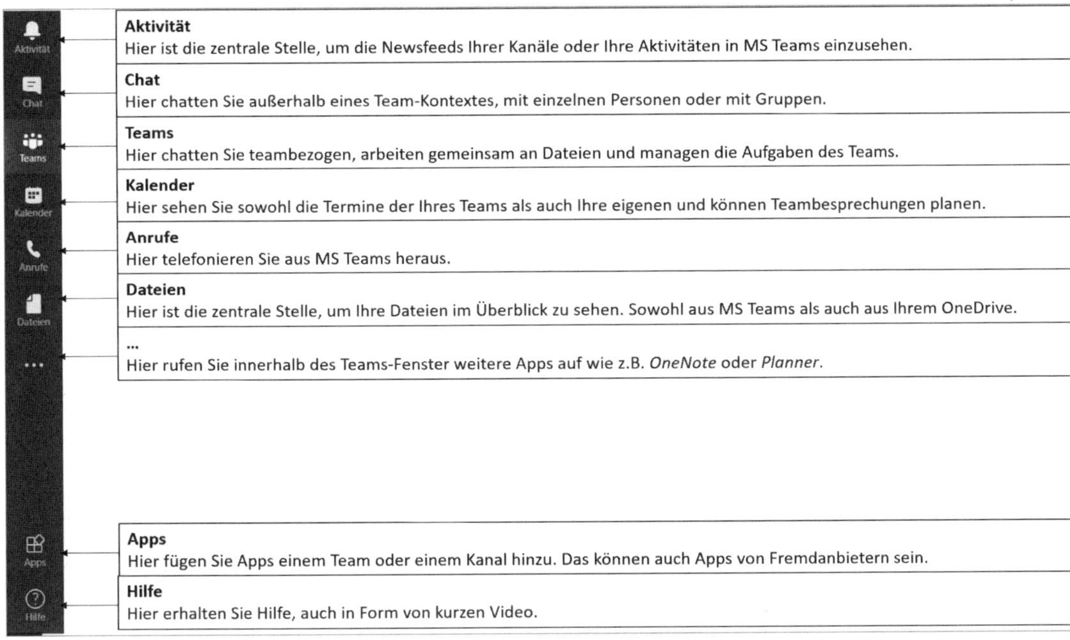

Abb. 2.12: Navigationsleiste mit den verschiedenen Bereichen

2.3.1 Aktivität

Der Bereich Aktivität besteht aus den Teilen Feed und Meine Aktivitäten. In der Standardeinstellung wird immer Feed angezeigt. Hier sehen Sie Erwähnungen, Antworten und andere Benachrichtigungen als Zusammenfassung. Mit einem Klick auf einen Post wird der passende Chat im Fenster daneben angezeigt.

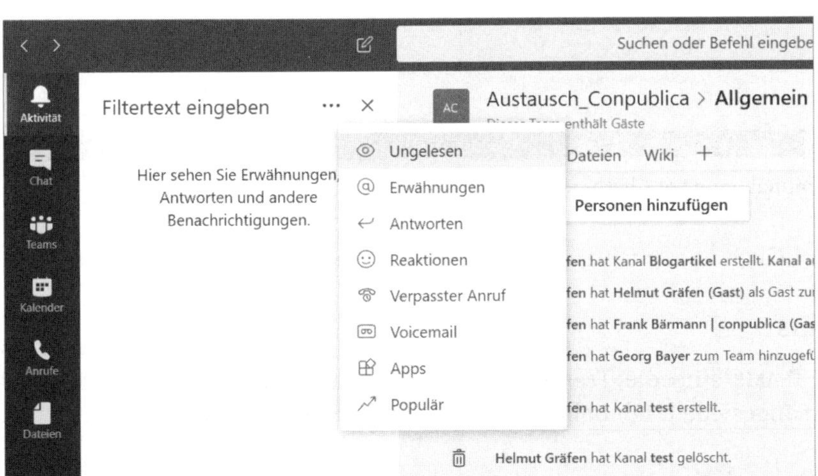

Abb. 2.13: Filtermenü in Feed

Über den Drop-down-Pfeil neben FEED wechseln Sie in MEINE AKTIVITÄTEN. Dort sehen Sie die Aktionen, die Sie in Ihren Teams durchgeführt haben. In beiden Fällen können Sie über das rechts neben dem Text angezeigte Filtersymbol nach einem eingegebenen Textstring filtern. Für den Feed steht auch über das Symbol ... (drei Punkte) ein Filtermenü zur Verfügung.

Wenn neben AKTIVITÄT ein roter Kreis mit einer Zahl darin angezeigt wird, haben Sie in Ihrem Feed neue Benachrichtigungen. Diese sind dort 14 Tage lang zu sehen, danach verfallen sie und werden nicht mehr in Ihrem Feed angezeigt.

2.3.2 Chat (1:1-Chat)

Im Gegensatz zum Chatten im Bereich TEAMS ist der 1:1-Chat die Stelle, an der Sie teamunabhängig mit einzelnen Personen oder auch mit Gruppen chatten können.

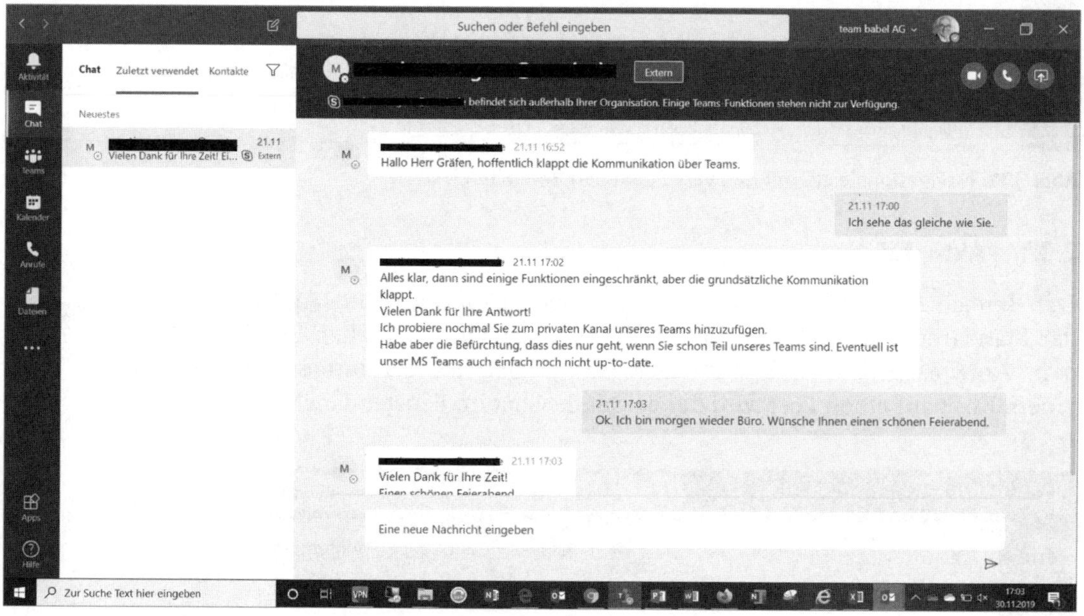

Abb. 2.14: Teamunabhängiger Chatbereich in MS Teams

Mehr zum 1:1-Chat, aber auch zum Chatten im Team finden Sie in Kapitel 9.

2.3.3 Teams

Im Bereich TEAMS sind die Teamchats und die Bearbeitungsmöglichkeiten der Teamdateien angesiedelt. Ich behandele ihn detailliert in Abschnitt 2.4.

2.3.4 Kalender

Diese Kalenderansicht zeigt den Kalender aus Ihrem persönlichen Postfach an. Nehmen Sie hier Änderungen an Ihrem Kalender vor, werden diese automatisch in Ihrem Kalender in Outlook angezeigt und umgekehrt.

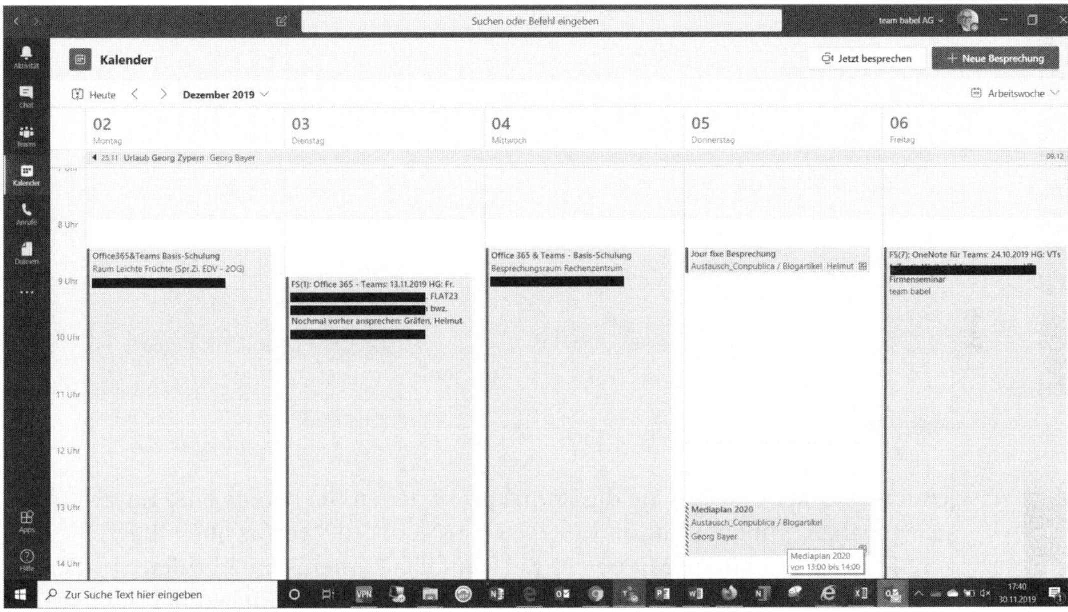

Abb. 2.15: Kalenderansicht in MS Teams

> **Tipp**
>
> Planen Sie eine Teambesprechung aus dem Teamkalender heraus, können Sie diese Besprechung direkt einem Kanal in diesem Team zuordnen. Diese praktische Funktionalität steht nur zur Verfügung, wenn alle beteiligten Personen mit ihren Postfächern in Exchange Online migriert wurden.
>
> Mehr zu Besprechungen in einem Team finden Sie in Kapitel 9.

2.3.5 Anrufe

Im Bereich ANRUFE können Sie standardmäßig ausschließlich Kontakte aus Ihrer Organisation anrufen. Prinzipiell kann hier die komplette Telefonie eines Unternehmens abgebildet werden. Diese Funktionalität muss aber von Ihrer IT-Abteilung eingerichtet werden.

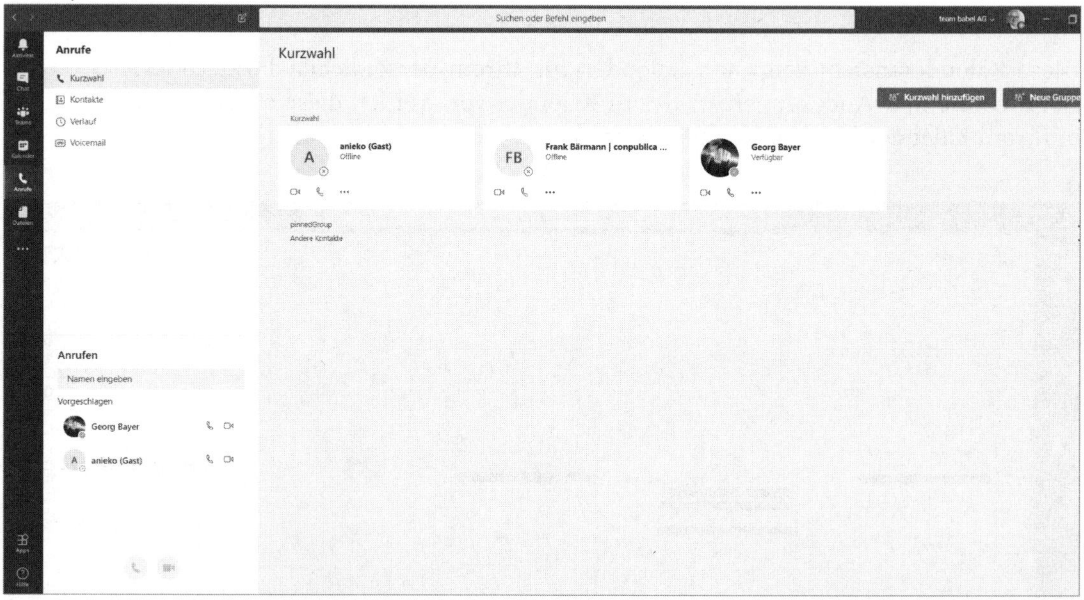

Abb. 2.16: Der Bereich ANRUFE

Unter KURZWAHL sehen Sie die Kontakte, zu denen Sie bereits eine Kurzwahl angelegt haben. Mit dem Button KURZWAHL HINZUFÜGEN rechts oben fügen Sie weitere Kurzwahlen hinzu. Mit einem Klick auf das Kamerasymbol rufen Sie die Person mit einem Videoanruf an, mit einem Klick auf das Telefonsymbol rufen Sie sie mit einem Audioanruf an.

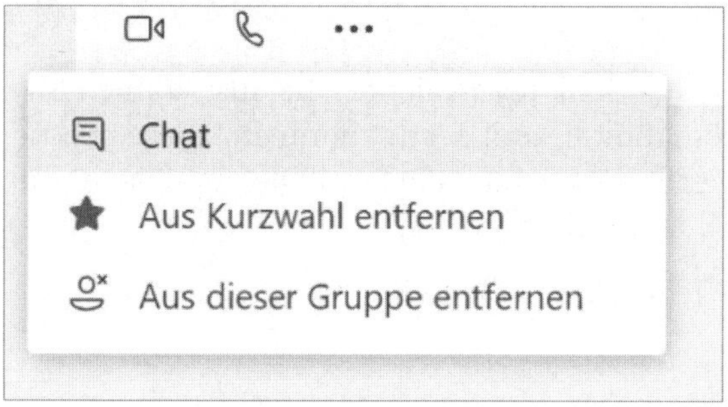

Abb. 2.17: Menüauswahl in der Kontaktkarte

Wollen Sie mit der Person chatten, klicken Sie auf die drei Punkte neben dem Telefonsymbol und wählen CHAT aus. Damit wechseln Sie in den Bereich CHAT.

Telefonieren mit Personen aus Ihrer Organisation ist nicht nur aus dem Bereich ANRUFE möglich. Sie können ebenfalls aus dem Chatbereich eine Person anrufen, wie Abbildung 2.18 zeigt. Die beiden Icons für den Videoanruf und den Audioanruf finden Sie in der rechten oberen Ecke des Fensters.

Abb. 2.18: Telefonieren aus dem Bereich CHAT

Eine weitere Möglichkeit, einen Kontakt anzurufen, bietet die Registerkarte BEITRÄGE im Bereich TEAMS.

Abb. 2.19: Telefonieren aus dem Kanalchat

Klicken Sie in einem beliebigen Chat auf das Foto oder das Piktogramm der gewünschten Person, so wird Ihnen ein kleines Fenster angezeigt, das ebenfalls die Symbole für Videoanruf und den Audioanruf anbietet.

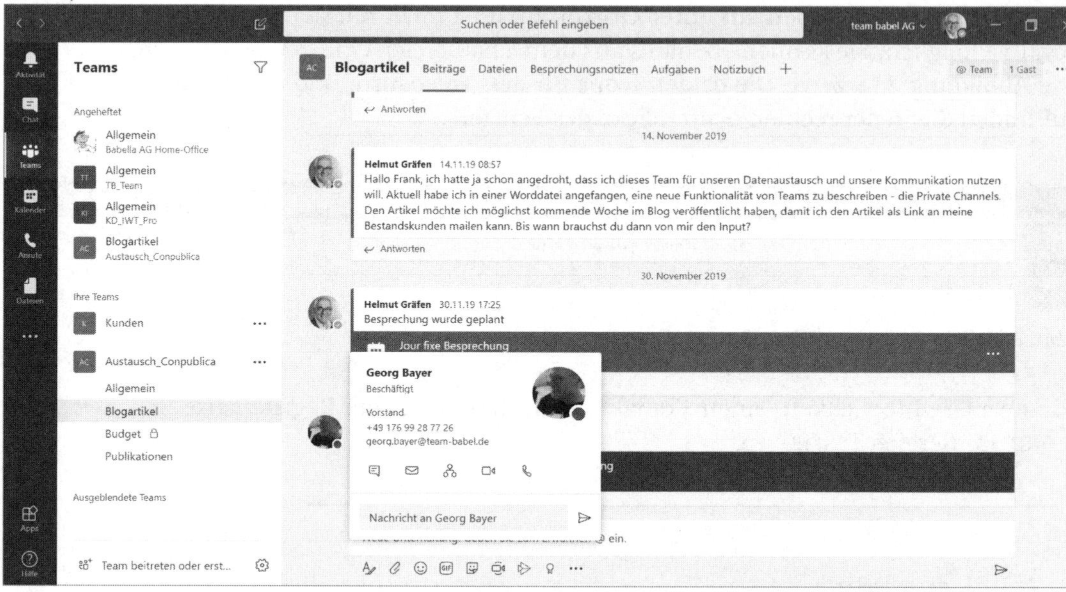

Abb. 2.20: Telefonieren aus dem Bereich TEAMS

Kamera und Mikrofon

Abb. 2.21: Kamera und Mikrofon aktivieren/deaktivieren

Während des Anrufs können Sie sowohl Ihre Kamera als auch Ihr Mikrofon aktivieren oder deaktivieren.

Teilen

Abb. 2.22: Teilen

Während eines Anrufs können Sie die folgenden Ressourcen mit Ihrem Gesprächspartner teilen:

- **Desktop**
  Sie können Ihren Desktop für den Videoanruf freigeben. Sollten in der Web-App Probleme bei der Freigabe Ihres Desktops auftauchen, liegt es oft am verwendeten Browser. Im Chrome funktioniert es immer, im Edge und Firefox dagegen nicht. Auf der sichersten Seite sind Sie allerdings, wenn Sie mit dem installierten Programm von MS Teams arbeiten.
- **PowerPoint**
  Entweder wählen Sie eine der zuletzt verwendeten PowerPoint-Dateien, um sie freizugeben, oder Sie klicken auf Durchsuchen, um eine andere PowerPoint-Datei auszuwählen.
- **Whiteboard**
  Das Nutzen des Whiteboards wird dann interessant, wenn Sie mit einem Surface von Microsoft oder mit einem anderen Endgerät mit Stifteingabe arbeiten. Sowohl Sie als auch die anderen Personen, die an dem Videoanruf teilnehmen, können mit ihrem Stift auf dem digitalen Whiteboard ihre Anmerkungen schreiben, Schemata zeichnen und Ähnliches.

Weitere Aktionen

Abb. 2.23: Weitere Aktionen

Beim Klick auf das Symbol WEITERE AKTIONEN erscheint das Pop-up-Menü aus Abbildung 2.24.

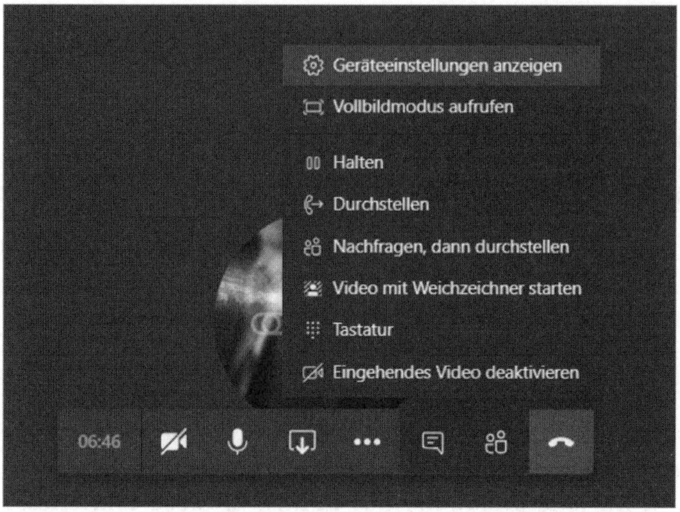

Abb. 2.24: Pop-up-Menü WEITERE AKTIONEN

Mit dem ersten Menüpunkt GERÄTEEINSTELLUNGEN ANZEIGEN können Sie sowohl Ihre Audio- und Videogeräte auswählen als auch die Geräte testen.

> **Tipp**
>
> In dem Dialog GERÄTEEINSTELLUNGEN ANZEIGEN findet sich noch eine weitere sehr interessante Einstellung: die BESPRECHUNGSEINSTELLUNGEN. Mit dem Schieberegler PRIVATE ANZEIGE wählen Sie aus, ob Teilnehmer des Videoanrufs oder der Videobesprechung eigenständig durch geteilte Präsentationen navigieren dürfen. In der Standardeinstellung steht der Schieberegler auf EIN. Ich empfehle Ihnen, den Regler auf AUS zu setzen.

Mit dem Menüpunkt VIDEO MIT WEICHZEICHNER STARTEN zeichnen Sie Ihren Hintergrund weich. Sie selbst werden nach wie vor scharf dargestellt.

Wählen Sie den Menüpunkt EINGEHENDES VIDEO DEAKTIVIEREN, wird aus dem eingehenden Videoanruf ein Audioanruf.

Unterhaltung anzeigen

Abb. 2.25: Unterhaltung anzeigen

Das Symbol UNTERHALTUNG ANZEIGEN blendet auf der rechten Seite eine Chatleiste ein, sodass Sie während des Anrufs auch schriftlich kommunizieren können.

Tipp

Blenden Sie sich die Chatleiste am besten sofort nach Annahme des Videoanrufs oder der Videobesprechung ein. Das sollten möglichst auch alle anderen Teilnehmer machen. Ohne eingeblendeten Chat haben Sie keine Möglichkeit, Teilnehmer z. B. darauf hinzuweisen, dass Sie sie nicht hören können.

Das Symbol TEILNEHMER EINBLENDEN blendet auf der rechten Seite eine Leiste ein, die die Teilnehmer anzeigt. Über diese Leiste können Sie auch weitere Personen zu diesem Videoanruf oder dieser Videobesprechung einladen.

Eingehende Anrufe

Eingehende Anrufe werden immer rechts unten im Bildschirm angezeigt, unabhängig davon, in welcher Anwendung Sie gerade arbeiten.

Abb. 2.26: Eingehender Anruf

Sie können eingehende Anrufe

- mit Video annehmen ❶
- nur mit Audio annehmen ❷
- oder den Anruf ablehnen ❸

Verpasste Anrufe sehen Sie in der Anrufnavigation unter VERLAUF.

2.3.6 Dateien

Im Bereich DATEIEN können Sie sich aus der Navigation dieses Bereichs sowohl alle Dateien aus Ihren Teams als auch alle Dateien aus Ihrem OneDrive auflisten lassen.

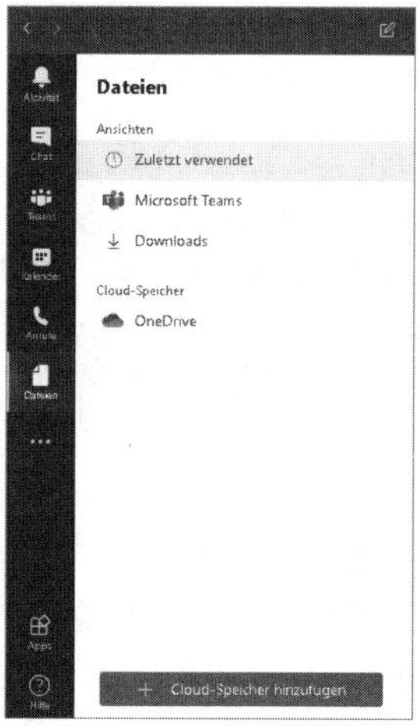

Abb. 2.27: Navigation des Bereichs DATEIEN

Die Navigation ist in verschiedene Gruppen aufgeteilt: ZULETZT VERWENDET, MICROSOFT TEAMS, ONEDRIVE und CLOUD-SPEICHER HINZUFÜGEN.

Zuletzt verwendet

In dieser Gruppe sehen Sie alle Dateien, die Sie zuletzt verwendet haben. Unabhängig davon, aus welchen Dateiablageort Sie die Dateien aufgerufen haben: aus einem Team, einer teamunabhängigen SharePoint-Dokumentenbibliothek oder aus Ihrem OneDrive. In der letzten Spalte der tabellarischen Auflistung wird Ihnen der Speicherort angezeigt. Über die drei Punkte neben dem Speicherort können Sie die Dateien auch wieder öffnen, herunterladen oder einen Link erzeugen.

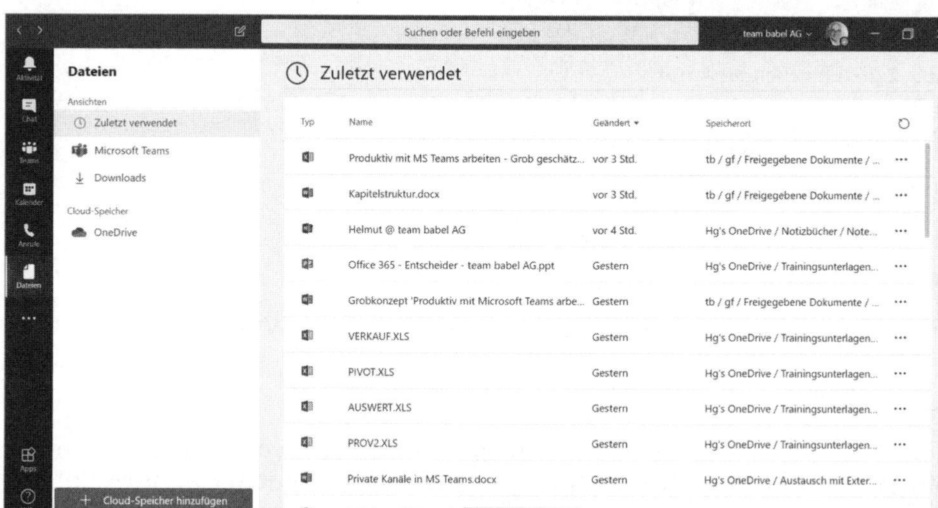

Abb. 2.28: Gruppe ZULETZT VERWENDET

Microsoft Teams

Hier sehen Sie nur die Dateien der Teams, in denen Sie entweder Besitzer, Mitglied oder Gast sind. Auch hier wird in der letzten Spalte der tabellarischen Auflistung der Speicherort angezeigt. Über die drei Punkte neben dem Speicherort können Sie die Dateien öffnen, herunterladen oder einen Link erzeugen.

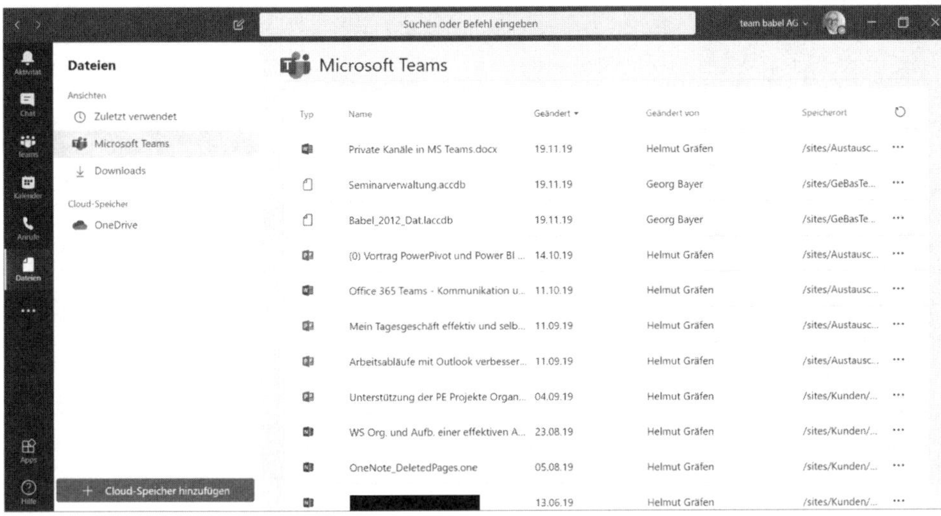

Abb. 2.29: Gruppe MICROSOFT TEAMS

OneDrive

Nach dem Klicken auf ONEDRIVE werden Ihnen die Dateien aus Ihrem OneDrive angezeigt, Sie bleiben aber nach wie vor in der MS-Teams-Oberfläche. Hier können Sie Ihre OneDrive-Daten öffnen und bearbeiten.

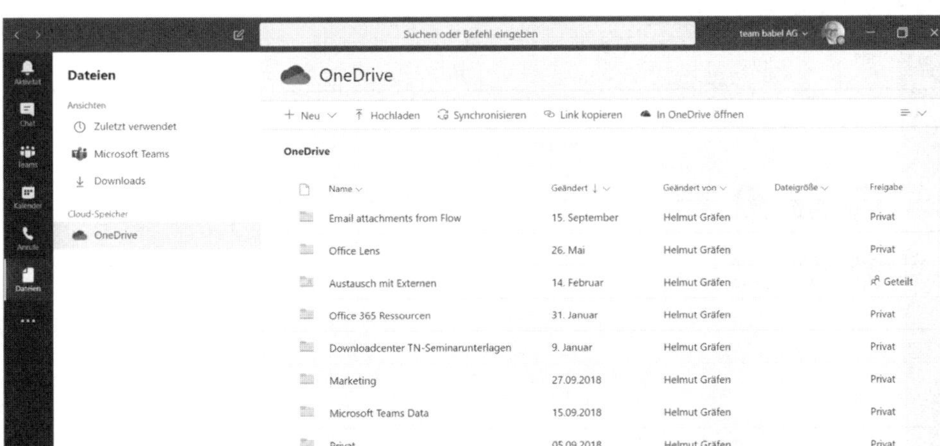

Abb. 2.30: Gruppe ONEDRIVE

Cloud-Speicher hinzufügen

Mit einem Klick auf den untersten Button CLOUD-SPEICHER HINZUFÜGEN können Sie andere Cloud-Anbieter, wie z.B. Dropbox oder Google Drive, in Ihre Teams-Oberfläche einbinden.

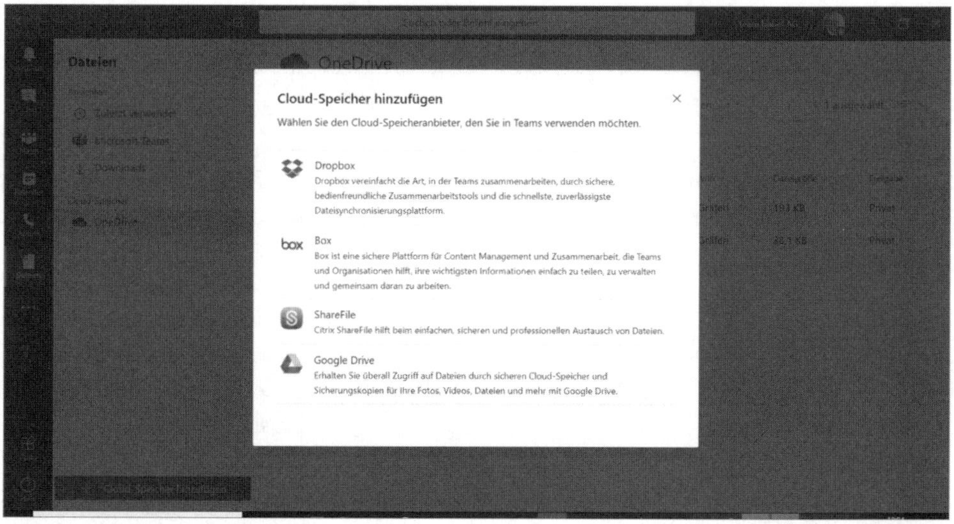

Abb. 2.31: Gruppe CLOUD-SPEICHER HINZUFÜGEN

2.3.7 ... (drei Punkte)

Mit dem Klick auf die drei Punkte wird Ihnen ein Fenster mit Apps angezeigt, die Sie von hier aus in der MS-Teams-Oberfläche aufrufen können. Welche Apps Ihnen hier angezeigt werden, hängt davon ab, was Ihr IT-Support für Sie freigeschaltet hat.

Abb. 2.32: Andere Apps in der MS-Teams-Oberfläche aufrufen

2.3.8 Apps

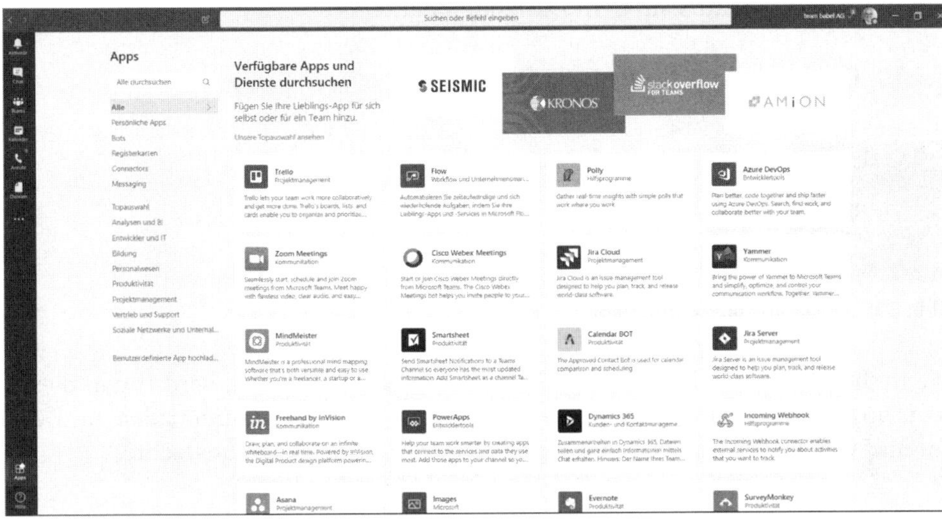

Abb. 2.33: Verfügbare Apps und Dienste

Hier sehen Sie Apps und Dienste, die Sie zusätzlich in Ihre MS-Teams-Oberfläche einbinden können. Es werden sowohl Produkte von Microsoft (Flow, Yammer, PowerApps etc.) als auch Produkte von Drittanbietern (Trello, Jira, Evernote etc.) angeboten. Zusätzlich können weitere Apps hochgeladen werden. Welche Apps und Dienste Sie in diesem Bereich sehen und ob Sie die Berechtigung haben, Apps hochzuladen, entscheidet Ihre IT. Viele Unternehmen zeigen ihren Benutzern an dieser Stelle nur die Produkte von Microsoft an. Mehr zur Erweiterung der Funktionalitäten von MS Teams durch Apps erfahren Sie in Kapitel 10.

2.3.9 Hilfe

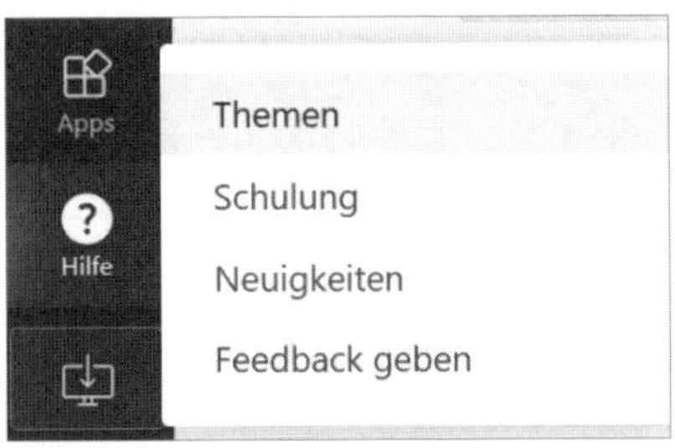

Abb. 2.34: Hilfe in MS Teams

Im Bereich HILFE werden unter dem Menü THEMEN bestimmte Themen von Microsoft vorgeschlagen, Sie können hier aber auch gezielt nach Themen in der

Hilfe suche. Unter SCHULUNG werden kurze Hilfe-Videos zu den unterschiedlichsten Themen angeboten. Mit NEUIGKEITEN können Sie sich über die Neuerungen in Microsoft Teams auf dem Laufenden halten.

2.3.10 Desktop-App herunterladen

Abb. 2.35: Desktop-App herunterladen

Wenn Sie MS Teams in der Weboberfläche aufgerufen haben, wird Ihnen dieses Icon angezeigt. Damit können Sie MS Teams als App herunterladen und auf Ihrem PC installieren. Dazu benötigen Sie keine Administrationsrechte.

2.4 Der Bereich »Teams«

Ihre Teams werden in diesem Bereich in Gruppen angezeigt. Die Gruppe IHRE TEAMS ist immer vorhanden und zeigt Ihnen die Teams an, in denen Sie mitwirken.

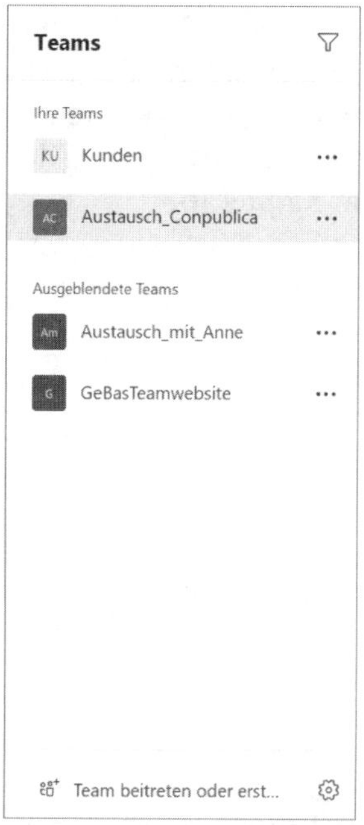

Abb. 2.36: Navigation des Bereichs TEAMS

Wichtig

Hier sehen Sie nur die Teams, in denen Sie entweder den Status Besitzer, Mitglied oder Gast haben. Alle anderen Teams, die es im Unternehmen gibt, werden Ihnen nicht angezeigt.

Ein Klick auf eine Gruppe reduziert die Darstellung auf die Gruppenüberschrift. Ein weiterer Klick erweitert die Gruppendarstellung wieder. Darüber hinaus lässt sich auch die Darstellung der Kanäle mit einem Klick auf das Team auf- und zuklappen.

Tipp

In MS Teams haben Sie die Möglichkeit, Teams auszublenden. Das ist z. B. dann sinnvoll, wenn gerade keine aktiven Projekte in einem Team anstehen oder Ihre eigene Mitarbeit nicht oder zurzeit nicht erforderlich ist. Wenn Sie mindestens ein Team ausgeblendet haben, erscheint die Gruppe AUSGEBLENDETE TEAMS.

2.4.1 Teams und Teams-Kanäle

In einem Team werden die Personen zusammengestellt, die gemeinsam an Dateien arbeiten und miteinander chatten wollen. Das Arbeiten an Dateien und die Chat-Unterhaltungen finden dabei immer in den Kanälen eines Teams statt.

Mit Kanälen können Sie Ihr Team nach unterschiedlichen Gesichtspunkten strukturieren:

- Themen
- Arbeitsbereiche
- Arbeitspakete
- Abteilungsbereiche
- Projektphasen
- usw.

Sie können für jedes Team mehrere Kanäle anlegen. Die eigentliche Herausforderung besteht im Vorfeld darin, eine Kanalstruktur für Ihr Team zu finden, die im Tagesgeschäft funktioniert und alle Teammitglieder in ihren Arbeitsprozessen unterstützt. Mehr darüber, wie Sie ein Team sinnvoll mit Kanälen strukturieren können, erfahren Sie in Kapitel 5.

Kapitel 3

Die 8 Schritte zur erfolgreichen Arbeit mit Microsoft Teams

Bevor Sie ein Team anlegen, sollten Sie sich auf jeden Fall detaillierte Gedanken über die Anforderungen und die konkrete Anwendung machen. Die Akzeptanz eines gut geplanten und strukturiert umgesetzten Teams ist in Unternehmen in der Regel groß. Die Wahrscheinlichkeit, dass dann auch alle Teammitglieder damit arbeiten möchten, ist ebenfalls hoch. Teams dagegen, die »aus der Hüfte« angelegt werden, fristen meist ein kümmerliches Dasein, da den Teammitgliedern weder die Sinnhaftigkeit noch der potenzielle Nutzen des Arbeitens mit MS Teams klar wird.

Zur Gründung eines produktiv und erfolgreich arbeitenden Teams schlage ich Ihnen daher 8 einfache Schritte vor, die ich hier kurz einführen und in den folgenden Kapiteln detailliert beschreiben werde.

3.1 Schritt 1: Ein Team planen und konzipieren

Die folgenden drei Fragen sollten Sie sich schon gestellt haben, bevor Sie überhaupt die Maus in die Hand nehmen und mit dem Anlegen eines Teams beginnen:

1. Welche Anforderungen werden an das Team gestellt?
   Je klarer Ihre Vorstellung davon ist, was Ihr Team im Tagesgeschäft leisten soll, desto leichter wird es Ihnen fallen, das Team entsprechend zu strukturieren. Zu den Vorbereitungen gehört es beispielsweise auch, zu definieren, ob das Team eine organisatorische Struktur, wie z. B. eine Abteilung oder ein Projekt abbilden soll. Die Lebensdauer des Abteilungs-Teams ist bestimmt länger als die des Projekt-Teams. Da Projekt-Teams in der Regel häufiger gegründet werden, lohnt es sich, für diese Teams standardisierte Strukturen zu entwickeln und diese dann in einem Musterteam zu definieren.
2. Soll es ein privates, öffentliches oder organisationsweites Team werden?
   Die Mehrzahl aller Teams ist privat. Denken Sie daran, dass organisationsweite Teams nur von Personen eingerichtet werden können, die über bestimmte Administratorenrechte verfügen. Weitere Informationen dazu finden Sie in Abschnitt 4.2.

3. Sollen auch unternehmensfremde Personen (Externe) in das Team aufgenommen werden?
   Diese Frage ist von großer Bedeutung für die Kanalstruktur, die Sie in Ihrem Team anlegen. Sobald Externe in das Team aufgenommen werden, werden Sie sich über die Nutzung von privaten Kanälen Gedanken machen müssen. Detaillierte Informationen dazu finden Sie in Abschnitt 5.2.

3.2 Schritt 2: Ein Team erstellen

Ein Team völlig neu zu erstellen, ist nicht immer die beste Wahl. Denken Sie daran, dass bei dieser Variante des Anlegens im Hintergrund automatisch mehrere Ressourcen angelegt werden. Prüfen Sie vor der Erstellung des Teams daher, ob es bereits eine vorhandene Office-365-Gruppe oder eine vorhandene SharePoint-Teamwebsite gibt, aus der Sie das Team erstellen können. In Abschnitt 4.2 beschreibe ich diesen Prozess ausführlich.

3.3 Schritt 3: Ein Team konfigurieren/verwalten

Konfigurieren Sie Ihr neu erstelltes Team, *bevor* Sie die erste Person als Mitglied hinzufügen. Sind Mitglieder einmal ins Team aufgenommen worden, ist es sehr schwierig, bereits zugestandene Funktionalitäten wieder zurückzunehmen.

Die wichtigsten Konfigurationen betreffen die Berechtigungen, die Sie verschiedenen Personen und Personengruppen erteilen:

Welche Änderungen dürfen Mitglieder an der Kanalstruktur vornehmen?

- **Dürfen Mitglieder Kanäle (Standardkanäle) erstellen und aktualisieren?**
  Standardeinstellung: ja
- **Dürfen Mitglieder private Kanäle erstellen?**
  Standardeinstellung: ja
- **Dürfen Mitglieder Kanäle (Standardkanäle) löschen und wiederherstellen?**
  Standardeinstellung: ja
- **Dürfen Mitglieder Apps hinzufügen und entfernen?**
  Standardeinstellung: ja
- **Dürfen Mitglieder benutzerdefinierte Apps hochladen?**
  Standardeinstellung: ja
- **Dürfen Mitglieder Registerkarten erstellen, aktualisieren und entfernen?**
  Standardeinstellung: ja
- **Dürfen Mitglieder Konnektoren erstellen, aktualisieren und entfernen?**
  Standardeinstellung: ja

- **Dürfen Mitglieder ihre Nachrichten löschen?**
  Standardeinstellung: ja
- **Dürfen Mitglieder ihre Nachrichten bearbeiten?**
  Standardeinstellung: ja

In der Standardeinstellung dürfen Mitglieder sehr viel an der Struktur der Kanäle ändern. Das stärkt auf der einen Seite die Motivation und die Eigenverantwortung der Teammitglieder. Auf der anderen Seite kann diese Freizügigkeit aber auch dazu führen, dass die Kanalstruktur im Team verwässert wird. Überlegen Sie daher sorgfältig, welche Berechtigungen für die Arbeit in Ihrem Team notwendig und sinnvoll sind. Das Festlegen der Mitgliederberechtigungen beschreibe ich in Abschnitt 4.3.4 unter *Mitgliederberechtigungen* detailliert.

Welche Änderungen dürfen Gäste an der Kanalstruktur vornehmen?

- **Dürfen Gäste Kanäle erstellen und aktualisieren?**
  Standardeinstellung: nein
- **Dürfen Gäste Kanäle löschen?**
  Standardeinstellung: nein

In der Standardeinstellung dürfen Gäste keine Änderungen an der Kanalstruktur vornehmen. In bestimmten Projektsituationen kann es aber durchaus sinnvoll sein, den Gästen im Team zu erlauben, Kanäle zu erstellen und zu aktualisieren. Auch die Gäste-Einstellungen sollten eingetragen sein, bevor Sie Mitglieder und Gäste zum Team hinzufügen. Weitere Information zum Definieren der Gäste-Einstellungen finden Sie in Abschnitt 4.3.4 unter *Gastberechtigungen.*

Welche Social-Media-Elemente dürfen die Mitglieder im Team nutzen?

- **Dürfen Mitglieder Giphys nutzen?**
  Standardeinstellung: ja
- **Dürfen Mitglieder Aufkleber und Memes nutzen?**
  Standardeinstellung: ja
- **Wenn Mitglieder Aufkleber und Memes nutzen dürfen, dürfen sie dann benutzerdefinierte Memes hochladen?**
  Standardeinstellung: ja

Die Nutzung von Emojis können Sie nicht deaktivieren. Wenn Sie darüber hinaus die Verwendung von Giphys, Aufklebern und Memes zulassen, sollten Sie wissen, dass sich das Scrollen in einem Teamchat sehr mühselig gestaltet, da diese Social-Media-Elemente im Chat relativ groß dargestellt werden. Weitere Informationen dazu finden Sie in Abschnitt 4.3.4 unter *Spielereien.*

3.4 Schritt 4: Ein Team mit Kanälen strukturieren

Sie können ein Team mit Kanälen nach unterschiedlichen Gesichtspunkten strukturieren (siehe Abschnitt 5.2). Als Teambesitzer haben Sie die Aufgabe, bereits eine Kanal-Grundstruktur anzulegen, bevor Sie die erste Person als Mitglied oder Gast in Ihr Team aufnehmen. Legen Sie fest, welche Standardkanäle Sie benötigen und ob Sie private Kanäle einrichten müssen. Eine gut durchdachte Kanalstruktur steigert zum einen die Akzeptanz der Teamnutzung und ermöglicht zum anderen ein produktives Arbeiten im Team.

3.5 Schritt 5: Dateimanagement innerhalb eines Teams

Damit alle Teammitglieder sogleich den Nutzen des Teams begreifen und motiviert sind, damit zu arbeiten, ist es unerlässlich, bereits Daten in das Team hochzuladen, bevor das erste Mitglied hinzugefügt wird. Auch das ist die Aufgabe des Teambesitzers. Stellen Sie im Vorfeld eine Liste der Ordner und Dateien zusammen, die nötig sind, um sofort nach dem Hinzufügen der Mitglieder mit diesem Team auch produktiv arbeiten zu können.

3.6 Schritt 6: Aufgabenmanagement innerhalb eines Teams

Um Ihr Team vor dem Hinzufügen des ersten Mitglieds auch für das Aufgabenmanagement optimal vorbereiten zu können, müssen Sie entscheiden, ob Sie mit der Planner-App oder den SharePoint Aufgaben arbeiten wollen (siehe dazu Kapitel 7).

3.7 Schritt 7: Mitglieder eines Teams festlegen

Bevor Sie nun tatsächlich Personen in Ihr Team einladen bzw. zu Ihrem Team hinzufügen, sollten Sie mindestens die folgenden Vorüberlegungen anstellen:

Welche Mitarbeiter sollen mit welcher Rolle ins Team?

Welche Mitarbeiter möchten Sie als Mitglieder in das Team aufnehmen und wem, außer sich selbst, wollen Sie noch die Besitzer-Rolle zuweisen? Als Faustregel gilt: Bei einer Teamgröße von maximal 20 Personen sollten zwei Personen im Team als Besitzer fungieren. Bei einer Teamgröße von mehr als 20 Personen kann es auch sinnvoll sein, mehr als zwei Besitzer im Team zu definieren.

Welche unternehmensfremden Personen sollen als Gäste in das Team aufgenommen werden?

Auch diese Frage muss zwingend vor der Erstellung des Teams geklärt sein. Nur so sind Sie in der Lage, zu entscheiden, ob und welche privaten Kanäle in Ihrem Team benötigt werden.

3.8 Schritt 8: Regeln für die Kommunikation definieren

Die Erfahrung hat gezeigt, dass Teams besser funktionieren, wenn die Teammitglieder im Vorfeld konkrete Regeln für die Kommunikation im Team festlegen. In der folgenden Auflistung finden Sie einige Denkanstöße dafür, in welchen Bereichen individuelle Kommunikationsregeln sinnvoll sein könnten:

- Bestimmung von Reaktionszeiten für das Team
- Benennung von Ressourcen nach festgelegten Namenskonventionen
- Alle teamrelevanten Informationen ausschließlich über den Teamchat und nicht via E-Mail über Outlook austauschen
- E-Mails aus Outlook, die von außen kommen und teamrelevant sind, an die Mail-Adresse des Kanals weiterleiten
- Welche Informationen sollen überhaupt im Teamchat gepostet werden?
- Welche Informationen sollen im Teamchat und welche im 1:1-Chat gepostet werden?
- Informelle Informationen nur im 1:1-Chat posten
- Wie soll mit Giphys, Memes und Aufklebern im Teamchat umgegangen werden?
- Generelle Abgrenzung: Wann chatten, wann mailen?
- Nur noch mit Links zu Dateien und nicht mehr mit Dateianhängen arbeiten

Tipp

Ich empfehle Ihnen, die verabschiedeten Teamregeln im OneNote-Teamnotizbuch in einem eigenen Abschnitt zu dokumentieren, das Teamnotizbuch als Register im Kanal ALLGEMEIN anzulegen und es als verbindliches Nachschlageinstrument im Team zu definieren. Detaillierte Informationen dazu finden Sie in Abschnitt 10.1.

Kapitel 4

Ein Team planen, erstellen und konfigurieren (Schritte 1 bis 3)

4.1 Ein Team planen und konzipieren (Schritt 1)

Wie bereits in Abschnitt 3.1 ausführlicher beschrieben, helfen Ihnen diese drei Fragen bei der Planung eines Teams:

1. Welche Anforderungen werden an das Team gestellt?
2. Soll es ein privates, öffentliches oder organisationsweites Team werden?
3. Sollen auch unternehmensfremde Personen (Externe) in das Team aufgenommen werden?

4.2 Ein Team erstellen (Schritt 2)

Um ein völlig neues Team zu erstellen, klicken Sie in der Navigation des Bereichs TEAM ganz unten auf TEAM BEITRETEN ODER ERSTELLEN ❶.

Klicken Sie dann auf die Schaltfläche TEAM ERSTELLEN ❷.

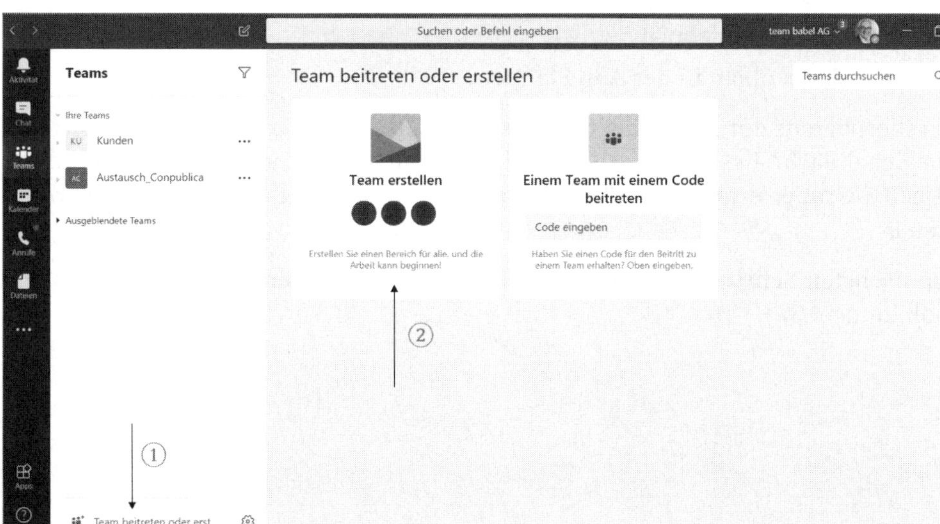

Abb. 4.1: Team beitreten oder erstellen

Abb. 4.2: Team erstellen

Wichtig

Bei der Auswahl TEAM VÖLLIG NEU ERSTELLEN werden alle erforderlichen Ressourcen für das Team automatisch erstellt:

- eine Office-365-Gruppe
- eine SharePoint-Teamwebseite
- eine Mail-Adresse (E-Mail-Verteiler) für das Team
- ein Gruppenkalender für das Team
- ein OneNote-Notizbuch
- ein Aufgabenplan in der App Planner

Existiert bereits ein Team oder eine passende Office-365-Gruppe, können Sie auch die Schaltfläche ERSTELLEN AUS... wählen. Damit stellen Sie sicher, dass keine Office-365-Gruppe erneut erstellt wird, obwohl eine passende Gruppe bereits vorhanden ist.

Im nächsten Schritt legen Sie fest, welche Art Team Sie erstellen möchten (siehe Abbildung 4.3).

Abb. 4.3: Art des Teams festlegen

Folgende Varianten stehen zur Auswahl:

- PRIVAT

  Der Besitzer eines Teams entscheidet, wer Mitglied oder auch weiterer Besitzer dieses Teams wird.
- ÖFFENTLICH

  Alle Personen des Unternehmens, die einen Office-365-Account haben, können dem Team beitreten und sind automatisch Mitglied.
- ORGANISATIONSWEIT

  Alle Personen des Unternehmens, die einen Office-365-Account haben, sind automatisch nach dem Erstellen des Teams auch Mitglieder des Teams.

Wichtig

Die Auswahl ORGANISATIONSWEIT wird nur dann angezeigt, wenn Sie über Administrationsrechte verfügen.

Wir wollen für dieses Beispiel ein privates Team anlegen, klicken also auf die Schaltfläche PRIVAT. Der überwiegende Teil aller erstellten Teams sind private Teams.

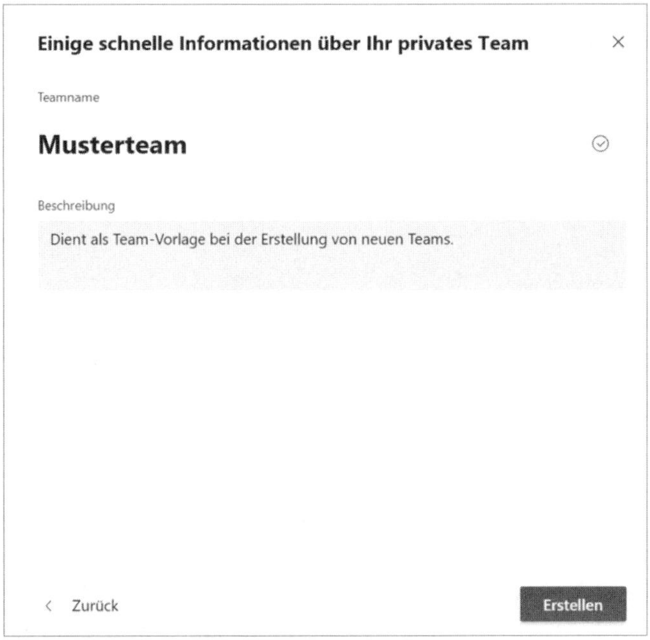

Abb. 4.4: Teamname und Beschreibung

Geben Sie Ihrem Team einen passenden Namen. Ein bis zwei aussagekräftige Sätze im Feld *Beschreibung* helfen Ihren Kollegen und Kolleginnen außerdem, schnell die spezifische Nutzung des Teams zu erkennen.

Tipp

An dieser Stelle macht es durchaus Sinn, über die Einführung einer Namenskonvention für die Vergabe von Ressourcennamen nachzudenken. Eine bewährte Methode ist es, vor den eigentlichen Namen ein Präfix und hinter den Namen ein Suffix zu setzen: *Präfix_Name_Suffix*. Nehmen wir an, die Abteilung IT will zum einen ein Team für die Abteilung erstellen und zum anderen Teams für verschiedene Projekte. Im Präfix steht das Kürzel für die Abteilung und im Suffix, für welchen Kontext das Team erstellt wurde. Die Teamnamen könnten dann wie folgt aussehen:

- Name für das Abteilungsteam = *IT_Team_Org*
- Name für ein Projektteam = *IT_Office365_Pro*

Natürlich sind auch andere Konventionen denkbar und möglich.

Nachdem Sie auf die Schaltfläche ERSTELLEN geklickt haben, können Sie hier bereits bei der Erstellung des Teams die Mitglieder hinzufügen.

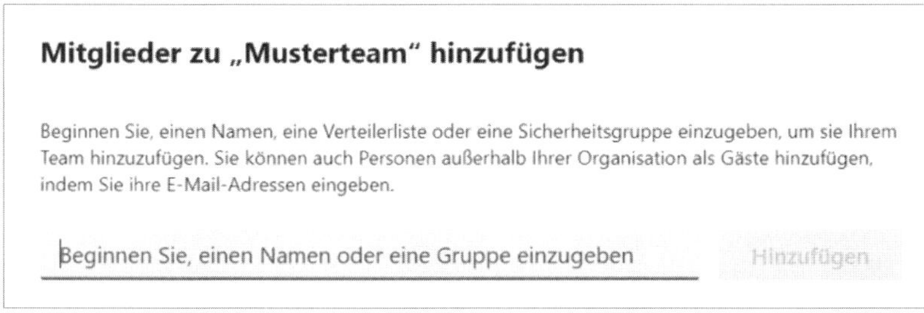

Abb. 4.5: Mitglieder bei der Erstellung eines Teams hinzufügen

Tipp

Wenn Sie hier bereits Mitglieder zum Team hinzufügen, sollten Sie sich darüber im Klaren sein, dass die Teammitglieder ein vollkommen leeres Team sehen. Es hat weder eine Kanalstruktur noch eine Datenstruktur. Außerdem haben Sie noch nicht definiert, was die Mitglieder an der Struktur des Teams verändern dürfen und was nicht. Meine deutliche Empfehlung lautet daher: Klicken Sie an dieser Stelle auf die Schaltfläche ÜBERSPRINGEN und fügen Sie erst dann Mitglieder hinzu, wenn das Team eine Struktur und einige Inhalte hat. Die Teammitglieder werden es Ihnen danken. Darüber hinaus erhöht es auch die Akzeptanz und Bereitschaft, dieses Team zu nutzen.

4.3 Ein Team konfigurieren/verwalten (Schritt 3)

Sie erreichen das Auswahlmenü für die Konfiguration (oder Verwaltung) des Teams, wenn Sie auf die drei Punkte rechts neben dem Teamnamen klicken. Bestimmte Einstellungen eines Teams wie z.B. Mitgliederberechtigungen/Gastberechtigungen (siehe Abschnitt 4.3.4) können nur Besitzer eines Teams vornehmen.

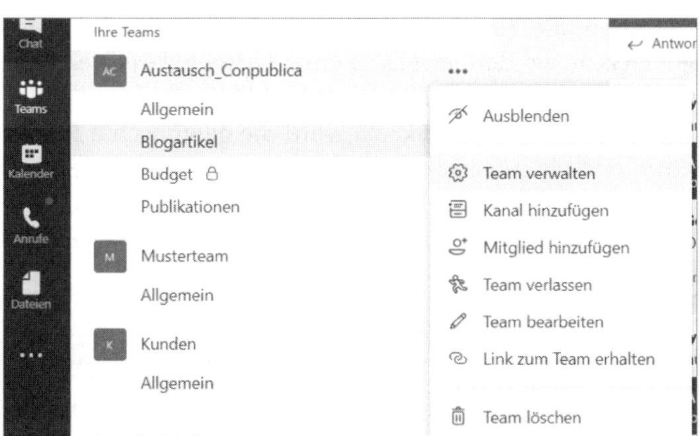

Abb. 4.6: Menü für die Team-Bearbeitung

Der Dialog TEAM VERWALTEN hat 6 Register, die ich in den folgenden Abschnitten beschreibe:

- MITGLIEDER
- AUSSTEHENDE ANFRAGEN
- KANÄLE
- EINSTELLUNGEN
- ANALYSEN
- APPS

Wichtig

Die Register AUSSTEHENDE ANFRAGEN und EINSTELLUNGEN stehen nur dem Besitzer (oder den Besitzern) des Teams zur Verfügung.

4.3.1 Register »Mitglieder« (Mitglieder verwalten)

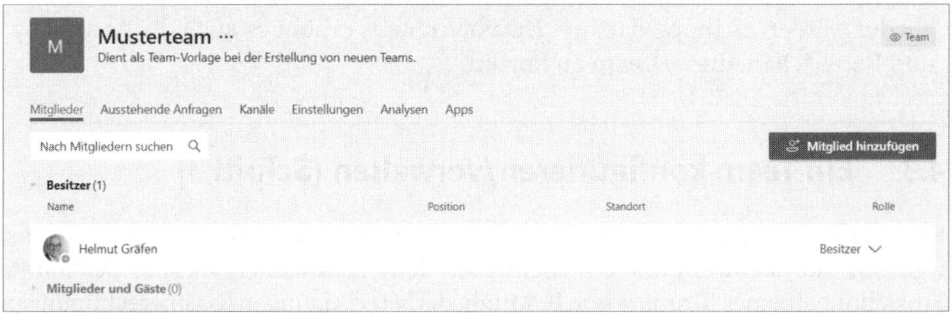

Abb. 4.7: Register MITGLIEDER

Im Register MITGLIEDER können alle Teammitglieder sehen, wer zum Team gehört. Besitzer und Mitglieder/Gäste werden jeweils in einer Gruppe dargestellt. Die Schaltfläche MITGLIED HINZUFÜGEN wird Besitzern und Mitgliedern angezeigt. Wenn ein Teammitglied auf diese Schaltfläche klickt, wird die gewünschte Person allerdings nicht sofort als Mitglied hinzugefügt. Das Teammitglied, das eine Person als Mitglied hinzufügen möchte, sendet durch Klick auf MITGLIED HINZUFÜGEN automatisch eine Anfrage über den Teambeitritt an den Teambesitzer. Der Besitzer des Teams kann dann dieser Anfrage stattgeben oder sie ablehnen.

Tipp

Fügen Sie als Besitzer des Teams über dieses Register erst dann Mitglieder hinzu, wenn Sie dem Team eine Kanalstruktur gegeben und benötigte Dateien hochgeladen haben.

Abb. 4.8: Mitglieder zu einem Team hinzufügen

Die hinzugefügten Personen sind standardmäßig automatisch Mitglieder. Beim Hinzufügen können Sie die Rolle aber bereits auf *Besitzer* verändern. Als Besitzer können Sie den Status jederzeit wieder verändern.

Tipp

Legen Sie in einem kleinen Team (bis 10 Personen) einen weiteren Besitzer als Stellvertretung fest. Damit stellen Sie sicher, dass z. B. im Krankheitsfall das Team immer administrierbar bleibt.

4.3.2 Register »Ausstehende Anfragen« (Ausstehende Anfragen bearbeiten)

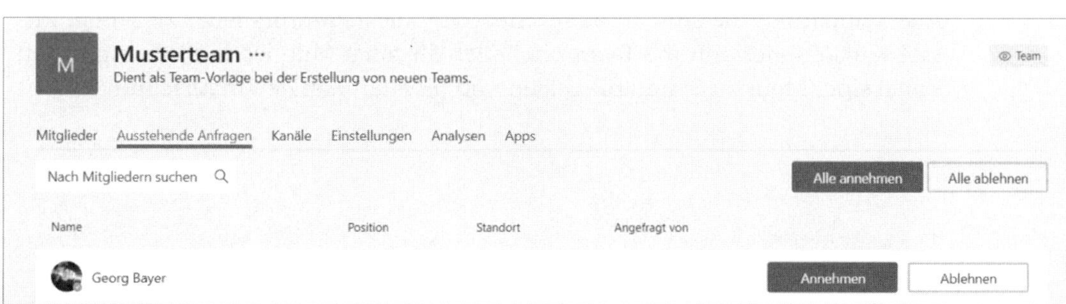

Abb. 4.9: Register Ausstehende Anfragen

Haben Sie Kollegen über einen Link zu diesem Team eingeladen, sehen Sie im Register AUSSTEHENDE ANFRAGEN die offene Anfrage, die erzeugt wird, wenn der Kollege auf den Link klickt und dem Team beitreten will. Sie können die Anfrage annehmen, aber auch ablehnen. Mehr zum Einladen in ein Team über einen Link erfahren Sie in Abschnitt 8.3.

Das Register AUSSTEHENDE ANFRAGEN wird ausschließlich den Besitzern des Teams angezeigt.

4.3.3 Register »Kanäle« (Kanäle verwalten)

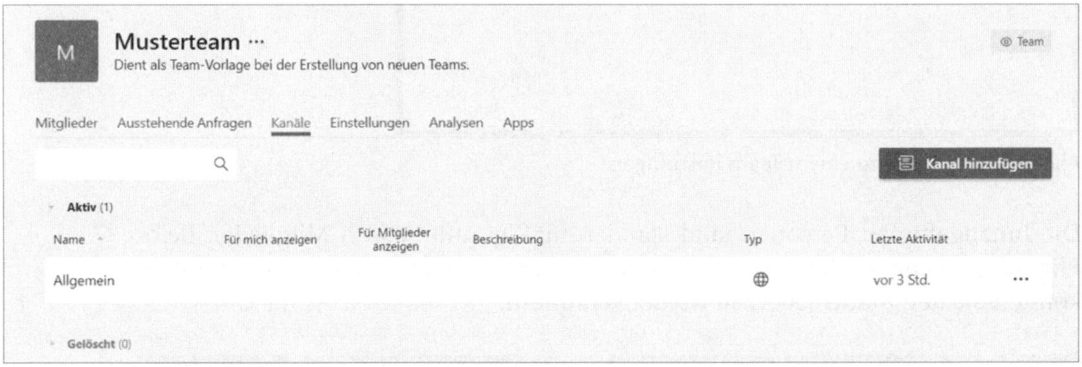

Abb. 4.10: Register KANÄLE

Im Register KANÄLE können alle Teammitglieder sehen, welche Kanäle in diesem Team aktiv sind und welche Kanäle gelöscht wurden. Aktive und gelöschte Kanäle werden jeweils in einer Gruppe dargestellt. Mit der Schaltfläche KANAL HINZUFÜGEN erstellen Sie einen neuen Kanal.

> **Wichtig**
>
> Alle Standardkanäle sind an dieser Stelle für alle Teammitglieder zu sehen. Private Kanäle sehen nur die Teammitglieder, die auch Mitglied in diesem privaten Kanal sind. Mehr zu Standardkanälen und privaten Kanälen in Abschnitt 5.2.

4.3.4 Register »Einstellungen« (allgemeine Einstellungen und Berechtigungen)

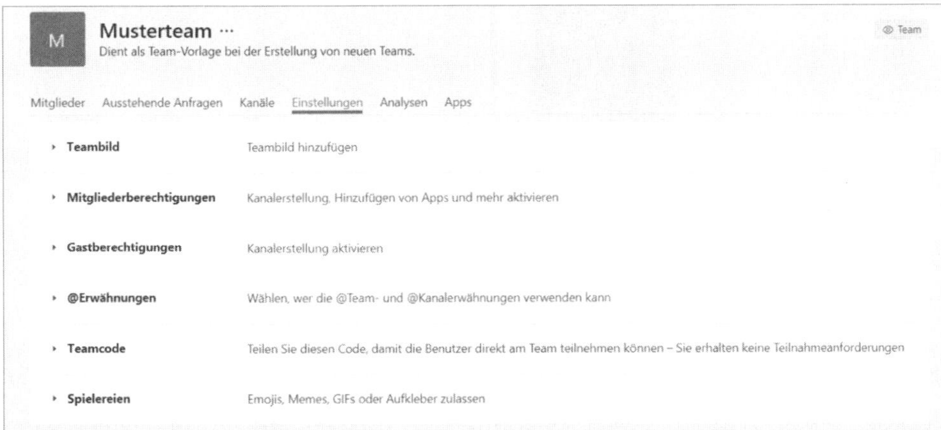

Abb. 4.11: Register EINSTELLUNGEN

Die Registerkarte EINSTELLUNGEN wird ausschließlich den Besitzern des Teams angezeigt. Für die folgenden Bereiche können Sie Einstellungen vornehmen:

Teambild

Abb. 4.12: Teambild hinzufügen

Microsoft Teams generiert aus dem Teamnamen, den Sie vergeben haben, automatisch ein ein- oder zweistelliges Kürzel, das in einem farbigen Quadrat angezeigt wird. Ein eigenes Kürzel können Sie nicht eingeben. Wenn Sie allerdings auf die Schaltfläche BILD ÄNDERN und in dem dann angezeigten Fenster auf LÖSCHEN klicken, generiert MS Teams ein anderes Kürzel. Diesen Vorgang können Sie nur einmal durchführen.

Abb. 4.13: Teambild ändern

Tipp

Mit der Schaltfläche BILD ÄNDERN können Sie auch ein eigenes Bild oder Piktogramm in das Quadrat hochladen. Ein Foto oder ein Piktogramm erhöht die Nutzungsakzeptanz eines Teams deutlich.

Mitgliederberechtigungen

Abb. 4.14: Mitgliederberechtigungen

Bei den Mitgliederberechtigungen geht es nicht um Berechtigungen für das Arbeiten mit Ordnern und Dateien im Team. Sie beziehen sich ausschließlich auf das Verändern der Teamstruktur. Welche Berechtigungen Sie den Teammitgliedern entziehen, hängt davon ab, wie Sie das Team nutzen wollen. Die Standardeinstellungen für diese Art von Berechtigungen können Sie auch Abschnitt 3.3 entnehmen.

Auf der einen Seite kann es durchaus Sinn machen, Teammitgliedern die Berechtigungen zum Erstellen von Kanälen und/oder Registern zu entziehen. Auf der anderen Seite verzichten Sie dann aber auch auf die Kreativität Ihrer Teammitglieder.

Wichtig

Überlegen Sie sich im Vorfeld genau, welche Mitgliederberechtigungen Sie entziehen wollen und welche nicht. Je klarer Sie das Anforderungsprofil an Ihr Team formuliert haben, desto leichter wird Ihnen die Entscheidung fallen. Und auch hier gilt wieder: Entziehen Sie die Berechtigungen, solange das Team noch keine Mitglieder hat.

Tipp

Aus meiner Erfahrung heraus macht es Sinn, zwei der aufgelisteten Berechtigungen zu entziehen:

- Zulassen, dass Mitglieder benutzerdefinierte Apps hochladen und
- Zulassen, dass Mitglieder Connectors erstellen, aktualisieren und entfernen.

Diese beiden Berechtigungen sind beim Besitzer bzw. den Besitzern des Teams besser aufgehoben. Damit stellen Sie sicher, dass im Team kein unnötiger Wildwuchs an Apps (siehe auch Kapitel 10) und Connectors (siehe Abschnitt 5.3.8) entsteht.

Gastberechtigungen

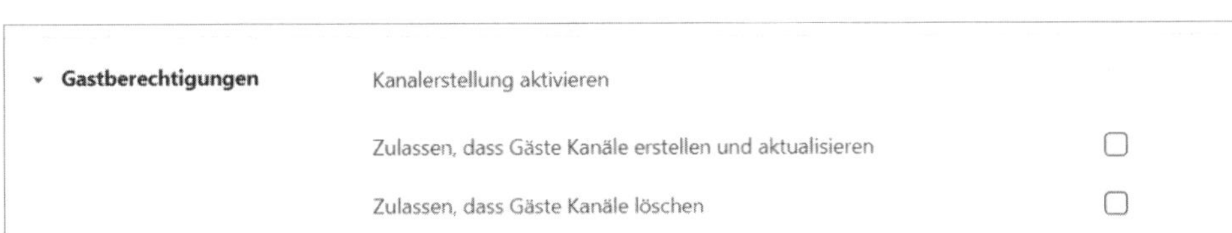

Abb. 4.15: Gastberechtigungen

Ob Sie den Gästen in Ihrem Team erlauben, Kanäle zu erstellen, zu aktualisieren und/oder sie zu löschen, legen Sie hier fest.

Wichtig

Gäste sind immer unternehmensfremde Personen. Und unternehmensfremde Personen können auch nur die Rolle *Gast* einnehmen, nie die Rolle *Mitglied* oder *Besitzer*. Unternehmenszugehörige Personen können dagegen niemals die Rolle *Gast* einnehmen.

@Erwähnungen

Abb. 4.16: @Erwähnungen

Sie kennen wahrscheinlich aus Ihren WhatsApp-Gruppen die sogenannten *@Erwähnungen*. Neben der Möglichkeit mit @Namen direkt eine Person anzusprechen, ermöglicht Microsoft Teams im Teamchat auch, mit @Teamname ein ganzes Team anzusprechen und mit @Kanalname einen bestimmten Kanal. An dieser Stelle können Sie den Teammitgliedern die Berechtigung entziehen, @Teamname und @Kanalname zu nutzen. Die Berechtigung, @Namen zu nutzen, kann den Teammitgliedern nicht entzogen werden.

Wichtig

Die Verwendung dieser beiden @Erwähnungen erhöht den Chat-Traffic im Team. Beim Verwenden von @Teamname wird an jedes Teammitglied eine Benachrichtigung verschickt, beim Verwenden von @Kanalname wird jeder benachrichtigt, der den erwähnten Kanal in der Kanalliste angezeigt hat.

Teamcode

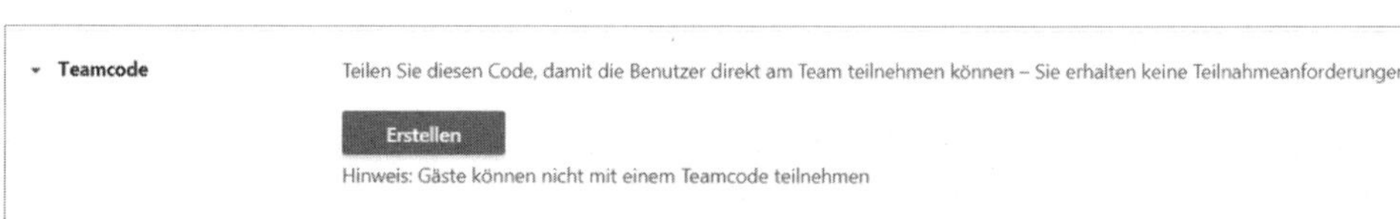

Abb. 4.17: Teamcode erstellen

Hier können Sie einen Teamcode für den Teambeitritt erstellen. Weitere Informationen dazu finden Sie in Abschnitt 8.3.

Haben Sie den Teamcode erstellt, können Sie ihn mit der Schaltfläche KOPIEREN in die Zwischenablage kopieren und einem oder mehreren Kollegen mailen.

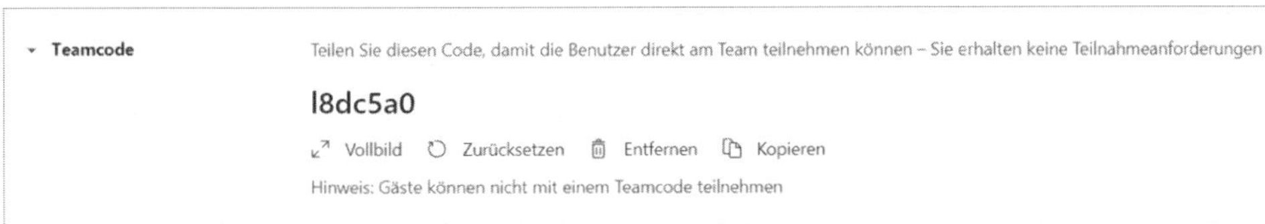

Abb. 4.18: Erstellter Teamcode

> **Tipp**
>
> Sobald alle Personen auf diese Weise Teammitglieder geworden sind, setzen Sie den Teamcode mit der Schaltfläche ZURÜCKSETZEN zurück. Damit stellen Sie sicher, dass der Link zu diesem Team beim Anklicken zukünftig ins Leere läuft.

Spielereien

Abb. 4.19: Social-Media-Elemente in MS Teams

In den Chats von MS Teams können Mitglieder in der Standardeinstellung die folgenden Social-Media-Elemente nutzen:

- Emojis
- Giphys
- Memes
- Aufkleber

Die Berechtigung, Giphys, Memes und Aufkleber zu verwenden, können Sie an dieser Stelle Ihren Teammitgliedern entziehen. Die Berechtigung, Emojis zu nutzen, können Sie Ihren Teammitgliedern nicht entziehen.

Tipp

Ich empfehle Ihnen, die Berechtigung HOCHLADEN VON MEMES ZULASSEN zu deaktivieren. Damit verhindern Sie einen Wildwuchs von Memes in Ihrem Team. Auf jeden Fall sollten Sie im Vorfeld mit Ihren Teammitgliedern darüber diskutieren, ob Sie in Ihrem Team Giphys, Memes und Aufkleber zulassen wollen. Wenn ja, sollte das Team für die Benutzung Regeln aufstellen, um zu verhindern, dass ein Chatverlauf fast nur noch aus Social-Media-Elementen besteht. Giphys, Memes und Aufkleber sind in der Darstellung recht groß und stören daher beim Scrollen im Chatverlauf mitunter sehr.

4.3.5 Register »Analysen« (Analysen zum Nutzerverhalten einsehen)

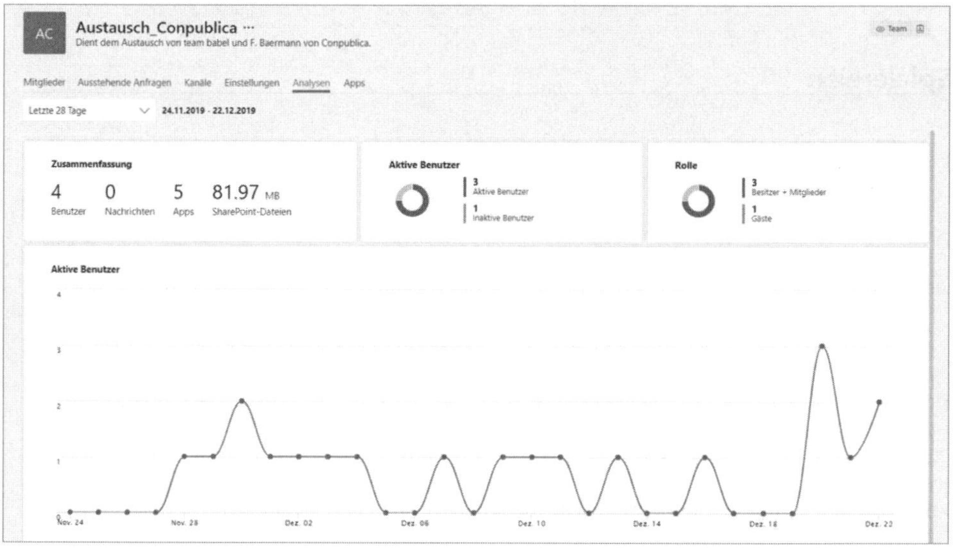

Abb. 4.20: Register ANALYSEN

Das Register ANALYSEN gibt allen Teammitgliedern einen Überblick darüber, ob und wie häufig das Team genutzt wird.

Tipp

Nutzen Sie dieses Instrument, um in regelmäßigen Abständen Eckwerte Ihres Teams, wie die Aktivitätsfrequenz, etwaige inaktive Benutzer und den Platzbedarf, zu kontrollieren. Der in Anspruch genommene Speicherplatz für Dateien in SharePoint wird nur den Besitzern eines Teams angezeigt.

4.3.6 Register »Apps« (zusätzliche Apps einbinden)

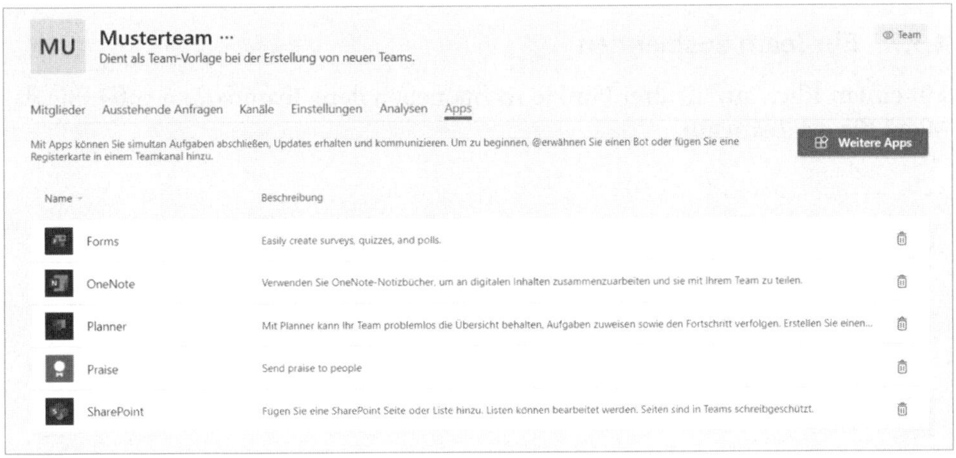

Abb. 4.21: Register APPS

Das Register APPS zeigt Ihnen eine Auswahl an Apps an, die Sie in MS Teams nutzen können. An dieser Stelle können Sie diese jedoch nicht einbinden. Mehr dazu, wie Sie die Funktionalitäten von MS Teams mit Apps erweitern, erfahren Sie in Kapitel 10.

- *Forms*
  Mit der App Forms können Sie sehr einfach Umfragen, Bewertungen und Ähnliches erstellen und direkt im Team anwenden.
- *OneNote*
  Die App OneNote ist manchen auch außerhalb der Office-365-Welt bereits ein Begriff. Innerhalb von MS Teams ist sie ein sehr interessantes Werkzeug, um Regeln, Ideen und Besprechungsressourcen in Team zu dokumentieren. Mehr dazu in Abschnitt 10.1.
- *Planner*
  Mit der App Planner lassen sich die zu erledigenden Aufgaben in einem Team einfach planen und darstellen. Mehr dazu und zum generellen Aufgabenmanagement in einem Team in Kapitel 7.
- *Praise*
  Mit der App Praise können Sie Ihre Teammitglieder loben. Sie steht sowohl in den privaten Chats als auch in den Teamchats zur Verfügung. Senden Sie ei-

nem Teammitglied mit Praise ein Lob, so wird dieser Post automatisch als @Namen-Erwähnung gekennzeichnet.

- *SharePoint*
  Wie ich bereits in Kapitel 1 erwähnte, nutzt Teams zur Datenablage immer die App SharePoint. Mehr zum Dateimanagement mit SharePoint erfahren Sie in Kapitel 6.

4.3.7 Ein Team ausblenden

Mit einem Klick auf die drei Punkte rechts neben dem Teamnamen rufen Sie das Menü für ein Team auf.

Abb. 4.22: Teammenü

Mit der Schaltfläche AUSBLENDEN blenden Sie das ausgewählte Team aus. Die ausgeblendeten Teams werden in einer separaten Gruppe angezeigt, die Sie sich wiederum ein- oder ausgeblendet anzeigen lassen können.

4.3.8 Ein Team archivieren

Ursprünglich war diese Funktionalität auch als Menüpunkt im Teammenü (Abbildung 4.22) angesiedelt. Microsoft hat das Archivieren eines Teams mittlerweile aber in die Verwaltung der Teams verschoben (siehe Abbildung 4.23).

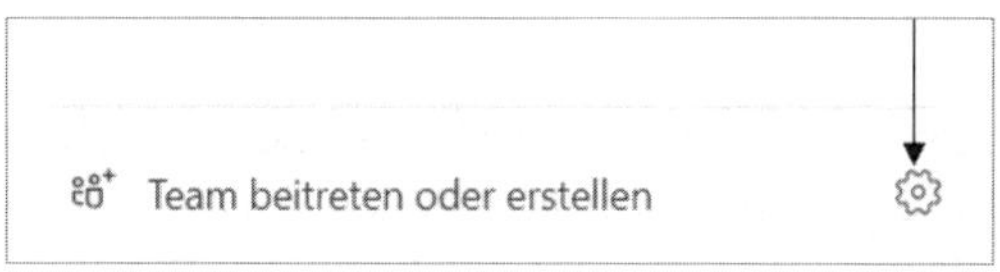

Abb. 4.23: Verwaltung aller Teams aufrufen

Mit dem Schraubensymbol im Bereich TEAMS gelangen Sie in den Dialog, den Sie in Abbildung 4.24 sehen.

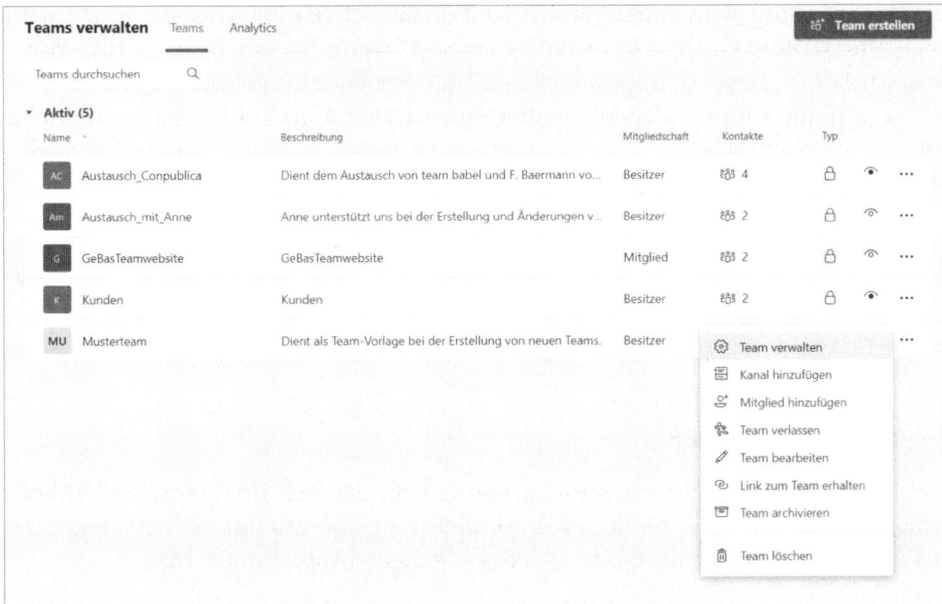

Abb. 4.24: Der Dialog TEAMS VERWALTEN

Nach Klicken auf die Schaltfläche TEAM ARCHIVIEREN erscheint ein Fenster zum Quittieren der Archivierung.

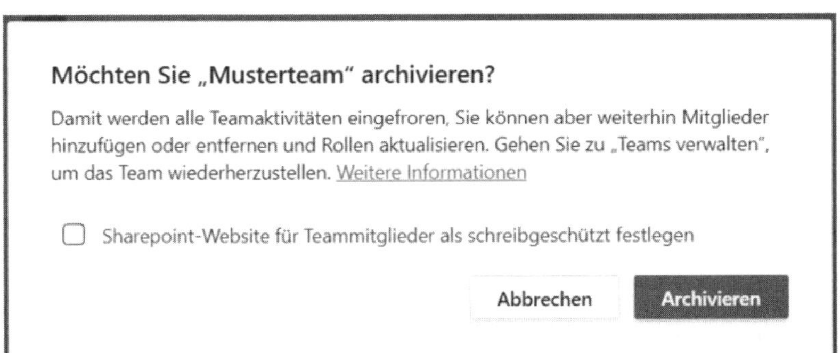

Abb. 4.25: Archivierung des Teams bestätigen oder verwerfen

Wichtig

Denken Sie unbedingt daran, den Haken bei SHAREPOINT-WEBSEITE FÜR TEAMMITGLIEDER ALS SCHREIBGESCHÜTZT FESTLEGEN zu setzen. Nur dann können Sie sicher sein, dass Ordner und Dateien in der SharePoint-Teamwebsite nicht mehr verändert werden können. Die Dateiinhalte können nach wie vor gelesen werden.

Die Archivierung wird durchgeführt und zusätzlich zu der Gruppe AKTIV wird noch eine weitere Gruppe ARCHIVIERT erzeugt. Wenn Sie ein Team archiviert haben, wird es in dieser Gruppe angezeigt. Im Gegensatz zu gelöschten Teams bleiben sowohl die Chats als auch die abgelegten Dateien im Team erhalten, können jedoch nur noch gelesen werden. Archivierte Teams können von Besitzern des Teams wieder aktiviert werden.

Tipp

Archivierte Teams sind nur im Dialog TEAMS VERWALTEN zu sehen, nicht im Bereich TEAMS.

4.3.9 Ein Team löschen

Der Menüpunkt zum Löschen eines Teams befindet sich im Teammenü (Abbildung 4.22) an unterster Stelle. Nach Anklicken des Menüpunktes TEAM LÖSCHEN erscheint ein Fenster zum Quittieren des Löschens (Abbildung 4.26).

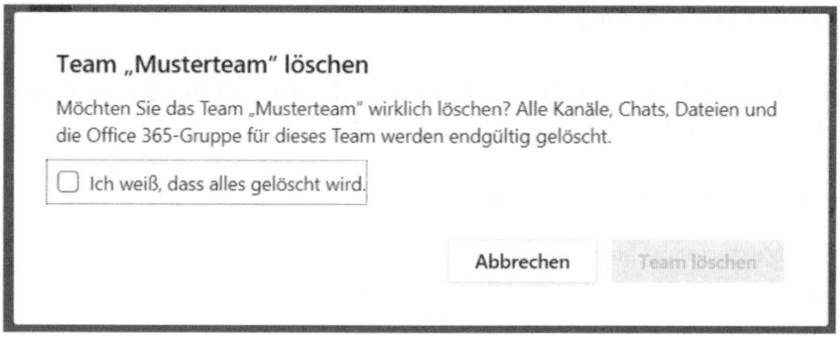

Abb. 4.26: Löschen des Teams bestätigen

Im Gegensatz zum Archivieren bewirkt das Löschen eines Teams, dass sämtliche Ressourcen (Kanäle, Chats, Dateien, Office-365-Gruppe) endgültig gelöscht werden. Sie müssen explizit mit dem Setzen des Hakens bei ICH WEISS, DASS ALLES GELÖSCHT WIRD bestätigen, dass Ihnen das klar ist. Erst dann wird der Button TEAM LÖSCHEN aktiviert.

Tipp

Legen Sie für Ihre Teams Karenzzeiten fest. Für die Dauer der Karenzzeit archivieren Sie das Team und nach Ablauf der Karenzzeit löschen Sie das Team. So löschen Sie kein Team versehentlich zu früh.

4.3.10 Ein Team verlassen

Den Menüpunkt TEAM VERLASSEN erreichen Sie über das Teammenü.

Abb. 4.27: Das Teammenü mit dem Menüpunkt TEAM VERLASSEN

Nachdem Sie den Menüpunkt angeklickt haben, erhalten Sie kontextbezogen unterschiedliche Quittierungsfenster von MS Teams.

Sie sind Mitglied im Team

Wenn Sie Mitglied eines Teams sind, müssen Sie lediglich Ihren Austritt bestätigen (Abbildung 4.28).

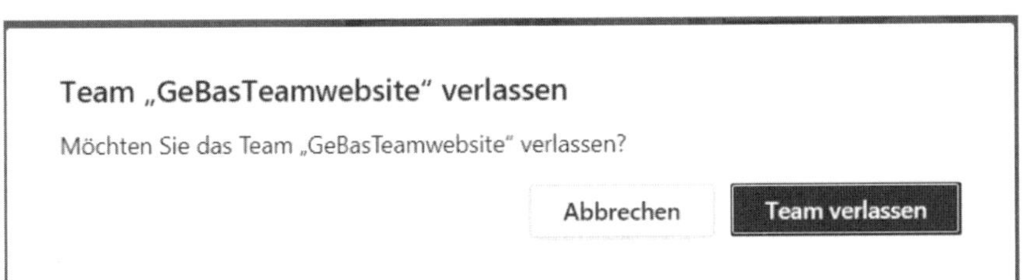

Abb. 4.28: Team verlassen bestätigen

Mit einem Klick auf die Schaltfläche TEAM VERLASSEN verlassen Sie das Team und haben anschließend keinen Zugriff mehr auf seine Ressourcen. Der Besitzer des Teams kann Sie aber jederzeit wieder in das Team aufnehmen.

Sie sind einer der Besitzer des Teams

Auch hier brauchen Sie lediglich zu bestätigen, dass Sie das Team verlassen wollen.

Sie sind der einzige noch verbliebene Besitzer des Teams

Sie können das Team nicht verlassen. Sie werden in dem Fenster, das Sie in Abbildung 4.29 sehen, darauf hingewiesen, dass ein weiterer Besitzer definiert werden muss, bevor Sie das Team verlassen können:

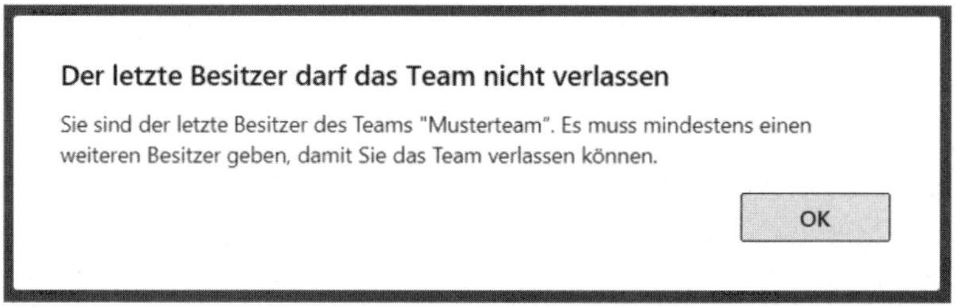

Abb. 4.29: Der letzte Besitzer darf das Team nicht verlassen.

4.3.11 Ein Team bearbeiten

Den Menüpunkt TEAM BEARBEITEN erreichen Sie ebenfalls über das Teammenü.

Mit TEAM BEARBEITEN können der Teamname, die Beschreibung und die Datenschutzeinstellung geändert werden.

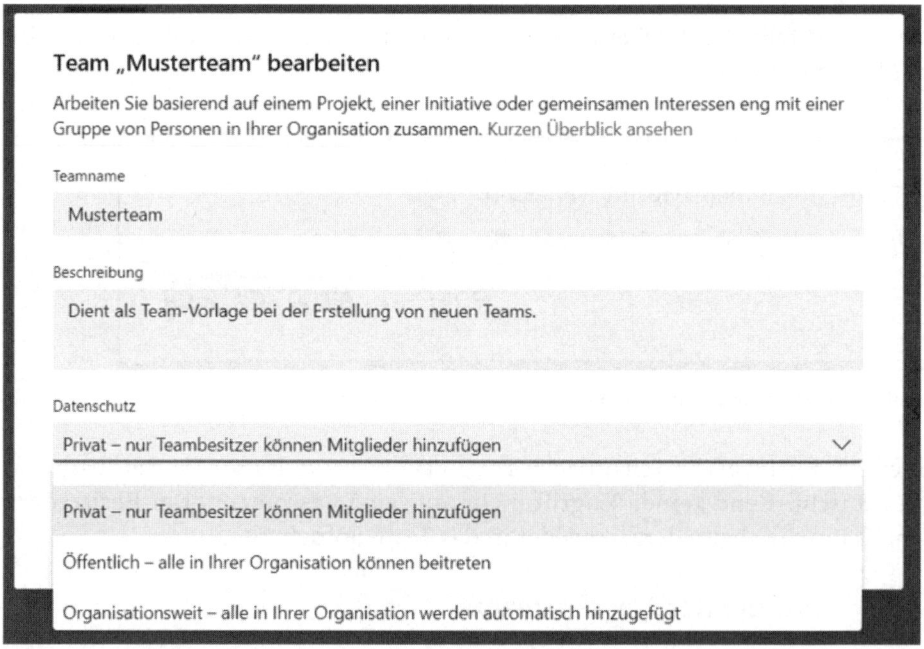

Abb. 4.30: Team bearbeiten

Kapitel 5

Ein Team mit Kanälen strukturieren (Schritt 4)

5.1 Der Kanal »Allgemein«

Beim Erstellen eines Teams wird immer automatisch ein Kanal angelegt: ALLGEMEIN. Dieser kann weder gelöscht noch umbenannt werden. Hier sollten alle Chats geführt und alle Dateien abgelegt werden, die im Team kanalübergreifend von Interesse sind. Ein Beispiel für eine kanalübergreifende Ressource ist z. B. das OneNote-Notizbuch, das automatisch beim Erstellen des Teams erzeugt wird, dazu mehr in Abschnitt 10.1.

Der Kanal ALLGEMEIN dient auch als Protokoll des Teams. Sie sehen hier unter anderem, wer wen zum Team hinzugefügt oder auch entfernt hat. Auch wer einen Kanal gelöscht hat, wird hier protokolliert.

5.2 Kanäle anlegen – Standardkanal oder privater Kanal

Seit Anfang November 2019 gibt es in MS Teams zwei Arten von Kanälen, die sich durch die Datenschutz-Einstellungen unterscheiden. Das sind zum einen Standardkanäle und zum anderen private Kanäle.

5.2.1 Standardkanal

Der *Standardkanal* ist für alle Teammitglieder zugänglich. Dies ist die Kanalart, die es schon seit den Anfängen von MS Teams gibt. Der Standardkanal hieß zu dieser Zeit noch schlicht Kanal. Der Kanal ALLGEMEIN, der automatisch mit dem Team erstellt wird, ist übrigens immer ein Standardkanal.

Erinnern wir uns: Mit der Neuanlage eines Teams wird automatisch eine SharePoint-Teamwebsite im Hintergrund angelegt. Die Teamwebsite in SharePoint bekommt den gleichen Namen wie das Team, in unserem Beispiel also *Musterteam*. In der Dokumentbibliothek dieser Teamwebsite, DOKUMENTE, werden die Dateien des Teams gespeichert. Für jeden Kanal, der im Team hinzugefügt wird, erzeugt die Teamwebsite in SharePoint automatisch einen Ordner. Das sieht dann so aus wie in Abbildung 5.1.

Abb. 5.1: Teamwebsite *Musterteam* in SharePoint

Sie sehen hier die Dokumentbibliothek der Teamwebsite *Musterteam*. Darin befindet sich ein Ordner mit dem Namen `General`. Der Ordner `General` ist in SharePoint der Ablageordner für den Kanal ALLGEMEIN in unserem Musterteam.

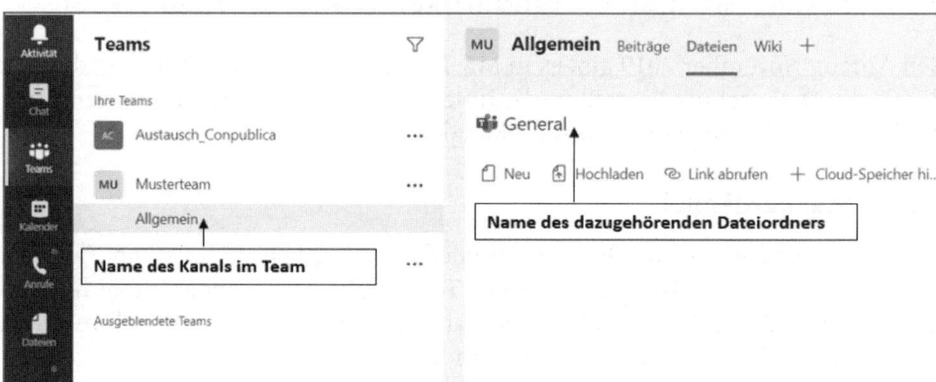

Abb. 5.2: Kanal ALLGEMEIN und der dazugehörende Dateiordner

Besser wäre es natürlich gewesen, wenn Microsoft den Dateiordner in der Teamwebsite auch *Allgemein* genannt hätte. Aber mit diesem wenig schönen Umstand werden wir wohl in der deutschen Sprachumgebung von MS Teams leben müssen.

Um einen weiteren Standardkanal anzulegen, rufen Sie mit den drei Punkten neben dem Teamnamen das Teammenü auf.

Abb. 5.3: Das Teammenü mit dem Menüpunkt KANAL HINZUFÜGEN

Die Entscheidung zwischen Standardkanal und privatem Kanal muss erst getroffen werden, wenn Sie den Menüpunkt KANAL HINZUFÜGEN angeklickt haben.

Als Beispiel nehmen wir an, Sie wollen Ihr Team in Phasen gliedern – z. B. Vorbereitung, Durchführung und Nachbereitung. Für jede Phase ist ein Arbeitspaket (AP) definiert. Und für jedes Arbeitspaket wollen Sie einen Kanal erstellen: AP-Vorbereitung, AP-Durchführung und AP-Nachbereitung. Sie fügen also über den Menüpunkt KANAL HINZUFÜGEN 3 Standardkanäle mit diesen Namen hinzu (siehe Abbildung 5.4).

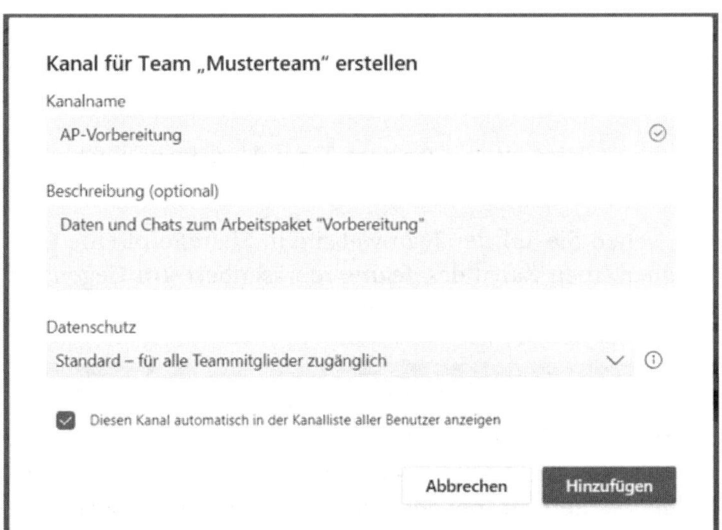

Abb. 5.4: Standardkanal erstellen

Wichtig

Der Haken bei DIESEN KANAL AUTOMATISCH IN DER KANALLISTE ALLER BENUTZER ANZEIGEN ist standardmäßig in dem Dialog nicht gesetzt. Er hat einen wichtigen Effekt: Ist er deaktiviert, wird der Kanal bei allen Teammitgliedern in der Gruppe der ausgeblendeten Kanäle angezeigt (siehe auch Abschnitt 5.3.3). Nur wenn der Haken aktiviert ist, sehen alle Teammitglieder den neuen Kanal sofort in der Teamliste.

Nachdem Sie die drei Standardkanäle hinzugefügt haben, sieht die Kanalstruktur im Team aus wie in Abbildung 5.5 gezeigt.

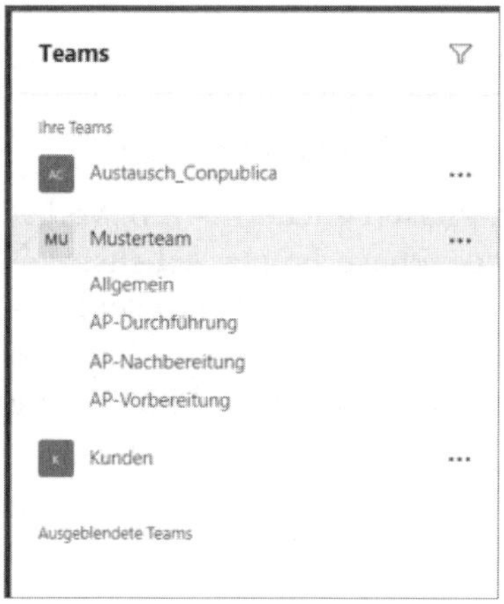

Abb. 5.5: Kanalliste des Teams *Musterteam*

Und die Teamwebsite in SharePoint, die hinter dem Team *Musterteam* liegt, sieht so aus wie in Abbildung 5.6.

Wie bereits beschrieben, sehen Sie auf der Teamwebsite in SharePoint eine Ordnerliste, in der jeder Ordner einen Kanal des Teams repräsentiert. Im Gegensatz zu der Kanalliste in MS Teams können Sie diese Ordnerliste sortieren.

Wichtig

Wenn Sie auf der Teamwebsite in SharePoint auf dieser Ebene einen neuen Ordner anlegen, wird dazu kein Kanal in MS Teams erzeugt. Legen Sie allerdings innerhalb eines Kanalordners weitere Ordner oder Dateien an, so sind diese im Kanalregister DATEIEN im Team zu sehen. Mehr zu den Kanalregistern erfahren Sie in Abschnitt 5.4, mehr zum Dateimanagement in MS Teams in Kapitel 6.

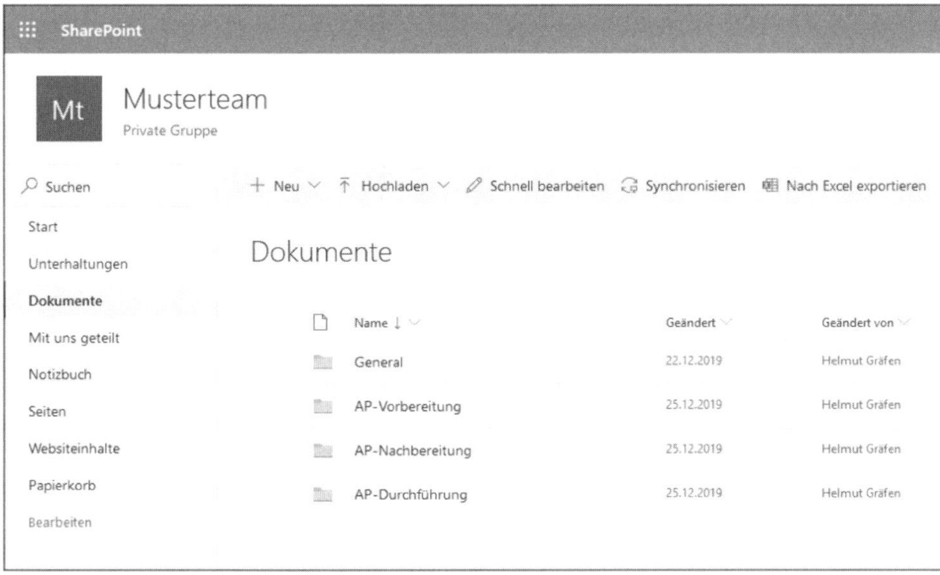

Abb. 5.6: Kanalordner in der Teamwebsite in SharePoint

5.2.2 Privater Kanal

Nun gibt es aber immer Situationen, in denen die Inhalte eines Kanals nicht von allen Teammitgliedern zu sehen sein sollen. Dann kommt der private Kanal ins Spiel. Der private Kanal ist nur für eine bestimmte Personengruppe im Team zugänglich.

Angenommen, Sie wollen Informationen zum Budget im Team ablegen, die nur der Teamleiter (in der Regel auch der Besitzer des Teams) und eine weitere Person aus dem Team sehen sollen. Mit einem Standardkanal lässt sich diese Anforderung nicht abbilden. Das Anlegen eines privaten Kanals starten Sie wie bei einem Standardkanal ebenfalls aus dem Teammenü mit der Schaltfläche KANAL HINZUFÜGEN.

Im Feld DATENSCHUTZ wählen Sie anschließend PRIVAT – NUR FÜR EINE BESTIMMTE PERSONENGRUPPE IM TEAM ZUGÄNGLICH. Mit einem Klick auf die Schaltfläche WEITER erstellen Sie den privaten Kanal. In dem darauf folgenden Fenster definieren Sie die Person oder die Personengruppe, für die der private Kanal zugänglich sein soll.

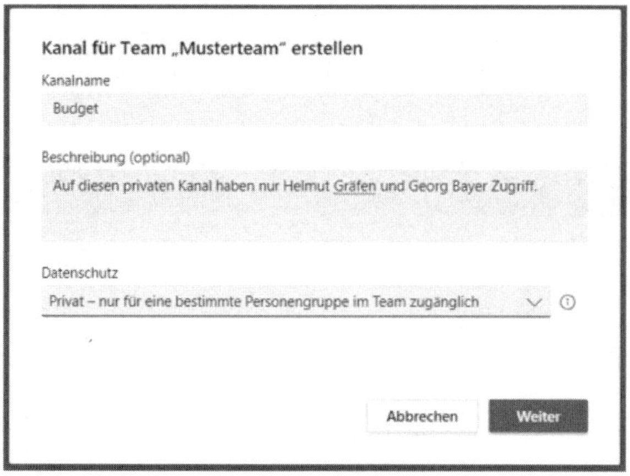

Abb. 5.7: Erstellen eines privaten Kanals

Im Gegensatz zum Standardkanal müssen Sie bei einem privaten Kanal im nächsten Fenster eine Person oder eine Personengruppe als Mitglied hinzufügen.

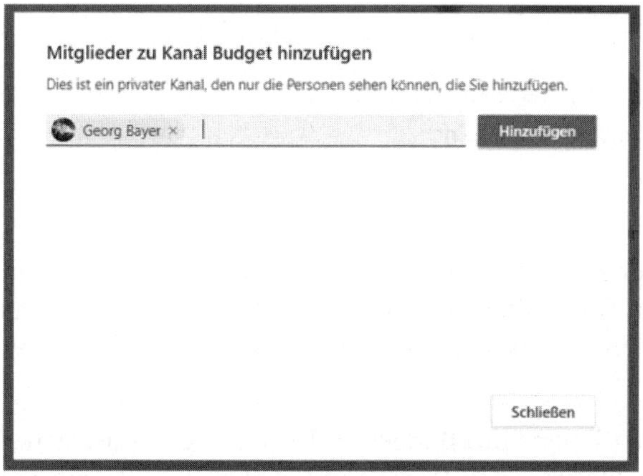

Abb. 5.8: Personen zu einem privaten Kanal hinzufügen

Wichtig

Zu einem privaten Kanal können nur Personen hinzugefügt werden, die Mitglieder des Teams sind. Denken Sie immer daran, dass alle Mitglieder den Chatverlauf und die Dateien im Kanal ALLGEMEIN sehen und diese bearbeiten können. Unabhängig davon, ob sie Mitglied in einem privaten Kanal sind.

Private Kanäle sind nur für den Besitzer des privaten Kanals und für deren Mitglieder zu sehen. Sie werden mit einem Schlosssymbol rechts neben dem Teamnamen gekennzeichnet. Personen, die nicht Mitglieder des privaten Kanals sind, wird dieser in deren Kanalliste nicht angezeigt.

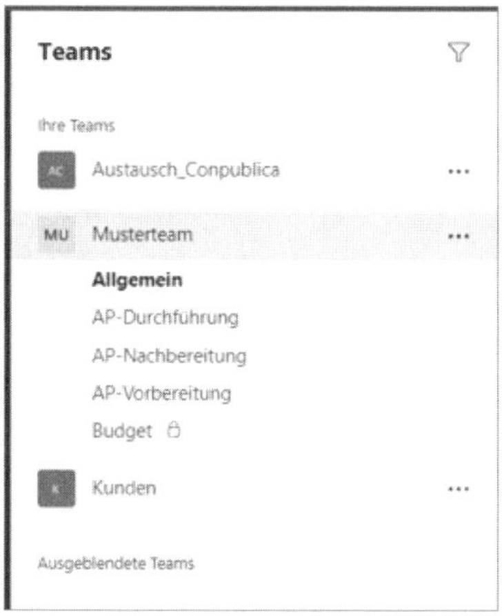

Abb. 5.9: Darstellung privater Kanäle

5.2.3 Allgemeine Teamwebsite und Teamwebsites für private Kanäle

Um die gesonderten Berechtigungen für private Kanäle in MS Teams umsetzen zu können, legt Microsoft zur bereits vorhandenen Teamwebsite des Teams automatisch für jeden neuen privaten Kanal eine zusätzliche Teamwebsite an. Der SharePoint für das Team *Musterteam* hat nun zwei Teamwebsites.

Eine Teamwebsite für das Team »Musterteam«

Abb. 5.10: Teamwebsite in SharePoint für das Team *Musterteam*

Diese Teamwebsite wurde zusammen mit dem Team in SharePoint automatisch angelegt.

Eine Teamwebsite für den privaten Kanal »Budget« im Team »Musterteam«

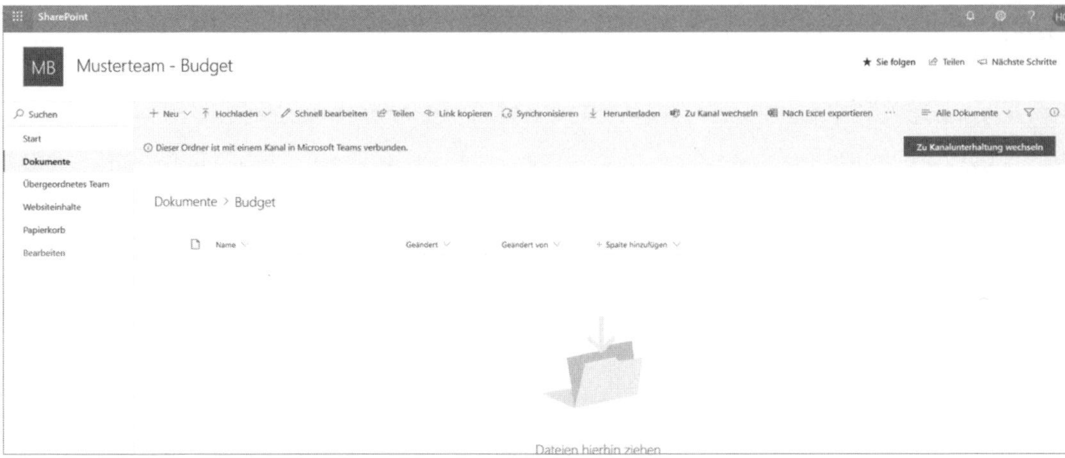

Abb. 5.11: Teamwebsite in SharePoint für den privaten Kanal BUDGET im Team *Musterteam*

Die eigene Teamwebsite für den privaten Kanal wird automatisch mit dem Erstellen des privaten Kanals in SharePoint erzeugt. Der Name der Teamwebsite besteht aus dem Teamnamen und dem Namen des privaten Kanals: MUSTERTEAM – BUDGET.

Wichtig

Die beiden SharePoint-Teamwebsites *Musterteam* und *Musterteam – Budget* sind zwei getrennte Ressourcen in SharePoint. Im Klartext bedeutet dies, dass es für ein Team mehrere Teamwebsites in SharePoint geben kann – eine für das Team selbst plus eine für jeden privaten Kanal im Team.

5.3 Kanäle verwalten

Über die Menüeinträge im Kanalmenü können Sie einen Kanal verwalten. Sie erreichen das Menü über die drei Punkte rechts neben dem Kanalnamen.

5.3.1 Kanalbenachrichtigungen

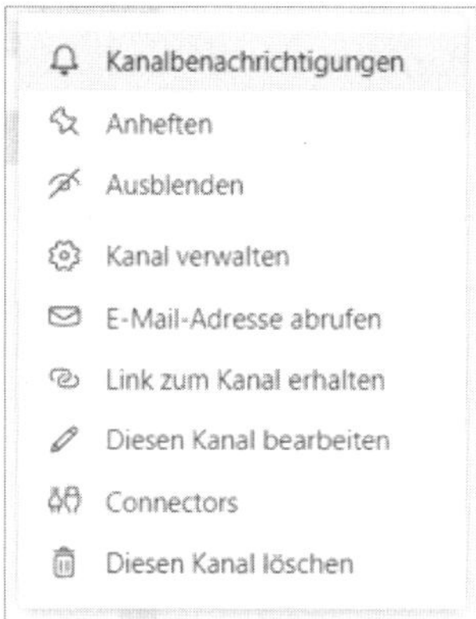

Abb. 5.12: Kanalmenüpunkt KANALBENACHRICHTIGUNGEN

Für jeden Kanal können Sie die Benachrichtigungen separat für die beiden Einstellungen ALLE NEUEN BEITRÄGE und KANALERWÄHNUNGEN verwalten.

Alle neuen Beiträge

Abb. 5.13: Kanalbenachrichtigungseinstellungen für alle neuen Beiträge

Die Standardeinstellung ist AUS, was bedeutet, dass Sie überhaupt nicht über neue Beiträge im Kanal benachrichtigt werden. Wenn Sie BANNER UND FEED aktivieren, schweben Benachrichtigungen (Banner) von rechts in den Bildschirm hinein, unabhängig davon, in welcher Anwendung Sie sich gerade befinden. Die Erfahrung hat gezeigt, dass Banner im Tagesgeschäft sehr ablenken. Ich rate daher, die Einstellung NUR IN FEED ANZEIGEN zu wählen, sodass Sie auf neue Beiträge nur im Bereich AKTIVITÄT in der Gruppe FEED hingewiesen werden.

Kanalerwähnungen

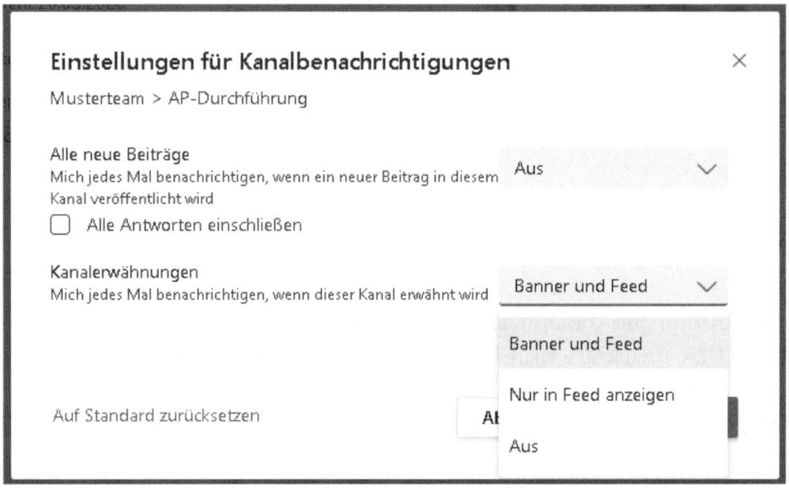

Abb. 5.14: Kanalbenachrichtigungseinstellungen für Kanalerwähnungen

Tipp

Überlegen Sie sich gut, ob Sie sich wirklich über alles benachrichtigen lassen möchten, was in MS Teams passiert. Je nach Aktivität in einem Team kommen da pro Tag sehr viele Benachrichtigungen zusammen. Wenn Sie in mehreren Teams Mitglied sind, erst recht. Je mehr Benachrichtigungen Sie bekommen, desto weniger erfüllen sie ihren gewollten Zweck. Oft nerven sie dann nur noch. Ich empfehle Ihnen, alle oder jedenfalls die meisten Benachrichtigungen zu deaktivieren. Arbeiten Sie stattdessen mit Regelaufgaben, die Sie sich in bestimmten Intervallen setzen, um in Ihren Teams auf dem Laufenden zu bleiben.

Auch hier haben Sie die Möglichkeit, sich die Benachrichtigungen über Kanalerwähnungen nur im Bereich AKTIVITÄT in der Gruppe FEED anzeigen zu lassen. Mehr zu dem Thema Benachrichtigungen erfahren Sie in Abschnitt 2.2.1.

5.3.2 Anheften

Abb. 5.15: Kanalmenüpunkt ANHEFTEN

Mit dieser Funktion haben Sie die Möglichkeit, in Ihrer persönlichen Ansicht Kanäle in einer Gruppe mit dem Namen ANGEHEFTET zusätzlich anzeigen zu lassen. So können Sie teamübergreifend Ihre wichtigsten Kanäle in dieser Gruppe zusammenfassen. Außerdem können Sie in der Gruppe ANGEHEFTET die Einträge auch individuell durch Verschieben anordnen, was in der Standardansicht nicht möglich ist.

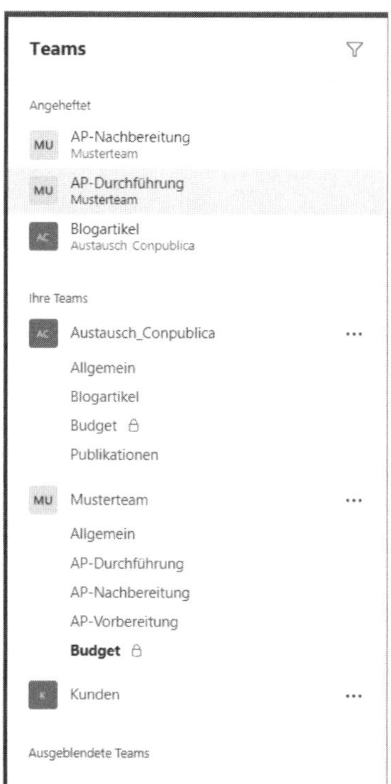

Abb. 5.16: Teamliste mit der Gruppe ANGEHEFTET

5.3.3 Ausblenden

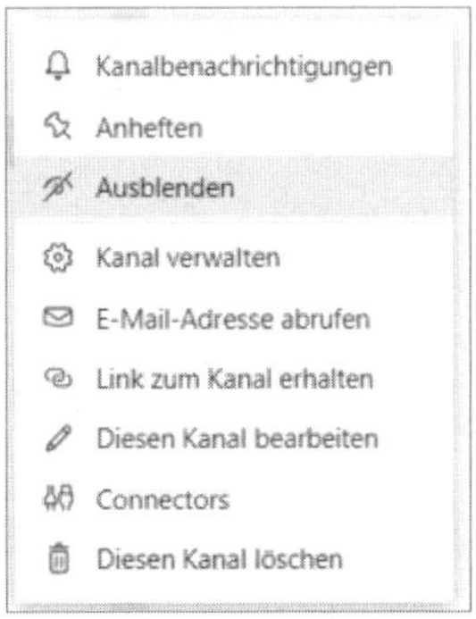

Abb. 5.17: Kanalmenüpunkt AUSBLENDEN

Wenn es in Ihrem Team Kanäle gibt, in denen Sie nicht aktiv mitarbeiten, können Sie diese mit der Schaltfläche AUSBLENDEN aus der Übersicht herausnehmen. Für die ausgeblendeten Kanäle wird dann eine eigene Gruppe erzeugt.

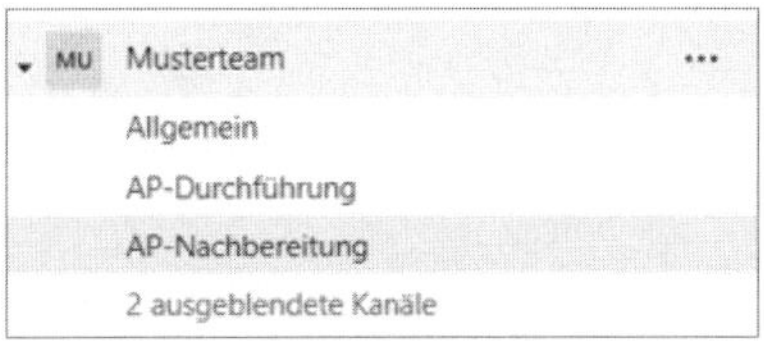

Abb. 5.18: Die Gruppe AUSGEBLENDETE KANÄLE

Die Gruppe AUSGEBLENDETE KANÄLE zeigt die Anzahl der ausgeblendeten Kanäle an. Mit einem Klick auf den Gruppennamen wird die Gruppe erweitert und Sie sehen alle ausgeblendeten Kanäle. Die ausgeblendeten Kanäle können Sie hier auch wieder einblenden (siehe Abbildung 5.19).

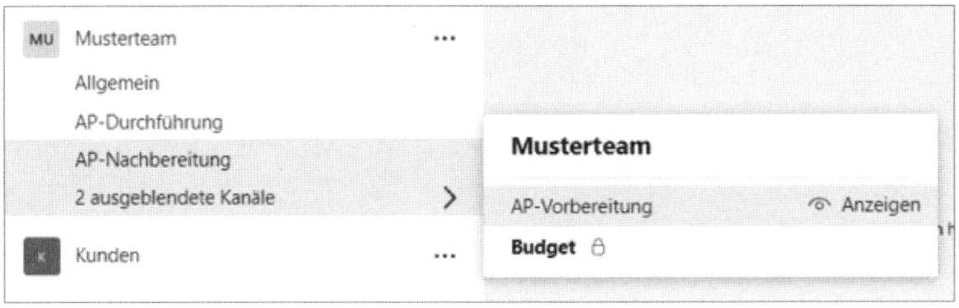

Abb. 5.19: Ausgeblendete Kanäle wieder anzeigen

Wichtig

Benachrichtigungen über neue Kanalerwähnungen erhalten Sie nur für die eingeblendeten Kanäle. Für einen ausgeblendeten Kanal bekommen Sie bei einer Kanalerwähnung weder im Bereich AKTIVITÄT noch im Bereich TEAMS einen Hinweis.

5.3.4 Kanal verwalten

Über den Menüpunkt KANAL VERWALTEN kann der Besitzer des Teams die Moderationseinstellungen für den gewählten Kanal verändern.

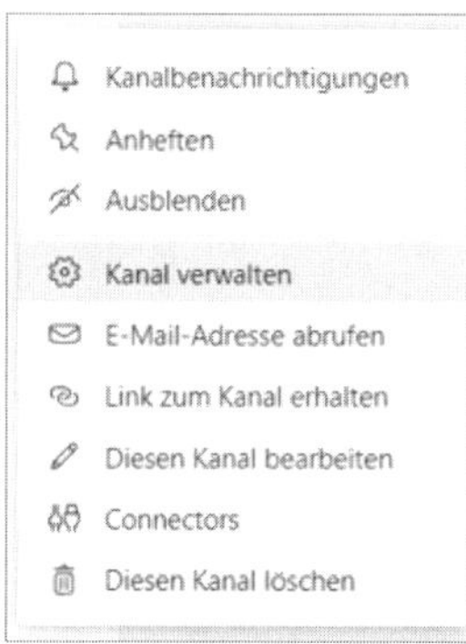

Abb. 5.20: Kanalmenüpunkt KANAL VERWALTEN

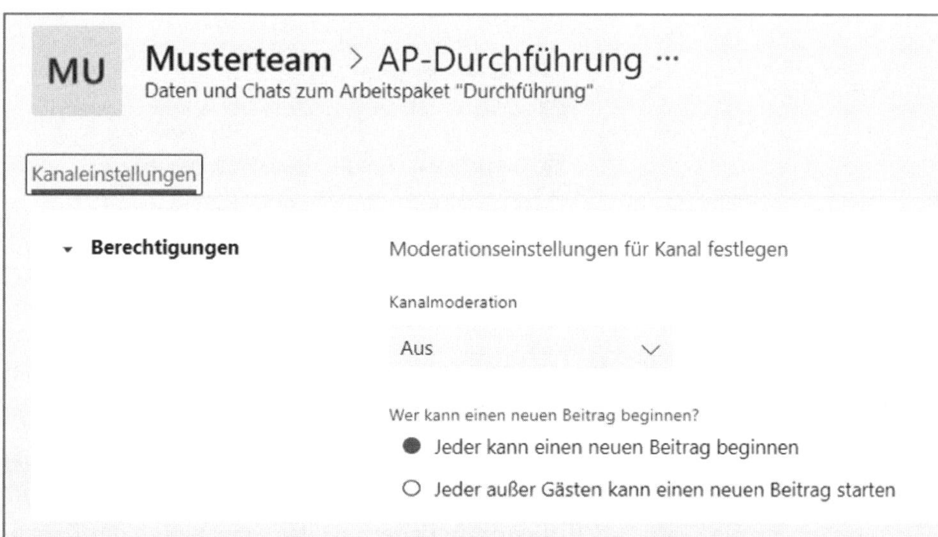

Abb. 5.21: Kanalmoderation ist ausgeschaltet.

Standardmäßig ist die Moderation in einem Kanal ausgeschaltet. So kann jedes Teammitglied Beiträge schreiben, ändern und eigene Beiträge auch löschen.

Bei eingeschalteter Kanalmoderation können Sie über die Schaltfläche VERWALTEN weitere Moderatoren für den gewählten Kanal eintragen. Der Teambesitzer ist automatisch immer ein Moderator des Kanals. In der Gruppe TEAMMITGLIEDBERECHTIGUNGEN lassen Sie zu, dass Mitglieder auf Beiträge antworten können. In der Standardeinstellung ist dieser Haken immer gesetzt.

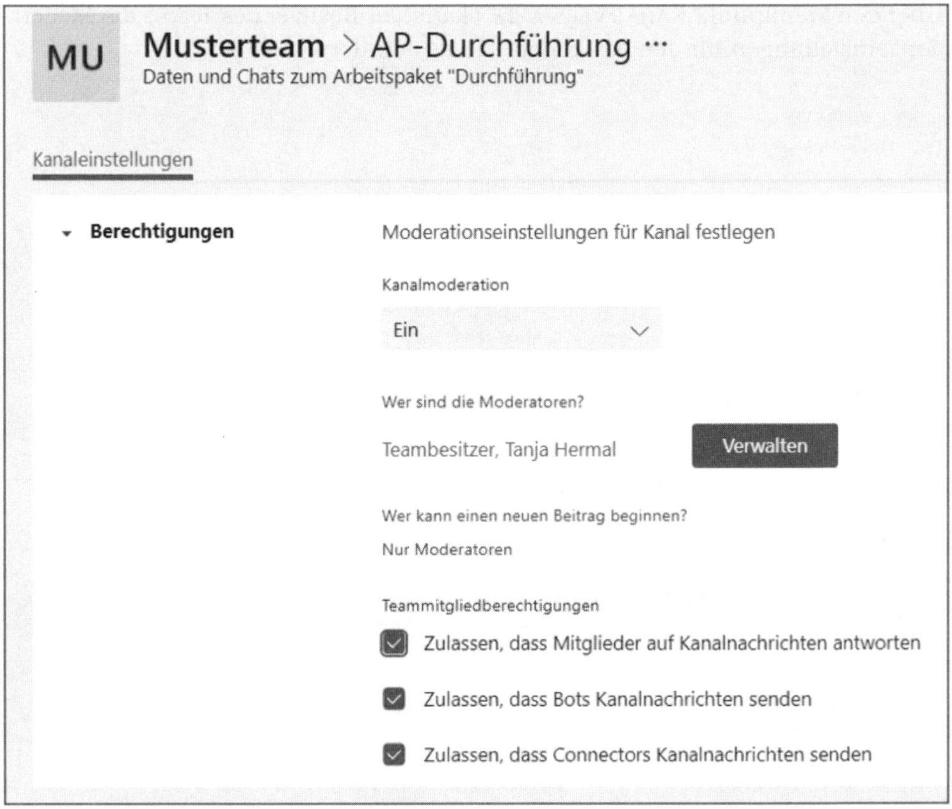

Abb. 5.22: Kanalmoderation ist eingeschaltet.

Ein mögliches Szenario für den sinnvollen Einsatz der Kanalmoderation ist das Verwenden eines Kanals als Ankündigungs-Kanal.

Tipp

Vor allem für große Teams ab 20 Teammitgliedern ist das Einschalten der Kanalmoderation sinnvoll.

5.3.5 E-Mail-Adresse abrufen

Jeder Kanal in MS Teams hat automatisch eine E-Mail-Adresse. Mit der Schaltfläche E-MAIL-ADRESSE ABRUFEN können Sie diese E-Mail-Adresse abrufen.

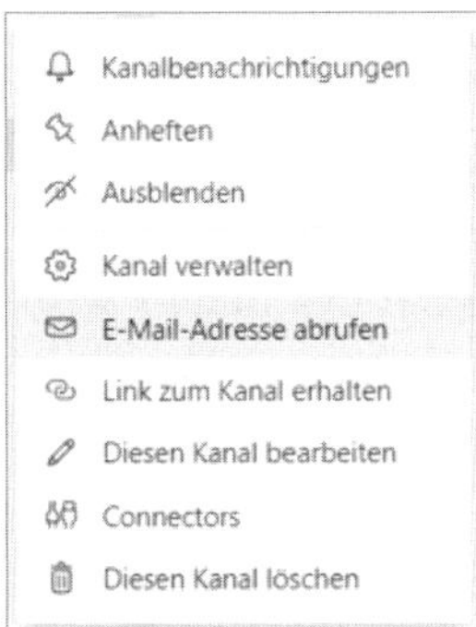

Abb. 5.23: Kanalmenüpunkt E-MAIL-ADRESSE ABRUFEN

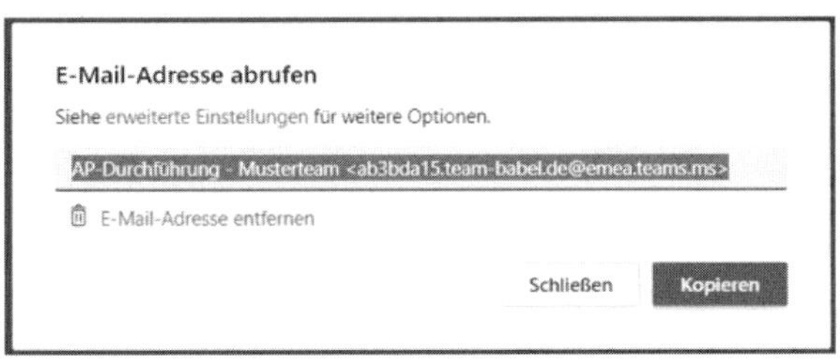

Abb. 5.24: E-Mail-Adresse für den Kanal AP-DURCHFÜHRUNG

Mit der Schaltfläche ERWEITERTE EINSTELLUNGEN können Sie festlegen, wer Mails an diesen Kanal senden darf.

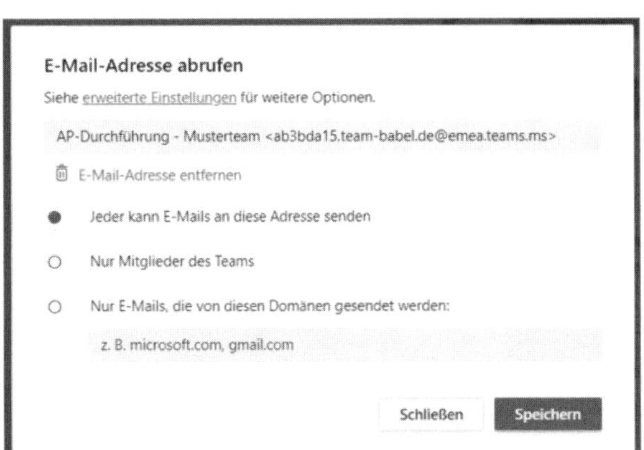

Abb. 5.25: Wer darf Mails an diesen Kanal senden?

Tipp

Sie und Ihr Team sollten sich frühzeitig darauf festlegen, dass teamrelevante Informationen für dieses Team nur noch über den Teamchat, siehe auch Abschnitt 9.1, ausgetauscht werden. Wenn alle im Team diese Vorgehensweise diszipliniert einhalten, reduziert sich bei allen Beteiligten der E-Mail-Verkehr deutlich. Sollten doch einmal teamrelevante Informationen per E-Mail kommen, können sie aus Outlook direkt über die E-Mail-Adresse des Kanals in das Team weitergeleitet werden. Die E-Mail wird im gewählten Kanal als Beitrag angezeigt. Alle Links und auch die Dateianhänge bleiben erhalten. Im Dateibereich des Kanals wird ein separater Ordner angelegt, um dort die Anhänge der E-Mail automatisch abzuspeichern. Wenn Sie häufiger E-Mails an einen Kanal weiterleiten, empfehle ich Ihnen, die E-Mail-Adresse des Kanals als Kontakt in Outlook zu speichern.

Microsoft arbeitet an einem Feature für Outlook, mit dem Sie direkt aus Outlook heraus per Mausklick eine Mail in einen Kanal verschieben können. Dieses Feature steht leider zum Zeitpunkt der Drucklegung dieses Buchs noch nicht zur Verfügung.

5.3.6 Link zum Kanal erhalten

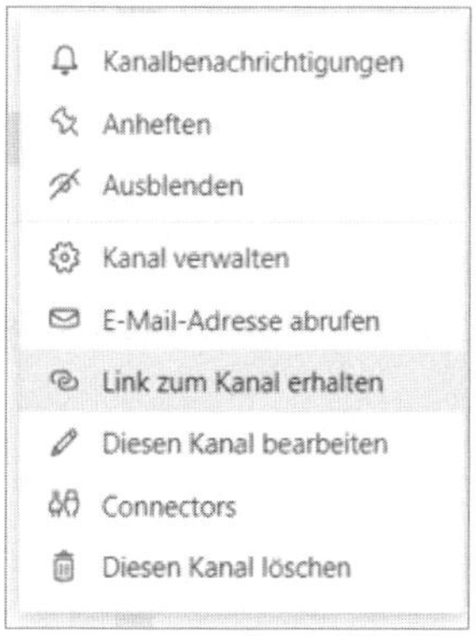

Abb. 5.26: Kanalmenüpunkt LINK ZUM KANAL ERHALTEN

Möchten Sie Kollegen auf einen bestimmten Kanal aufmerksam machen, können Sie mit dem Menüpunkt LINK ZU KANAL ERHALTEN den Link zu dem gewählten Kanal abrufen und diesen per E-Mail oder Chat weitergeben.

5.3.7 Diesen Kanal bearbeiten

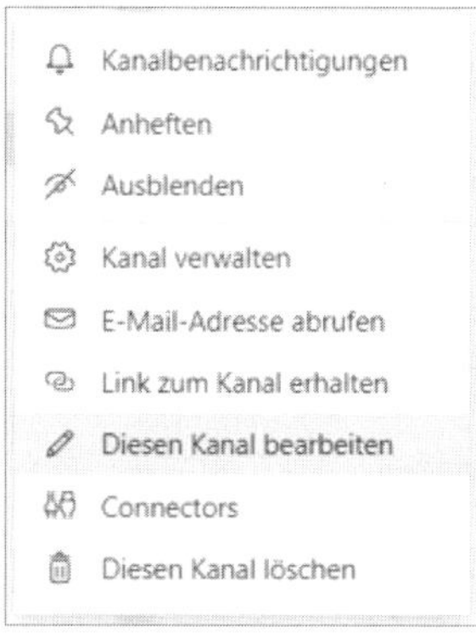

Abb. 5.27: Kanalmenüpunkt DIESEN KANAL BEARBEITEN

Mit dem Menüpunkt DIESEN KANAL BEARBEITEN können Sie den Namen und die Beschreibung eines Kanals verändern.

5.3.8 Connectors

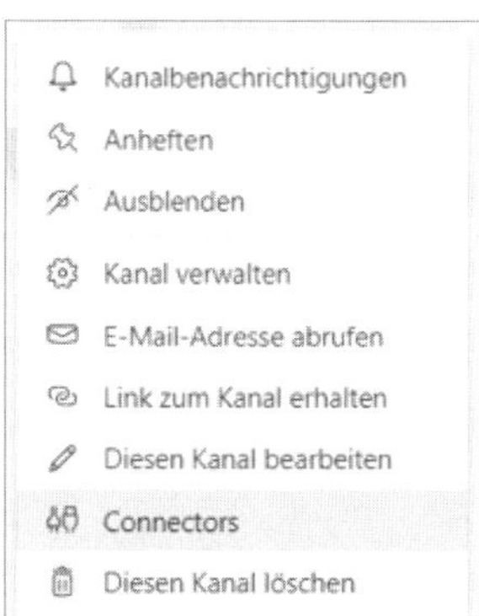

Abb. 5.28: Kanalmenüpunkt CONNECTORS

Sie können in jedem Kanal eines Teams sogenannte *Connectors* einbinden. Ein Connector ist eine Verbindung zu einer App. Entweder zu einer App von Microsoft, z. B. Forms, oder zu einer App eines Fremdanbieters, z. B. Jira.

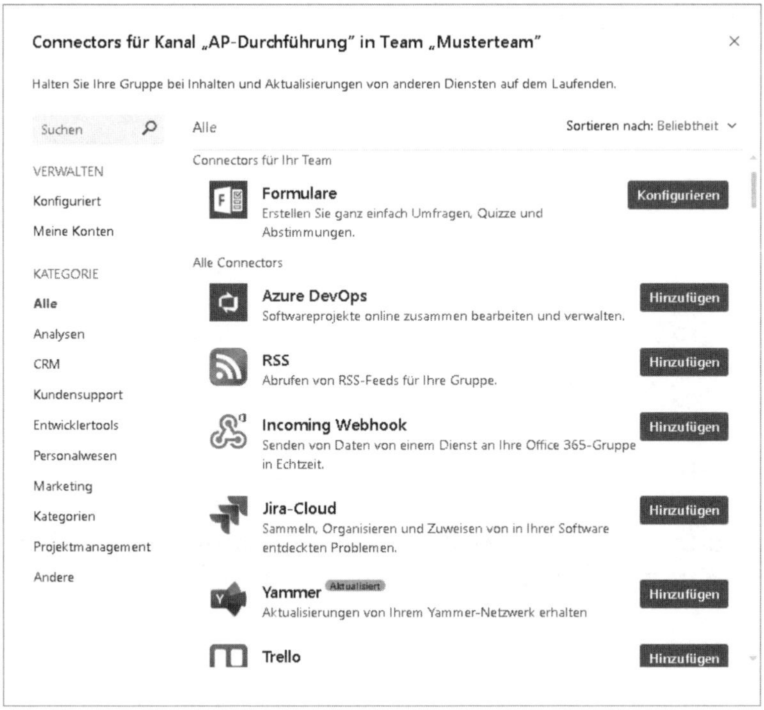

Abb. 5.29: Connectors für einen Kanal

Ein Connector verlangt beim Konfigurieren in der Regel eine Anmeldung mit dem Konto, das Sie bei dem Anbieter der App haben.

5.3.9 Kanal löschen

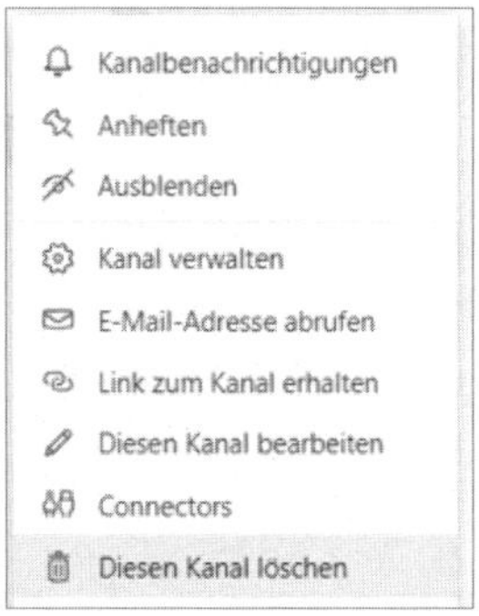

Abb. 5.30: Kanalmenüpunkt DIESEN KANAL LÖSCHEN

Standardmäßig kann jedes Mitglied einen Standardkanal löschen. Nach dem Klick auf dem Menüpunkt DIESEN KANAL LÖSCHEN erscheint das Quittierungsfenster.

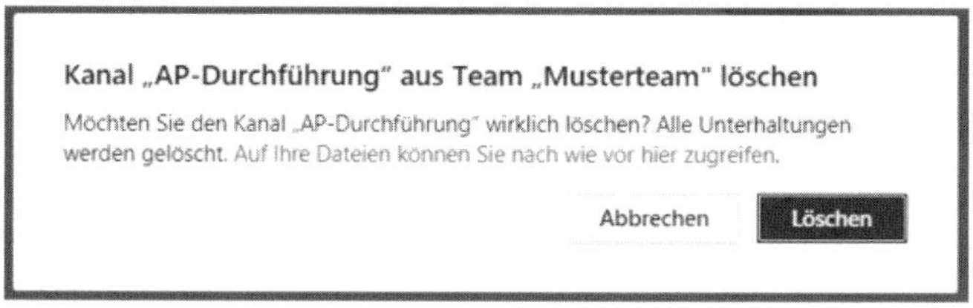

Abb. 5.31: Löschen des Kanals bestätigen

Die Chats (bestehend aus Beiträgen) des Kanals werden gelöscht, die Daten bleiben in der SharePoint-Teamwebsite erhalten. Wenn Sie im Quittierungsfenster auf den Link AUF IHRE DATEIEN KÖNNEN SIE NACH WIE VOR HIER ZUGREIFEN klicken, öffnet sich die Teamwebsite in SharePoint.

Wichtig

Gelöschte Kanäle werden 30 Tage vorgehalten, ehe sie endgültig gelöscht werden. In dieser Zeit können Sie den Kanal wiederherstellen. Sie gelangen über den Menüpunkt TEAM VERWALTEN im Teammenü zur Kanalliste.

5.4 Der Aufbau eines Kanals

Alle Kanäle in MS Teams haben den gleichen Registeraufbau:

- BEITRÄGE
- DATEIEN
- WIKI
- +

In privaten Kanälen gibt es jedoch kein Register WIKI.

Abb. 5.32: Register eines Kanals

Ganz links ist immer das Kürzel oder das Bild des Teams zu sehen. Rechts daneben wird der Kanalname angezeigt. Dann folgen die vier Registerkarten.

5.4.1 Das Register »Beiträge«

Das Register BEITRÄGE hieß früher Unterhaltungen. Hier findet der Teamchat des gewählten Kanals statt.

Im Kanal ALLGEMEIN eines Teams werden die ausgeführten Aktionen des Teams protokolliert, z. B. wer welche Mitglieder hinzugefügt oder entfernt hat. Dieses Protokoll finden Sie ebenfalls im Register BEITRÄGE.

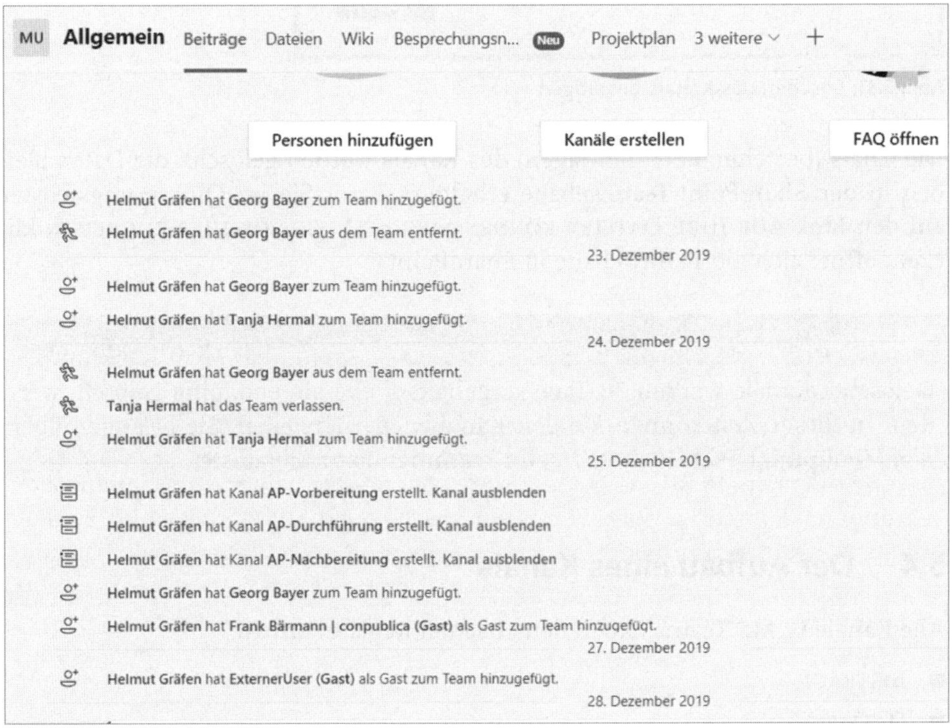

Abb. 5.33: Protokoll der ausgeführten Aktionen in einem Team

Das Chatten in einem Teamkanal beschreibe ich ausführlich in Kapitel 9.

5.4.2 Das Register »Dateien«

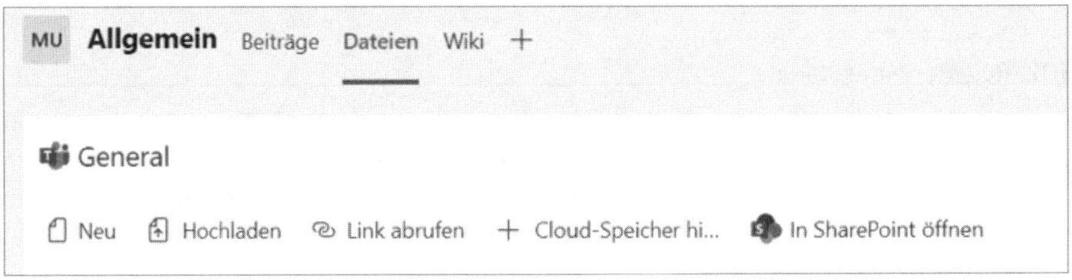

Abb. 5.34: Kanalregister DATEIEN

Dieses Register und somit das Dateimanagement in einem Teamkanal beschreibe ich ausführlich in Kapitel 6.

5.4.3 Das Register »Wiki«

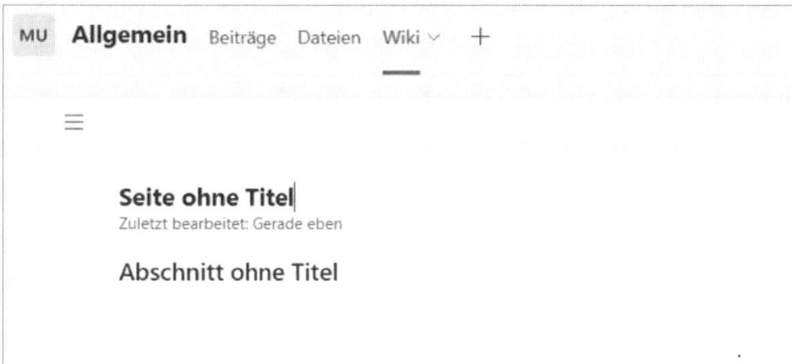

Abb. 5.35: Kanalregister WIKI

SharePoint bietet die Möglichkeit, ein Intranet in Form eines Wikis aufzubauen. Microsoft hat aus diesem komplexen Wiki-Feature von SharePoint einige Funktionalitäten herausgenommen und im Kanalregister WIKI angesiedelt. Dahinter steckt die Idee, Ihnen eine Möglichkeit zu bieten, Informationen, wie z.B. Meeting-Agenden, Teamregeln und Ähnliches, abzulegen. Ich persönlich bin der Meinung, dass es dafür ein deutlich besseres Instrument gibt: das OneNote-Teamnotizbuch, das automatisch mit dem Team angelegt wird. Mehr dazu erfahren Sie in Abschnitt 10.1.

Tipp

Sollten Sie nach der Lektüre von Abschnitt 10.1 der gleichen Meinung sein wie ich, empfehle ich Ihnen, das Register WIKI einfach aus dem Kanal zu entfernen. Das ist schnell erledigt:

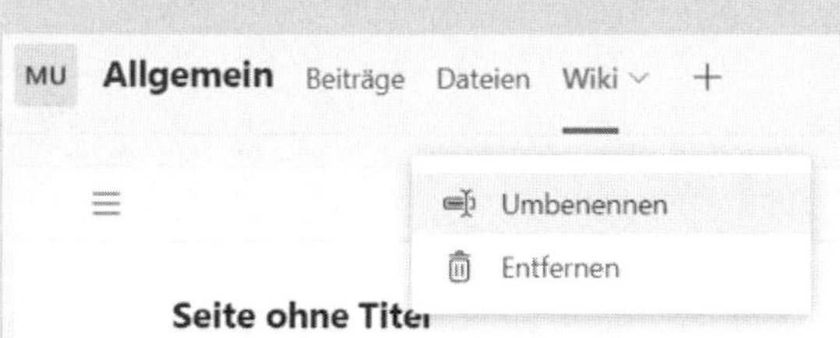

Abb. 5.36: Entfernen des Kanalregisters WIKI

Klicken Sie auf den Spitzpfeil neben dem Text und wählen Sie ENTFERNEN aus. Die Registerkarte wird dann gelöscht.

Grundsätzlich sollten Sie alle Register entfernen, mit denen Sie nicht arbeiten wollen. So wird Ihre Arbeitsoberfläche übersichtlicher. Die Register BEITRÄGE und DATEIEN können allerdings nicht entfernt werden.

5.4.4 Das Register »+«

Über das Register + können weitere Registerkarten zu einem Teamkanal hinzugefügt werden. Wie das geht, beschreibe ich ausführlich in Kapitel 10.

Kapitel 6

Dateimanagement innerhalb eines Teams (Schritt 5)

Zum besseren Verständnis hier vorweg die wichtigsten grundlegenden Fakten zum Speichern von Dateien in MS Teams:

- Ordner und Dateien aus MS Teams werden in einer eigens dafür automatisch von MS Teams erstellten Teamwebsite in SharePoint gespeichert.
- Das Bearbeiten Ihrer Teamdaten findet im jeweiligen Kanal in der Registerkarte DATEIEN statt.
- Sie können jederzeit aus einem Team vom Kanalregister DATEIEN in die entsprechende Teamwebsite, in der die Daten gespeichert sind, wechseln.
- Grundsätzlich stehen Ihnen damit zwei Benutzeroberflächen für die Bearbeitung Ihrer Teamdaten zur Verfügung.

6.1 Mit dem Register »Dateien« in einem Teamkanal arbeiten

Abb. 6.1: Register DATEIEN des Kanals ALLGEMEIN

Abb. 6.2: Menüzeile im Kanalregister DATEIEN

> **Hinweis**
>
> Das Menü in Abbildung 6.2 wird nur angezeigt, wenn Sie keinen Ordner oder keine Datei in der Auflistung markiert haben.

In der Menüzeile des Registers DATEIEN werden fünf Menüpunkte angezeigt: NEU, HOCHLADEN, LINK ABRUFEN, CLOUD-SPEICHER HINZUFÜGEN und IN SHARE POINT ÖFFNEN.

6.1.1 Menü »Neu« (Ordner und Dateien erstellen)

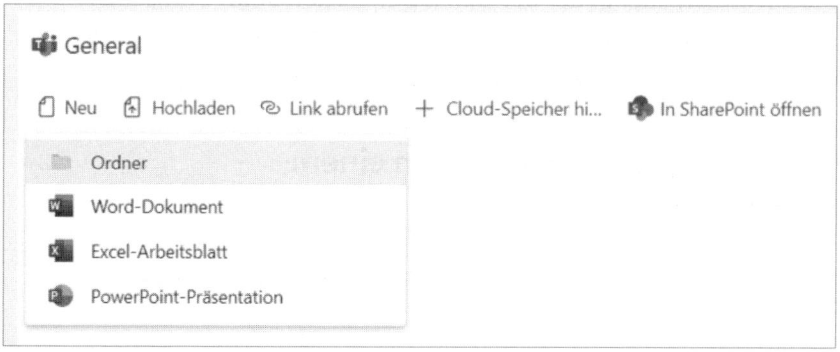

Abb. 6.3: Menüpunkt NEU

Über den Menüpunkt NEU können Sie sowohl neue Ordner als auch neue Word-, Excel- und PowerPoint-Dateien erstellen. Als Beispiel wird in einer Excel-Datei ein Projektplan erstellt. Nachdem der Menüpunkt EXCEL-ARBEITSBLATT gewählt und in dem daraufhin erscheinenden Fenster ein Dateiname definiert wurde, wird die neu erstellte Datei innerhalb der Oberfläche von MS Teams geöffnet.

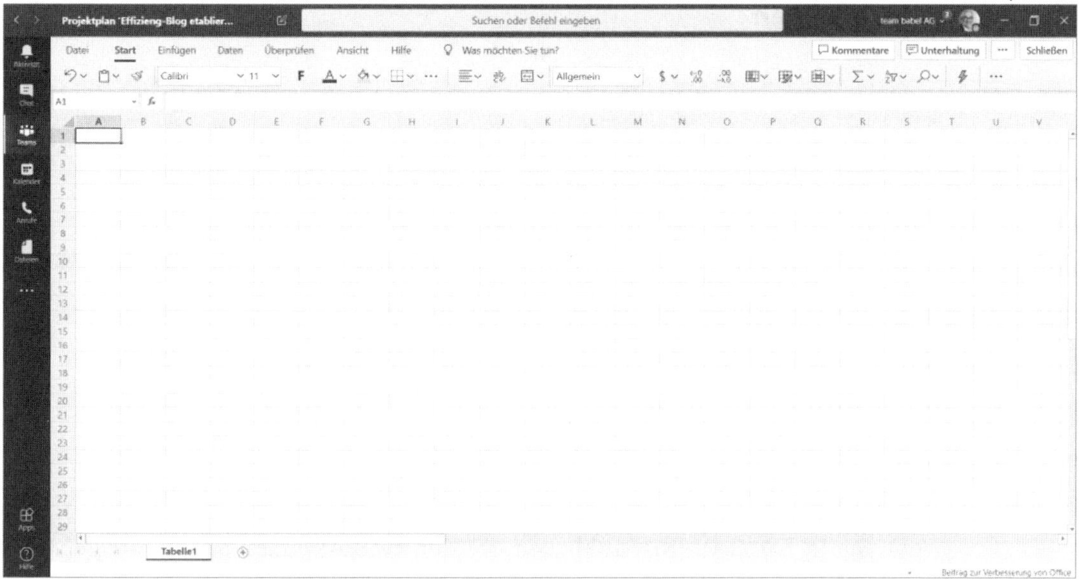

Abb. 6.4: Neu erstellte Excel-Datei in MS Teams

> **Wichtig**
>
> Erstellen Sie eine neue Datei in MS Teams, wird sie immer in der Benutzeroberfläche von MS Teams geöffnet.

Über die Schaltfläche WEITERE OPTIONEN (...) rechts oben in der geöffneten Datei können Sie die Datei entweder IN EXCEL ÖFFNEN oder IM BROWSER ÖFFNEN.

Abb. 6.5: Schaltfläche WEITERE OPTIONEN (...) rechts oben in der geöffneten Datei

In Excel öffnen

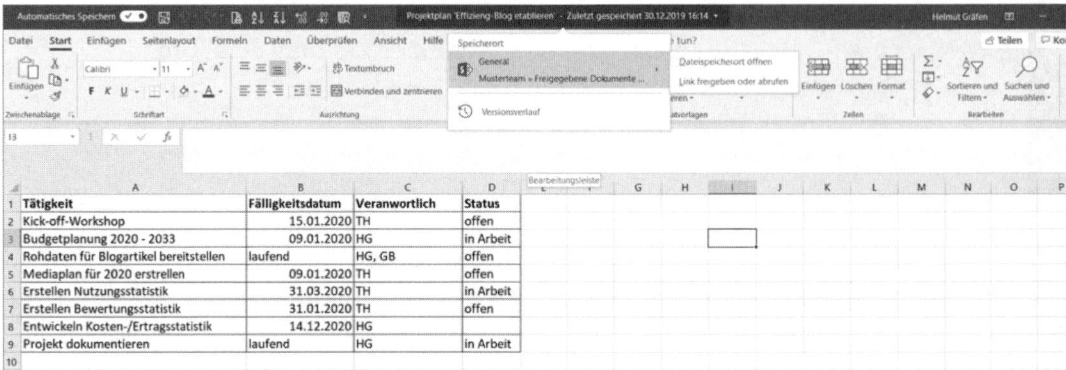

Abb. 6.6: Datei in Excel geöffnet

Wenn Sie IN EXCEL ÖFFNEN anklicken, werden zwei Aktionen parallel ausgeführt:

1. In MS Teams wird das Fenster ALLES ERLEDIGT. SIE KÖNNEN DIESE DATEI JETZT SCHLIESSEN. angezeigt.

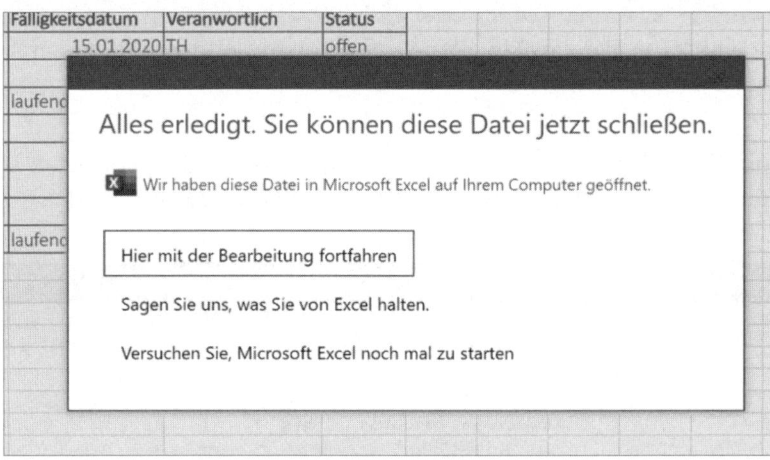

Abb. 6.7: Fenster in MS Teams nach dem Aufrufen der Excel-Datei in Excel

Mit einem Klick auf die Schaltfläche HIER MIT DER BEARBEITUNG FORTFAHREN setzen Sie die Bearbeitung dieser Datei in MS Teams fort. Unabhängig davon, ob die Datei im installierten Programm Excel noch geöffnet ist oder nicht. Ich halte diesen Dialog für überflüssig und hoffe, dass Microsoft ihn in absehbarer Zeit abschaffen wird.

2. Die Datei wird mit dem installierten Programm Excel aufgerufen.

   Hier stehen Ihnen sämtliche Funktionalitäten von Excel zur Verfügung. In der Titelleiste wird neben dem Dateinamen angezeigt, wann die Datei das letzte Mal gespeichert wurde. Gleich rechts daneben können Sie mit dem Drop-down-Pfeil ein sehr hilfreiches Menü – SPEICHERORT – aufrufen:

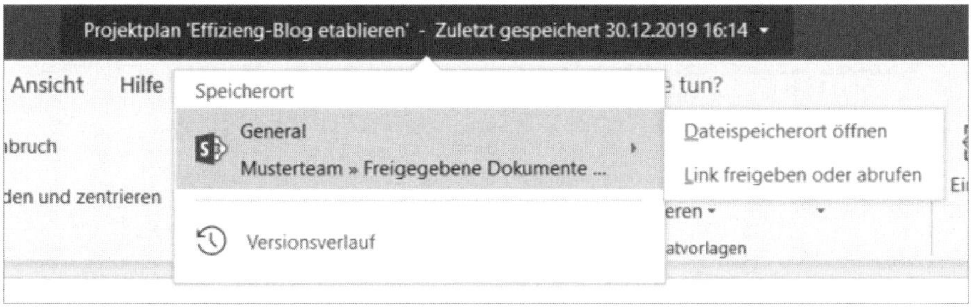

Abb. 6.8: Drop-down-Menü in der Titelzeile

Mit einem Klick auf den Speicherort erscheint ein weiteres Menü, aus dem Sie entweder einen Link für diese Datei abrufen oder den Dateispeicherort öffnen können. Mit Dateispeicherort ist an dieser Stelle immer die Teamwebsite in SharePoint gemeint (siehe Abbildung 6.9).

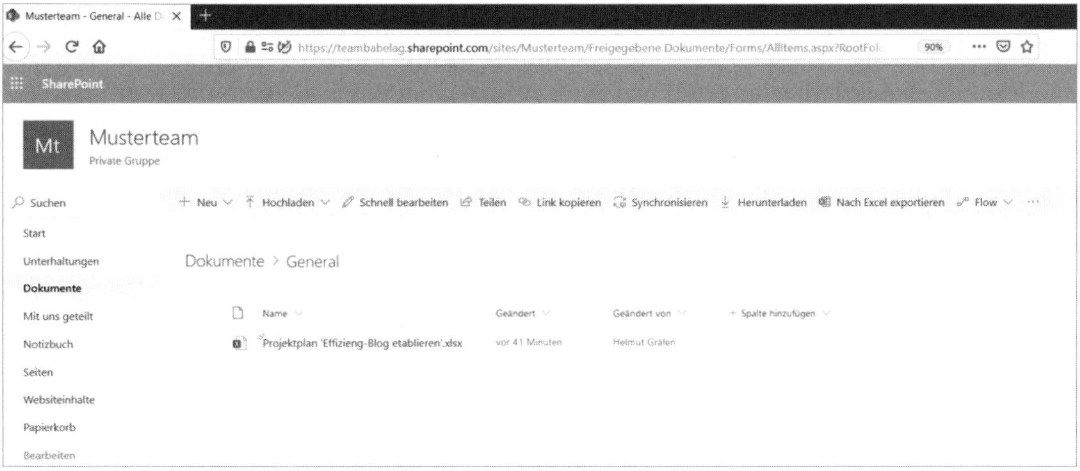

Abb. 6.9: Teamwebsite in SharePoint

Im Browser öffnen

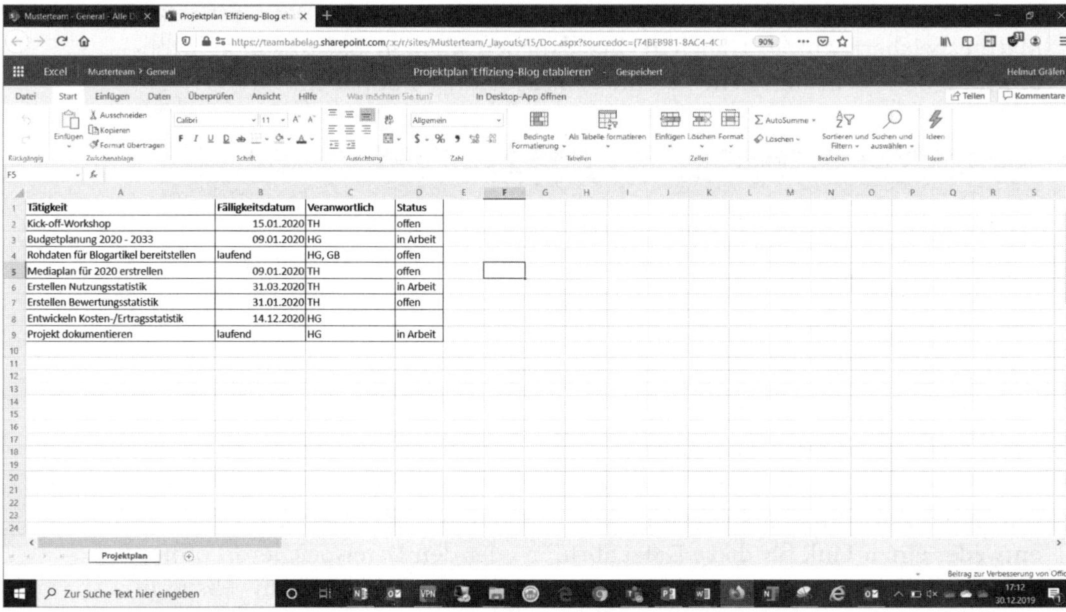

Abb. 6.10: Excel-Datei im Browser geöffnet

Wird in MS Teams eine Datei im Browser geöffnet, bedeutet dies, dass sie immer mit dem Standardbrowser des Benutzers geöffnet wird. Sie arbeiten dann in einer Weboberfläche des genutzten Programms, in diesem Fall Excel. Die Webversionen der Office-Programme sind im Funktionsumfang gegenüber den installierten Versionen deutlich eingeschränkt. Tastenkombinationen, die Sie bisher vielleicht genutzt haben, stehen in den Webversionen nicht zur Verfügung.

Auch hier wird in MS Teams das Fenster ALLES ERLEDIGT. SIE KÖNNEN DIESE DATEI JETZT SCHLIESSEN angezeigt. Verfahren Sie hier genauso, wie weiter oben beschrieben.

Etwa in der Mitte der Menüzeile sehen Sie die Schaltfläche IN DESKTOP-APP ÖFFNEN.

Abb. 6.11: Schaltfläche IN DESKTOP-APP ÖFFNEN

Wichtig: Automatisches Speichern

Mit der Schaltfläche In Desktop-App öffnen können Sie aus der Webversion heraus die Datei immer mit dem installierten Programm, in diesem Beispiel mit Excel, aufrufen. Die Datei im Browser bleibt geöffnet. In den Webversionen der Office-Programme gibt es keine Möglichkeit mehr, individuell zu speichern. Der Speichervorgang wird automatisch durchgeführt. Das automatische Speichern lässt sich in den Webversionen nicht deaktivieren.

Sind Ihre Office-Programme über Office 365 installiert worden, steht auch hier das automatische Speichern zur Verfügung. Im Unterschied zur Webversion lässt sich die automatische Speicherung im installierten Programm jedoch mit einem Schieberegler deaktivieren. Sie finden den Schieberegler ganz links in der Titelleiste (siehe Abbildung 6.12).

Abb. 6.12: Aktiveren bzw. Deaktivieren des automatischen Speicherns

Tipp

Ich empfehle Ihnen, das automatische Speichern nicht zu deaktivieren. Nur mit der automatischen Speicherung können Sie sicher sein, dass alle im Team immer auf den aktuellen Stand einer Datei zugreifen können.

6.1.2 Menü »Hochladen« (Dateien hochladen)

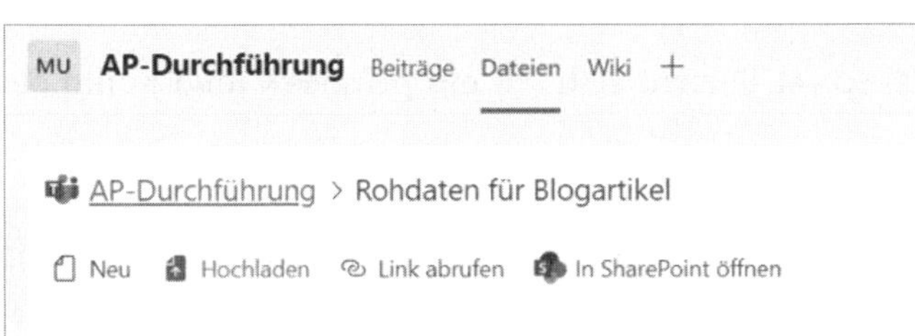

Abb. 6.13: Menüpunkt Hochladen

Mit dem Menüpunkt Hochladen können Sie Dateien in Ihren Teamkanal hochladen. Dieser Menüpunkt ruft immer ein Öffnen-Fenster aus dem Windows-Explorer auf.

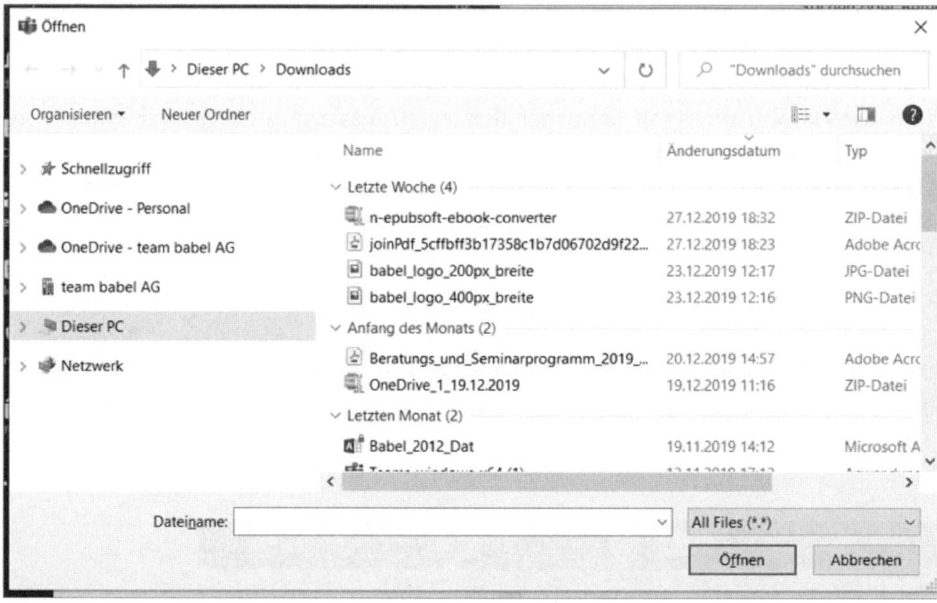

Abb. 6.14: Das Fenster ÖFFNEN beim Hochladen von Dateien in MS Teams

Aus allen Datenspeicherorten, die Ihnen in der linken Navigationsleiste angezeigt werden, können Sie Dateien hochladen: vom lokalen Laufwerk, von Netzlaufwerken und, wenn angezeigt, auch von Cloudspeicherorten.

Die beiden Einträge ONEDRIVE – TEAM BABEL AG (Daten aus OneDrive for Business) und TEAM BABEL AG (Daten aus SharePoint Websites), die Sie in Abbildung 6.14 auf der linken Seite sehen, sind Cloudspeicherorte und stehen in diesem Dialog nur zur Verfügung, wenn Sie Ihre Office-365-Daten mit Ihrem Endgerät synchronisiert haben. Detaillierte Informationen zum Synchronisieren finden Sie in Abschnitt 6.3.

Der Eintrag ONEDRIVE – PERSONAL bezieht sich auf ein privates Cloud-Konto bei Microsoft.

Tipp

Wer Interesse an einer privaten, kostenlosen Cloud von Microsoft hat, kann sich über `https://onedrive.com` ein Konto bei Microsoft erstellen. Sie erhalten 5 GB kostenlosen Cloudspeicher und können mit diesem Account auch die Webversionen der Office-Programme nutzen.

Beispielhaft lade ich die Datei `Office 365 – Entscheider – team babel` AG in den Kanal hoch.

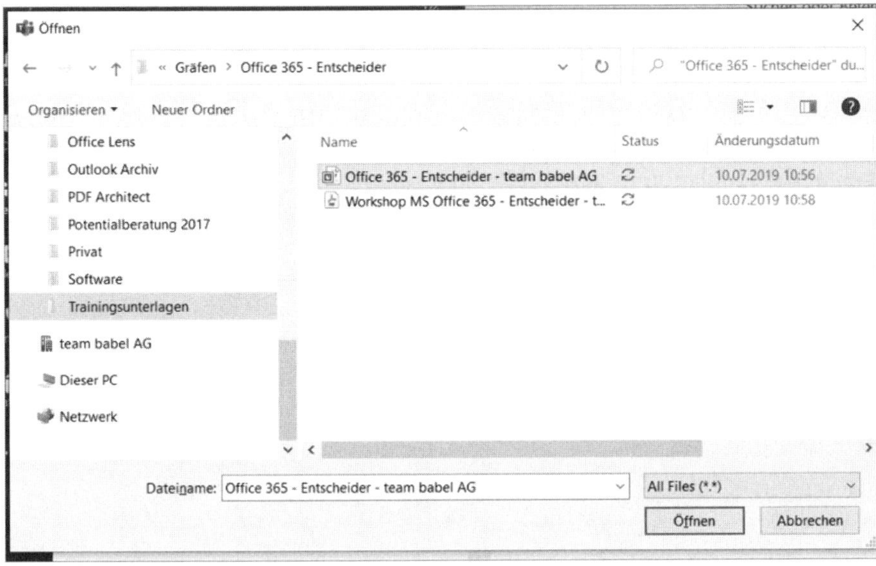

Abb. 6.15: Markierte Datei zum Hochladen in MS Teams

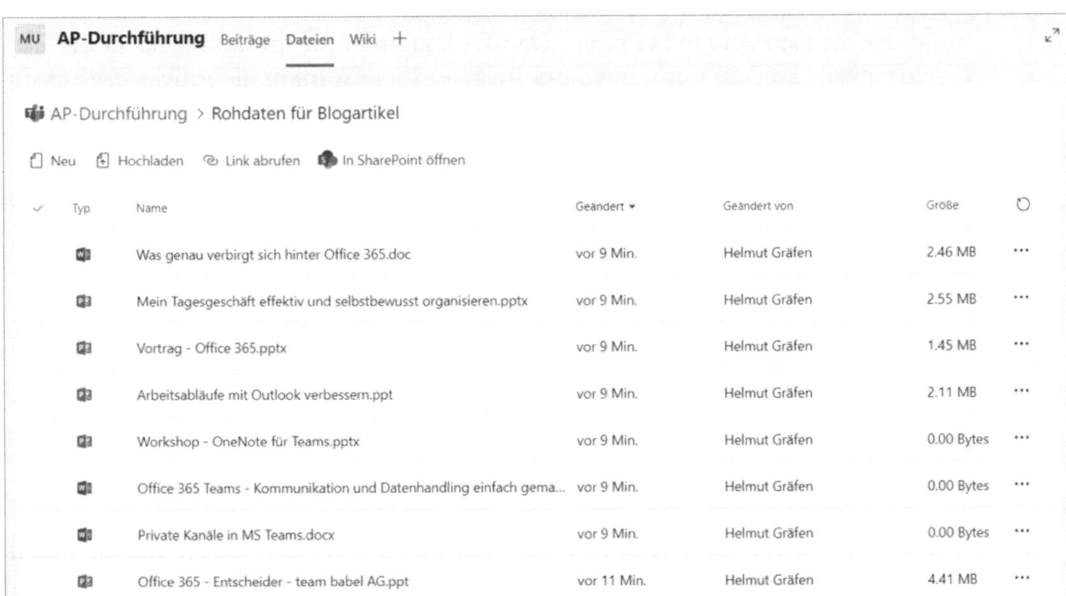

Abb. 6.16: Hochgeladene Dateien im Kanal AP-DURCHFÜHRUNG

> **Wichtig**
>
> Technisch betrachtet ist der Prozess des Hochladens immer ein Kopiervorgang. Mit dem Hochladen einer Datei duplizieren Sie sie. Die Datei liegt nach dem Hochladen sowohl in der Quelle als auch im Teamkanal. Noch bevor die erste Datei hochgeladen wird, sollten Sie in Ihrem Team klar definiert und dokumentiert haben, wie Sie sicherstellen, dass nicht mit beiden Dateien gearbeitet werden kann. Eine Möglichkeit, das zu verhindern, besteht darin, die Quelldatei sofort nach dem Hochladen in der Quelle zu löschen.

6.1.3 Menü »Link abrufen« (Link der aktuellen Teamwebsite erstellen)

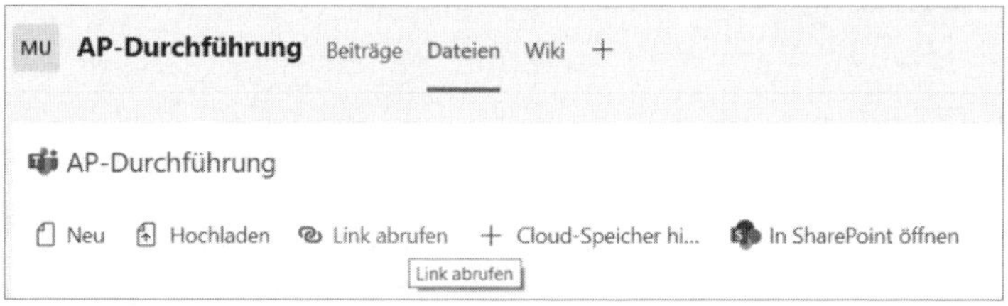

Abb. 6.17: Menüpunkt LINK ABRUFEN

In diesem Menü können Sie sich einen Link zu der Teamwebsite erstellen lassen, auf der Sie sich gerade befinden. Den Link können Sie anschließend in die Zwischenablage kopieren und in einem Browser Ihrer Wahl in die Adressleiste einfügen oder an andere Personen weitergeben.

6.1.4 Menü »Cloud-Speicher hinzufügen«

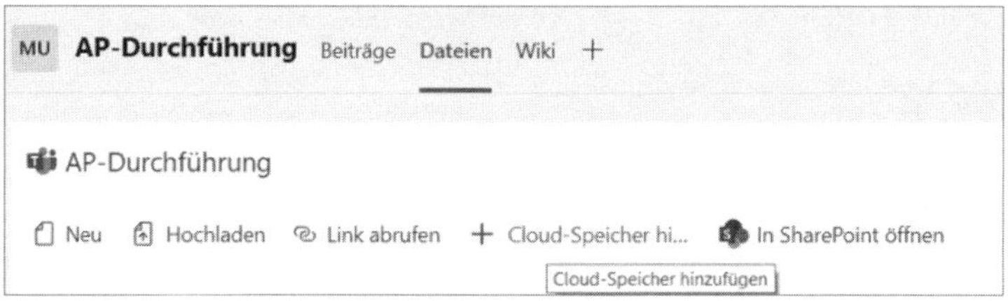

Abb. 6.18: Menüpunkt CLOUD-SPEICHER HINZUFÜGEN

Der Menüpunkt CLOUD-SPEICHER HINZUFÜGEN ermöglicht es Ihnen, weitere Cloudspeicher-Anbieter hinzuzufügen. Angeboten werden *Dropbox, Box, ShareFile* und *Google Drive.*

Hinweis

Das Menü CLOUD-SPEICHER HINZUFÜGEN wird Ihnen nur im Kanalregister DATEIEN angeboten. In der Teamwebsite steht es nicht zur Verfügung.

6.1.5 Menü »In SharePoint öffnen« (Dateien in SharePoint bearbeiten)

Abb. 6.19: Menüpunkt IN SHAREPOINT ÖFFNEN

Aus dem Kanalregister DATEIEN können Sie jederzeit mit einem Klick auf den Menüpunkt IN SHAREPOINT ÖFFNEN in die Oberfläche der Teamwebsite springen, um dort mit der Dateibearbeitung fortzufahren.

Abb. 6.20: Teamwebsite in SharePoint zu dem Register DATEIEN des Kanals AP-DURCHFÜHRUNG

Hinweis

Das Menü IN SHAREPOINT ÖFFNEN wird Ihnen nur im Kanalregister DATEIEN angeboten. In der Teamwebsite steht es nicht zur Verfügung.

6.1.6 Dateien in MS Teams bearbeiten

Die Menüleiste im Register DATEIEN bietet folgende Bearbeitungsmöglichkeiten an:

- ÖFFNEN
- LINK ABRUFEN
- DIES ALS REGISTERKARTE ERSTELLEN
- HERUNTERLADEN
- LÖSCHEN
- VERSCHIEBEN
- KOPIEREN
- UMBENENNEN
- IN SHAREPOINT ÖFFNEN

Abb. 6.21: Menüleiste im Register DATEIEN, wenn ein Element markiert wurde

Hinweis

Das Menü in Abbildung 6.21 wird nur angezeigt, wenn Sie eine oder mehrere Elemente in der Auflistung markiert haben. Die Menüpunkte können Sie auch mit einem Klick auf die drei horizontalen Punkte ganz rechts in der Zeile, in der die Datei angezeigt wird, aufrufen.

Menü »Öffnen«

Im Menüpunkt ÖFFNEN stehen Ihnen drei Optionen zur Verfügung.

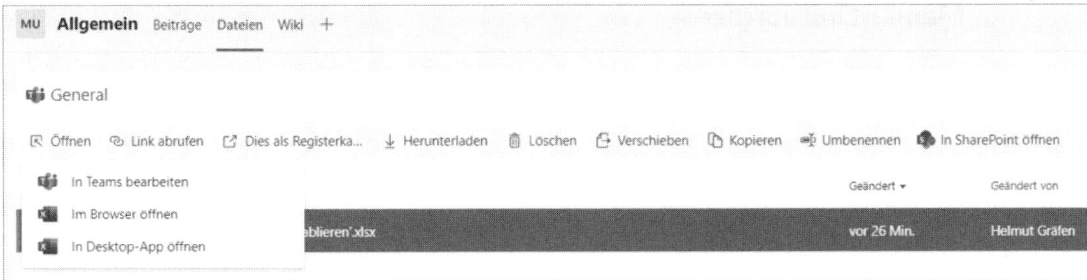

Abb. 6.22: Menüpunkt ÖFFNEN

Im Browser öffnen

Diesen Ablauf habe ich in Abschnitt 6.1.1 detailliert beschrieben.

In Teams bearbeiten

Wenn Sie den Menüpunkt IN TEAMS BEARBEITEN ausgewählt haben, wird die markierte Datei innerhalb der Oberfläche von MS Teams geöffnet.

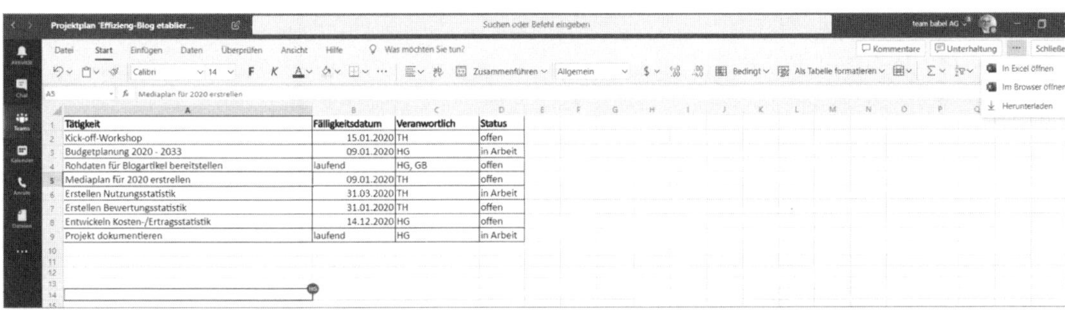

Abb. 6.23: Eine Datei in Teams bearbeiten

Ähnlich wie beim Erstellen einer Datei in MS Teams können Sie über das Menü rechts oben die Datei in Excel oder im Browser öffnen (siehe auch Abschnitt 6.1.1).

> **Wichtig**
>
> Öffnen Sie eine markierte Datei in MS Teams, wird diese immer in der Oberfläche von MS Teams geöffnet.

In Desktop-App öffnen

Den Ablauf des Öffnens in der Desktop-App habe ich in Abschnitt 6.1.1 detailliert beschrieben. Die Vorgehensweise gilt für Excel, Word und PowerPoint.

Menü »Link abrufen«

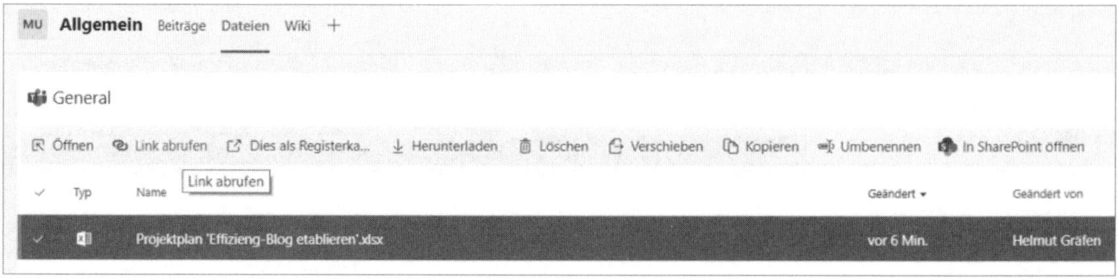

Abb. 6.24: Menüpunkt LINK ABRUFEN

Nach dem Klicken auf den Menüpunkt LINK ABRUFEN können Sie einen Link zu der markierten Datei oder dem markierten Ordner abrufen: entweder als Link, der die Datei in MS Teams aufruft, oder als Link, der die Datei in der dazugehörenden Teamwebsite in SharePoint aufruft (siehe Abbildung 6.25).

Abb. 6.25: Link einer Datei oder eines Ordners abrufen

Menü »Dies als Registerkarte erstellen«

Dieser Menüpunkt ist interessant, da Sie darüber jederzeit schnell auf eine bestimmte Datei zugreifen können. Um z. B. allen Teammitgliedern zu ermöglichen, auf die Excel-Datei `Projektplan 'Effizieng-Blog etablieren'.xlsx` schnell zugreifen zu können, klicken Sie den Menüpunkt DIES ALS REGISTERKARTE ERSTELLEN an. Die markierte Datei wird an eine neue zu diesem Zweck automatisch angelegte Registerkarte in diesem Kanal angeheftet.

Tätigkeit	Fälligkeitsdatum	Veranwortlich	Status
Kick-off-Workshop	15.01.2020	TH	offen
Budgetplanung 2020 - 2033	09.01.2020	HG	in Arbeit
Rohdaten für Blogartikel bereitstellen	laufend	HG, GB	offen
Blogartikel aus Rohdaten erstellen	laufend	Externer	offen
Prozess Blogartikel freigeben - Blogartikel veröffentlichen	15.01.2020	HG	offen
Mediaplan für 2020 erstrellen	09.01.2020	TH	offen
Erstellen Nutzungsstatistik	31.03.2020	TH	in Arbeit
Erstellen Bewertungsstatistik	31.01.2020	TH	offen
Entwickeln Kosten-/Ertragsstatistik	14.12.2020	HG	offen
Projekt dokumentieren	laufend	HG	in Arbeit

Abb. 6.26: Datei als Registerkarte

Diese neu erstellte Registerkarte können Sie umbenennen oder löschen, wenn sie nicht mehr gebraucht wird.

> **Hinweis**
>
> Das Menü DIES ALS REGISTERKARTE ERSTELLEN wird Ihnen nur im Kanalregister DATEIEN angeboten. In der Teamwebsite steht es nicht zur Verfügung.

Menü »Herunterladen«

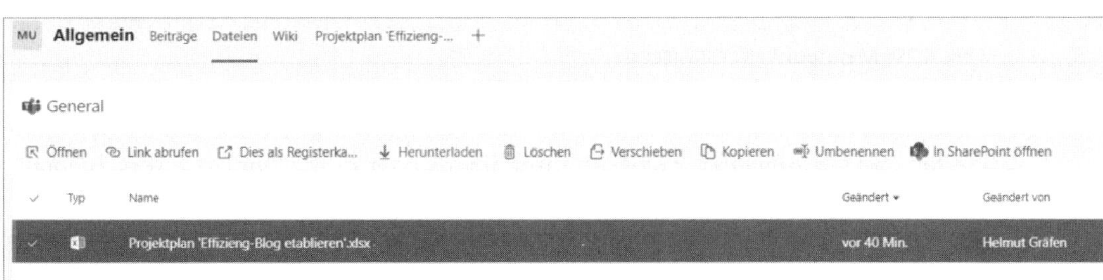

Abb. 6.27: Menüpunkt HERUNTERLADEN

Mit dem Menüpunkt HERUNTERLADEN laden Sie die markierte Datei in den Ordner `Downloads` in Ihrem Benutzerprofil herunter.

Menü »Löschen«

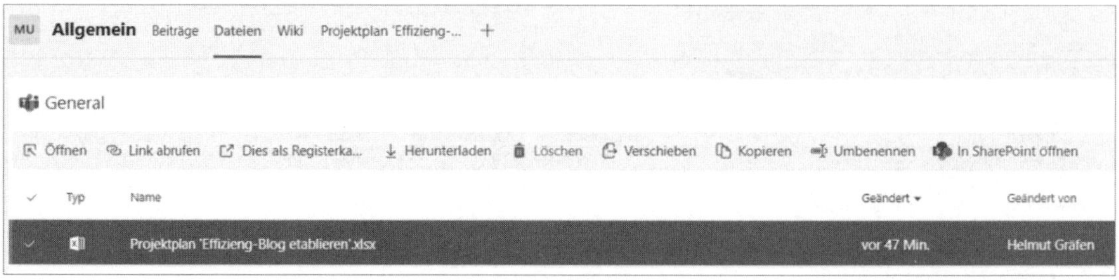

Abb. 6.28: Menüpunkt LÖSCHEN

Die Dateien oder die Ordner, die Sie hier löschen, liegen 33 Tage im Papierkorb der Teamwebsite in SharePoint. Während dieser Zeit können Sie die Ressource jederzeit unproblematisch wiederherstellen. Nach der 33-Tage-Frist wird die Ressource zwar aus dem Papierkorb gelöscht, aber noch weitere 60 Tage in Ihrer Cloud vorgehalten.

Menü »Verschieben«

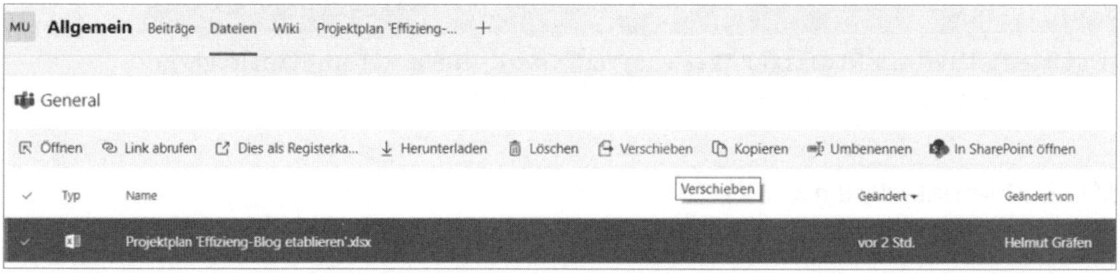

Abb. 6.29: Menüpunkt VERSCHIEBEN

Mit dem Menüpunkt VERSCHIEBEN können Sie die markierte Datei oder den markierten Ordner entweder innerhalb Ihrer Teams oder in Ihr OneDrive verschieben.

Abb. 6.30: Verschieben einer Datei innerhalb von MS Teams oder nach OneDrive

Menü »Kopieren«

Mit dem Menüpunkt KOPIEREN können Sie die markierte Datei oder den markierten Ordner entweder innerhalb Ihrer Teams oder in Ihr OneDrive kopieren.

Menü »Umbenennen«

Mit dem Menüpunkt UMBENENNEN geben Sie der markierten Ressource einen anderen Namen.

Menü »In SharePoint öffnen«

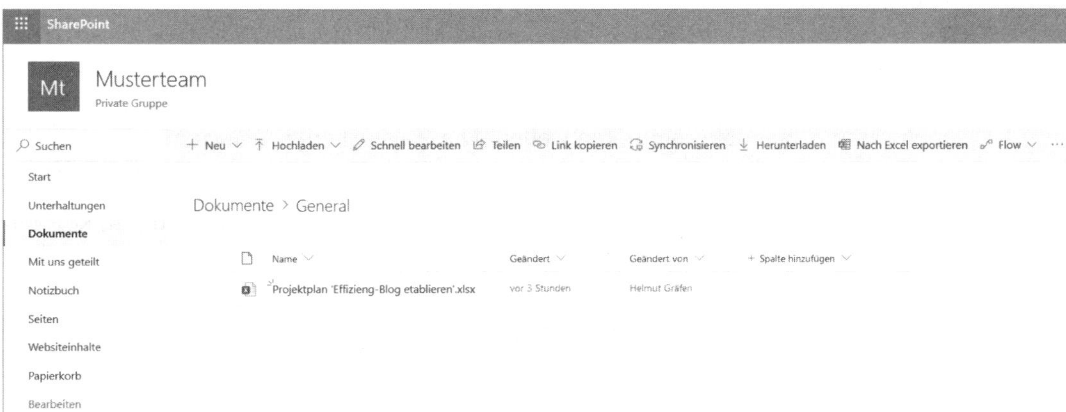

Abb. 6.31: Markierte Datei wird in Teamwebsites in SharePoint angezeigt.

Wenn Sie den Menüpunkt IN SHAREPOINT ÖFFNEN wählen, wird der Ordner, in dem sich die markierte Datei befindet, in der Teamwebsite in SharePoint angezeigt.

Hinweis

Das Menü IN SHAREPOINT ÖFFNEN wird Ihnen nur im Kanalregister DATEIEN angeboten. In der Teamwebsite steht es nicht zur Verfügung.

6.1.7 Gemeinsam an Dateien arbeiten

Office 365 bietet Ihnen die Möglichkeit, zeitgleich mit mehreren Personen an einer Datei zu arbeiten. Das System erkennt, ob eine Person die Datei aufgerufen hat, und zeigt alle Personen an, die im Moment an der Datei arbeiten.

Abb. 6.32: Mit mehreren Personen gleichzeitig an einer Datei arbeiten

Die beteiligten Personen werden farblich gekennzeichnet. Sie sehen also immer, wer in welcher Zelle arbeitet. Arbeiten Sie mit der Kommentarfunktion, wenn Sie die gemeinsame Arbeit dokumentieren wollen. Die eingegebenen Kommentare werden in der Datei gespeichert. Diese Vorgehensweise gilt für Excel, Word und PowerPoint.

Um sich während der gemeinsamen Arbeit an einer Datei abzustimmen, können Sie rechts oben mit der Schaltfläche UNTERHALTUNG ein Chatfenster aufrufen.

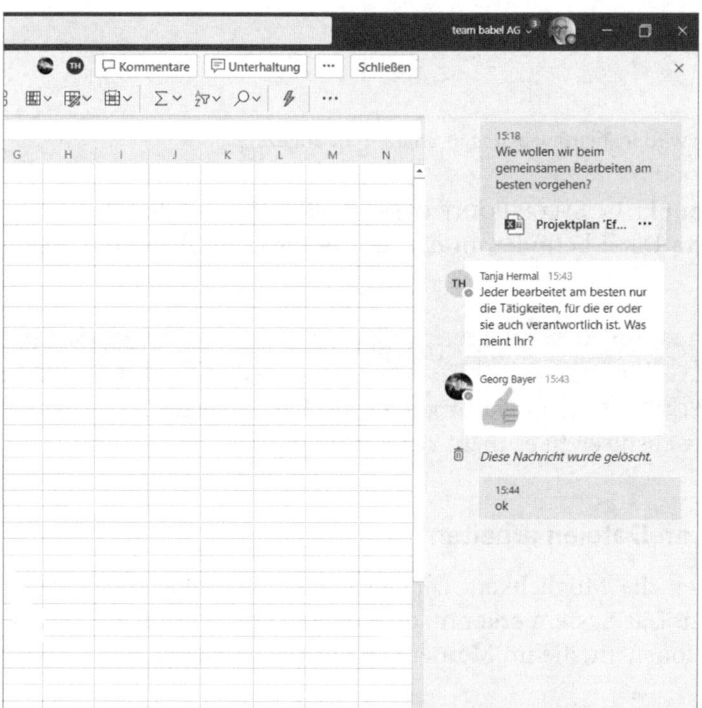

Abb. 6.33: Eingeblendeter Chat beim gemeinsamen Arbeiten an einer Datei

Die Vorgehensweise für das gemeinsame Arbeiten im Kanalregister DATEIEN in MS Teams und der Teamwebsite in SharePoint ist identisch.

6.2 In der Teamwebsite von SharePoint mit den Teamdaten arbeiten

Die zum Kanal ALLGEMEIN gehörige Teamwebsite des Teams MUSTERTEAM zeigt in SharePoint die Menüzeile an, die Sie in Abbildung 6.34 sehen.

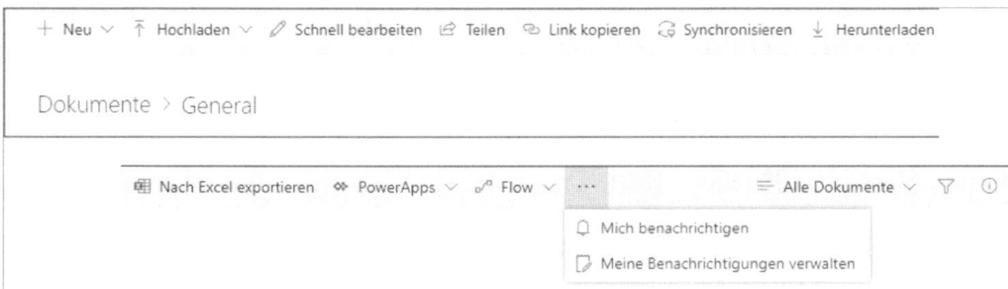

Abb. 6.34: Menüzeile in der Teamwebsite zum Kanal ALLGEMEIN

In der Standardansicht der Menüzeile werden die Menüpunkte nur bis einschließlich FLOW als Button dargestellt. MICH BENACHRICHTIGEN und MEINE BENACHRICHTIGUNGEN VERWALTEN sind nur über das 3-Punkte-Menü (...) zu erreichen.

- NEU 
- HOCHLADEN 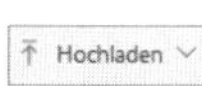
- SCHNELL BEARBEITEN 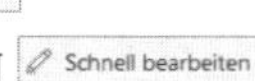
- TEILEN 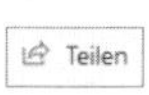
- LINK KOPIEREN 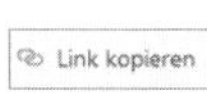
- SYNCHRONISIEREN 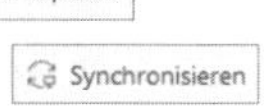
- HERUNTERLADEN 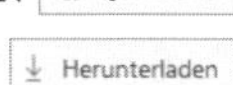
- NACH EXCEL EXPORTIEREN 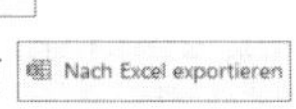
- POWERAPPS 
- FLOW 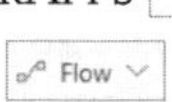
- MICH BENACHRICHTIGEN 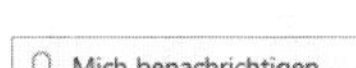
- MEINE BENACHRICHTIGUNGEN VERWALTEN 
- ALLE DOKUMENTE 
- FILTERBEREICH ÖFFNEN 
- DETAILBEREICH ÖFFNEN 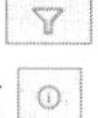

Wichtig

Das Menü in Abbildung 6.34 wird nur angezeigt, wenn Sie keinen Ordner und keine Datei in der Auflistung markiert haben.

6.2.1 Menü »Neu« (Ordner und Datei erstellen)

Über dieses Menü (Abbildung 6.35) können Sie sowohl neue ORDNER als auch neue Dateien für WORD, EXCEL und POWERPOINT erstellen. Im Gegensatz zur Dateibearbeitung im Kanalregister DATEI werden hier außerdem noch die Punkte

- ONENOTE-NOTIZBUCH,
- FORMS FÜR EXCEL,
- LINK
- und MENÜ „NEU" BEARBEITEN

angeboten.

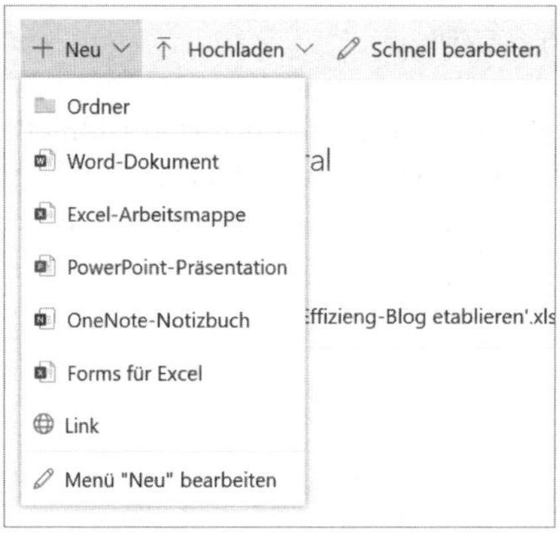

Abb. 6.35: Menü NEU

Mit FORMS FÜR EXCEL erstellen Sie schnell und einfach z. B. eine Umfrage. Über die App Forms können Sie dies auch außerhalb des Excel-Kontextes tun.

Der Menüpunkt LINK gibt Ihnen die Möglichkeit, einen Link zu erzeugen, der eine Ressource aufruft, die auch in einem anderen Speicherort liegen kann. Der erstellte Link wird als Element in der Auflistung der Dateien und Ordner aufgenommen.

Der im Beispiel in Abbildung 6.36 erstellte Link führt zu einer PowerPoint-Präsentation mit dem Namen ONENOTE FÜR TEAMS. Er hat die Endung `.url` und ist auch im Register DATEIEN im Kanal ALLGEMEIN zu sehen.

Über den Menüpunkt MENÜ „NEU" BEARBEITEN legen Sie fest, welche Menüpunkte im Menü NEU angezeigt werden sollen.

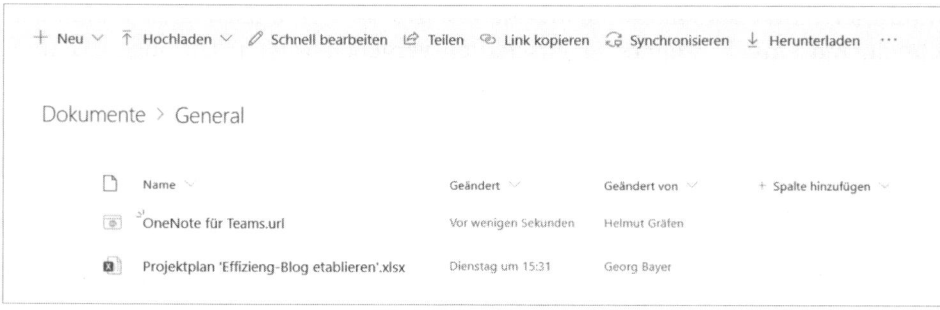

Abb. 6.36: Link zu einer Datei

Hinweis

Alle Dateien, die Sie in der Teamwebsite von SharePoint erstellen, werden immer in der Webversion des jeweiligen Programms angezeigt.

6.2.2 Menü »Hochladen« (Ordner und Dateien hochladen)

Im Gegensatz zur Dateibearbeitung im Kanalregister DATEI können in der Teamwebsite auch komplette Ordnerstrukturen hochgeladen werden.

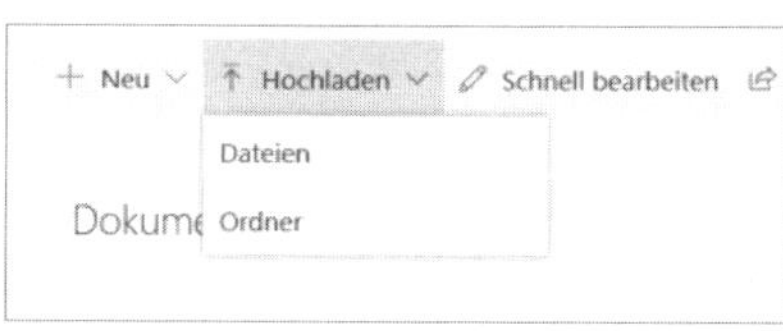

Abb. 6.37: Menü HOCHLADEN

6.2.3 Menü »Schnell bearbeiten« (Eigenschaften für Dateien vergeben)

Mit dem Menüpunkt SCHNELL BEARBEITEN wechseln Sie in eine Darstellung, die der Bearbeitung in einer Excel-Tabelle sehr ähnelt (siehe Abbildung 6.38).

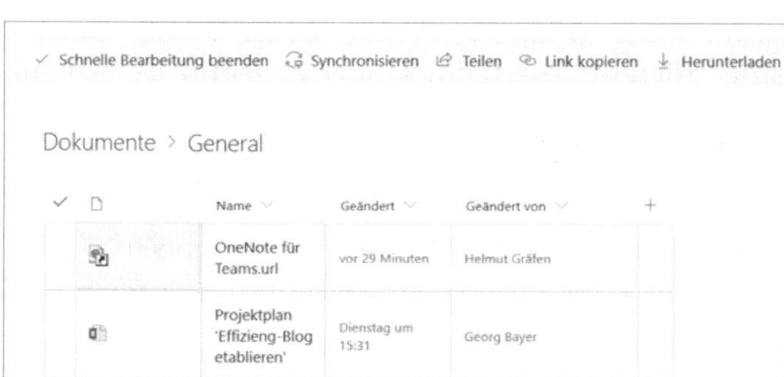

Abb. 6.38: Menü SCHNELLE BEARBEITUNG

Mit dieser Funktion sollten Sie arbeiten, wenn Sie den angezeigten Elementen schnell und einfach weitere Eigenschaften vergeben wollen. Die Eigenschaften eines Objekts werden in SharePoint *Metadaten* genannt.

Das Prinzip der Metadaten

Gewisse Metadaten (Eigenschaften) wie z. B. Erstellungsdatum, Änderungsdaten, Name des Erstellers und Ähnliches werden automatisch erstellt und dem Ordner oder der Datei zugewiesen. Es können darüber hinaus beliebig viele Eigenschaften (als Spalten) individuell hinzugefügt werden.

Sie können nach den Metadaten (Eigenschaften) filtern. Die Filteransicht kann anschließend mit einem Namen abgespeichert werden. Diese gespeicherte Ansicht steht allen Teammitgliedern zur Verfügung.

Vorteil: Dateien mit Metadaten sind deutlich schneller im Zugriff als Dateien in Unterordnern.

Nachteil: Das Erstellen des Metadatenkonzepts und Zuweisen der Metadaten ist mit hohem Aufwand verbunden.

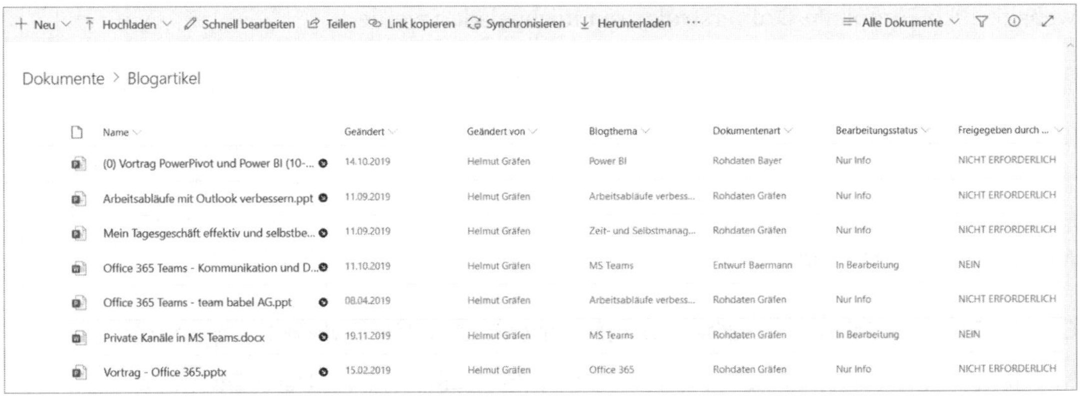

Abb. 6.39: Beispiel für Metadaten

Alternativ zur Strukturierung durch Ordner und Unterordner können Dateien mithilfe von Metadaten strukturiert werden. Dafür wurden in dem Beispiel in Abbildung 6.39 vier neue Spalten mit Metadaten hinzugefügt: *Blogthema*, *Dokumentenart*, *Bearbeitungsstatus* und *Freigegeben durch*. Über den Menüpunkt SCHNELL BEARBEITEN ist eine schnelle Zuweisung der neuen Metadaten möglich.

Wer mehr Informationen über das Modell der Metadaten wissen möchten, dem sei dieser Link empfohlen: `https://docs.microsoft.com/de-de/sharepoint/managed-metadata`.

6.2.4 Menü »Teilen« (Ordner und Dateien teilen)

Die Berechtigung, wer mit den angezeigten Ordnern und Dateien arbeiten darf, hat die Teamwebsite bereits über das Team beim Hinzufügen von Besitzern, Mitgliedern und Gästen erhalten.

… erberechtigungen können Sie den ausgewählten Ord… en, die keine Teammitglieder sind, teilen.

Abb. 6.40: Einen Ordner oder eine Datei teilen

Stan… ONEN BEI <ORGANISATION> MIT DEM LINK KÖNNEN … nem Klick auf diese Schaltfläche erscheint das Fens… FUNKTIONIEREN?.

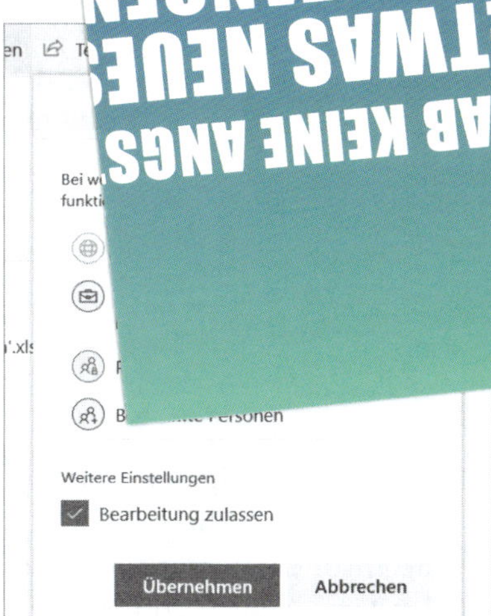

Abb. 6.41: Auswahl BEI WEM SOLL DIESER LINK FUNKTIONIEREN?

Es sind vier Auswahlmöglichkeiten zu sehen:

Jeder mit dem Link

Erstellt einen Link, den jeder für den Zugriff auf die Datei oder den Ordner verwenden kann, ohne sich bei Office 365 oder OneDrive anmelden zu müssen. Dieser Link kann vom Empfänger auch an weitere Personen weitergeleitet werden.

Tipp

In den meisten Unternehmen wird diese Auswahlmöglichkeit grau darstellt und steht damit nicht zur Verfügung. Selbst wenn die Möglichkeit auswählbar ist, sollten Sie sehr vorsichtig damit sein und die Auswahl nur für sehr ausgewählte Anforderungen nutzen. Jeder, der Zugriff auf den Link hat, hat auch Zugriff auf die Ressourcen, die sich hinter dem Link verbergen.

Personen bei <Organisation> mit dem Link

Erstellt einen Link, den nur Personen aus Ihrer Organisation mit einem Office-365-Account für den Zugriff verwenden können. Dieser Link kann nur an Personen in Ihrer Organisation weitergeleitet werden. Er funktioniert nicht für Gäste in Ihrer Organisation oder für Personen, die nicht angemeldet sind.

Personen mit Zugriff

Erstellt einen Link, der von Personen verwendet werden kann, die bereits auf die Datei oder den Ordner zugreifen können. Die Berechtigungen für das Element werden nicht geändert.

Tipp

Ich empfehle Ihnen, diese Auswahl nicht zu verwenden. Wenn Sie sie dennoch nutzen, sollten Sie auf jeden Fall vor dem Teilen überprüfen, wer bereits Zugriff auf diese Ressource hat. In OneDrive prüfen Sie das in der Navigation GETEILT, siehe Abschnitt 1.7.1. In der SharePoint-Teamwebsite prüfen Sie das über den Link MITGLIEDER rechts oben in der Sitenavigation, siehe Abschnitt 1.7.2.

Bestimmte Personen

Erstellt einen Link, den nur die von Ihnen angegebenen Personen für den Zugriff auf die Datei oder den Ordner verwenden können. Verwenden Sie diese Auswahl, um Ressourcen für Personen innerhalb oder außerhalb Ihrer Organisation freizugeben und gleichzeitig dabei sicherzustellen, dass der Link (und damit der Zugriff) nicht funktioniert, wenn der Link an nicht berechtigte Personen weitergeleitet wird.

Tipp

Ich empfehle Ihnen, ausschließlich mit dieser Auswahl zu arbeiten. Es ist dann jeweils ein bewusster Vorgang, die Personen auszuwählen, die mit der Ressource künftig arbeiten sollen. Damit sind Sie immer auf der sicheren Seite.

Unter WEITERE EINSTELLUNGEN weiter unten im Fenster ist bei BEARBEITEN standardmäßig der Haken gesetzt. Dies bedeutet, dass die Empfänger des Links die Ressource lesen, aber auch ändern können.

Wichtig: Leseberechtigung

Unter Umständen hat Ihre IT-Abteilung diese Standardeinstellung dahin gehend verändert, dass der Haken bei BEARBEITEN nicht gesetzt ist. Das bedeutet, Sie versenden einen Link ausschließlich mit Leserechten.

Wollen Sie einen Ordner als Downloadbereich für Unterordner und Dateien teilen bzw. freigeben, reicht eine Leseberechtigung völlig aus. So stellen Sie sicher, dass die Ressourcen zwar heruntergeladen werden, aber in dem freigegebenen Ordner nicht verändert werden können.

Nachdem Sie die Auswahl BESTIMMTE PERSONEN getroffen und die Schaltfläche ÜBERNEHMEN angeklickt haben, kehren Sie in das Ausgangsfenster zurück. Hier geben Sie in Form von E-Mail-Adressen die Person oder die Personengruppe an, mit der Sie die Ressource teilen möchten.

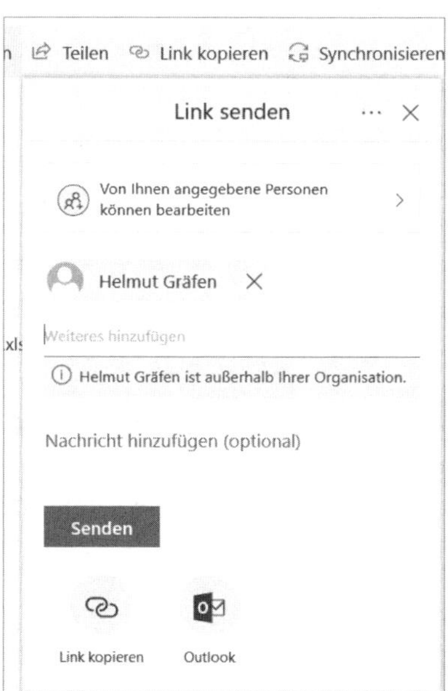

Abb. 6.42: Mit einer bestimmten Person teilen

Hier können Sie auch direkt eine Nachricht (etwa 140 Zeichen) an den oder die Empfänger eingeben und auf die Schaltfläche SENDEN klicken. Der Link wird sofort versendet, ohne dass Sie Outlook aufrufen müssen. Falls Sie mehr als 140 Zeichen für Ihre Nachricht an den Empfänger benötigen, klicken Sie auf das Outlook-Symbol. Dann öffnet sich ein Mailfenster in Outlook, das bereits den zu teilenden Link enthält. Nun können Sie einen beliebig langen Text eingeben und die Mail auf dem gewohnten Weg versenden.

Sollten Sie den Link nicht sofort versenden wollen, können Sie mit Klick auf LINK KOPIEREN den Link erzeugen und in die Zwischenablage kopieren.

Tipp

Auch wenn eine zusätzliche Freigabe, die über die Berechtigungen an die Teammitglieder hinausgeht, an dieser Stelle möglich ist, rate ich Ihnen, diese Funktionalität nur selten und auch nur für die Anforderungen zu nutzen, für die es keine besseren Lösungen zum Berechtigen von Ordnern und Dateien gibt. Beim Teilen einzelner Ressourcen einer Teamwebsite verlieren Sie relativ schnell den Überblick, wer auf welche Ressourcen zugreifen kann. Suchen Sie möglichst immer nach Lösungen, die einfach zu handhaben und zu dokumentieren sind.

6.2.5 Menü »Link kopieren« (Teamwebsite teilen und Link dazu kopieren)

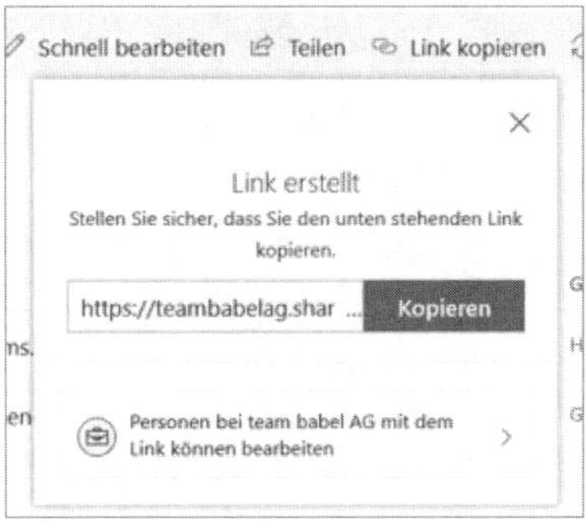

Abb. 6.43: Menüpunkt LINK KOPIEREN

Im Gegensatz zur Funktion TEILEN können Sie mit dem Menüpunkt LINK KOPIEREN nur die Berechtigungen vergeben, den entsprechenden Link dazu erzeugen und kopieren. Direkt versenden können Sie den Link nicht. Sie können den kopierten Link jedoch an anderer Stelle einfügen und so beispielsweise per E-Mail versenden.

6.2.6 Menü »Synchronisieren« (Ordner und Dateien mit dem PC synchronisieren)

Der Menüpunkt SYNCHRONISIEREN ermöglicht es Ihnen, die Ordner und Dateien, die in der Teamwebsite gespeichert sind, mit Ihrem PC und/oder Notebook zu synchronisieren. Das Synchronisieren führe ich in Abschnitt 6.3 detailliert aus.

6.2.7 Menü »Herunterladen« (Ordner und Dateien herunterladen)

Mit dem Menü HERUNTERLADEN erzeugen Sie eine ZIP-Datei, die den gesamten Inhalt des Ordners enthält.

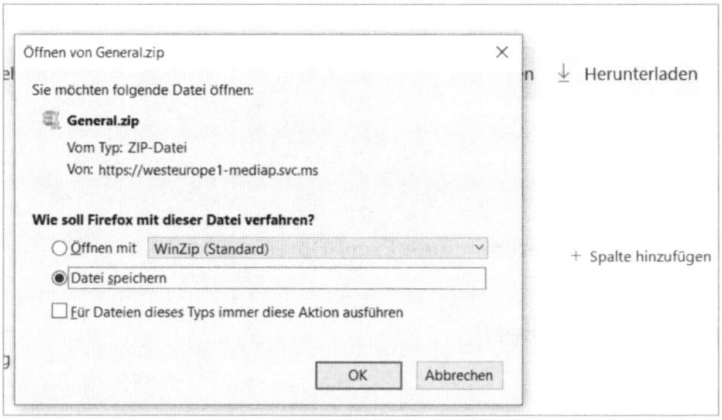

Abb. 6.44: Menü HERUNTERLADEN

Nach einem Klick auf die Schaltfläche OK wird die ZIP-Datei im Download-Ordner Ihres Benutzerprofils gespeichert.

6.2.8 Menü »Nach Excel exportieren« (Ordner und Dateien als Excel-Liste exportieren)

Nach einem Klick auf den Menüpunkt NACH EXCEL EXPORTIEREN wird das Fenster aus Abbildung 6.45 angezeigt.

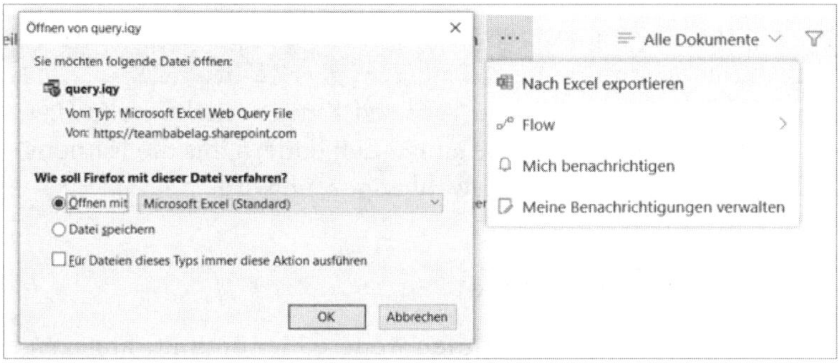

Abb. 6.45: Menü NACH EXCEL EXPORTIEREN

Darin werden Sie aufgefordert, die automatisch erstellte Datei `query.igy` mit Excel zu öffnen. Bestätigen Sie die Aufforderungen mit OK. Die angezeigte Liste der Dateien wird mit den Eigenschaften in eine Excel-Tabelle kopiert.

In dem daraufhin angezeigten Fenster können Sie auswählen, ob Sie eine Tabelle, eine Pivot-Tabelle oder ein Pivot-Chart erstellen wollen.

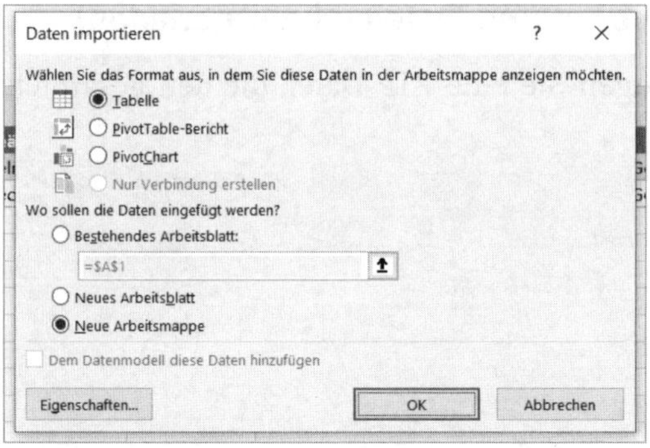

Abb. 6.46: Auswahlmöglichkeit nach dem Exportieren in eine Excel-Datei

6.2.9 Menü »Flow« (Workflow erstellen)

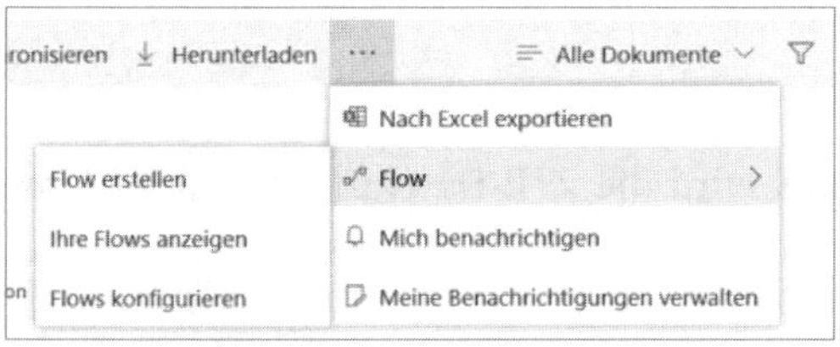

Abb. 6.47: Menü FLOW

Mit diesem Menü wechseln Sie in die App Flow. Dort können Sie relativ einfach Workflows erstellen und in der Teamwebsite hinterlegen. In Abschnitt 6.2.14 erkläre ich dies unter *Menü Flow* am Beispiel einer Urlaubsgenehmigung.

Wichtig

Auf der Startseite von Office 365 heißt diese App seit Kurzem nicht mehr *Flow*, sondern *Power Automate*. Es wird sicher eine ganze Zeit dauern, bis die Namensänderung in allen Dialogen und in jeder Auswahl angezeigt wird.

6.2.10 Menü »...« (weitere Menüpunkte)

Beim Klick auf das 3-Punkte-Menü werden Ihnen weitere Menüpunkte angezeigt:

- MICH BENACHRICHTIGEN
- und MEINE BENACHRICHTIGUNGEN VERWALTEN.

Hinweis

Das 3-Punkte-Menü wird Ihnen nur in der Teamwebsite angeboten. Im Kanalregister DATEIEN steht es nicht zur Verfügung.

... Mich benachrichtigen

Über dieses Menü können Sie steuern, wie und über welche Änderungen in diesem Ordner der Teamwebsite Sie benachrichtigt werden wollen.

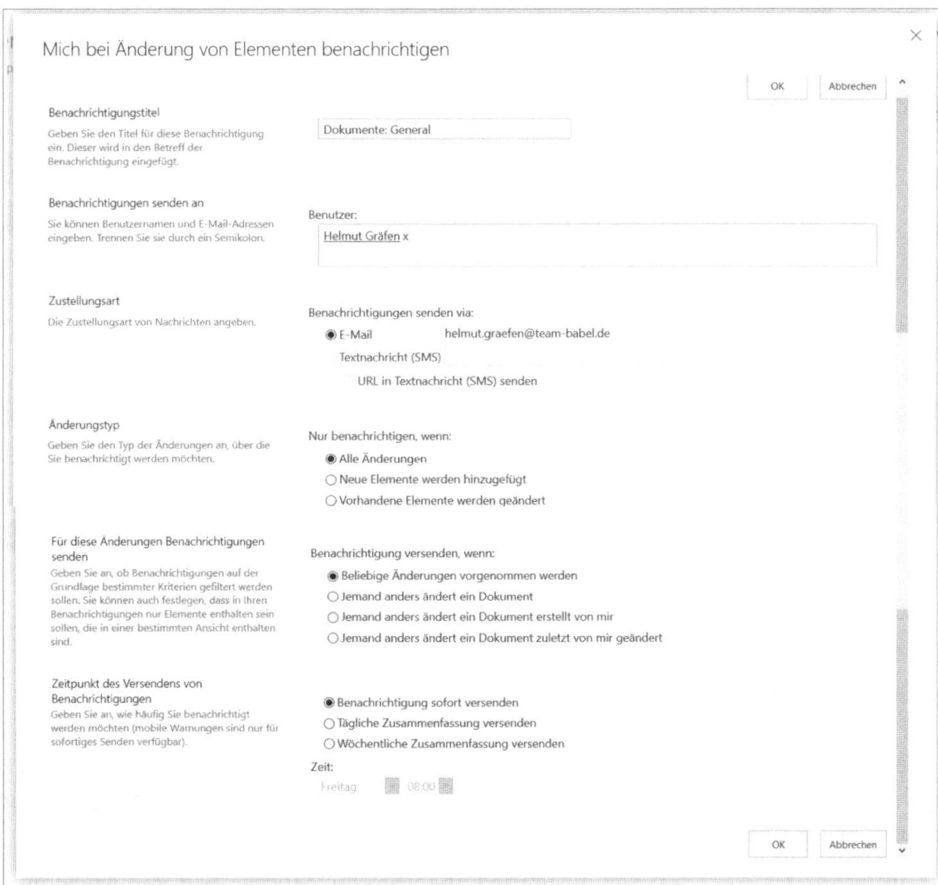

Abb. 6.48: Mich bei Änderungen von Elementen benachrichtigen

In Abbildung 6.48 sehen Sie die Standardeinstellungen der Benachrichtigungen. Laut Standardeinstellung werden Sie über sämtliche Änderungen per E-Mail benachrichtigt.

Tipp

Denken Sie daran, dass Sie bei unveränderten Standardeinstellungen viele Mails bekommen werden, wenn mit der Teamwebsite produktiv gearbeitet wird. Passen Sie also die Einstellungen für Benachrichtigungen auf Ihre Bedürfnisse an. Für jeden weiteren Ordner auf der gleichen Ebene wie der Ordner `General` (in der Regel die Ordner für die Kanäle in Ihrem Team) gelten die gleichen Standardeinstellungen für die Benachrichtigungen.

... Meine Benachrichtigungen verwalten

Mit diesem Menüpunkt haben Sie die Möglichkeit, weitere Benachrichtigungen für diese Teamwebsite zu erstellen und zu verwalten.

6.2.11 Menü »Alle Dokumente« (Darstellung und Ansicht der Ordner und Dateien anpassen)

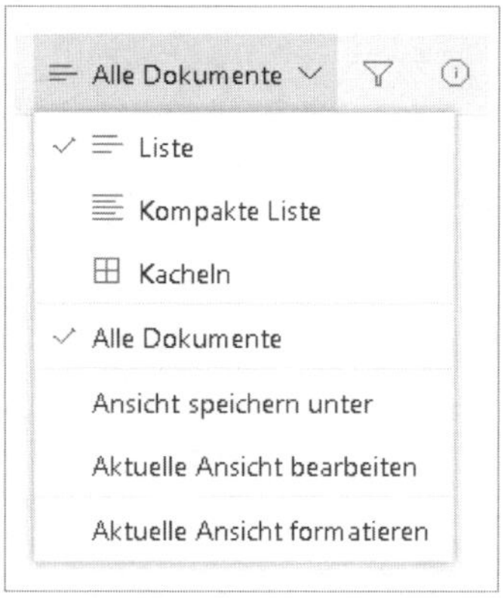

Abb. 6.49: Menü ALLE DOKUMENTE

Im oberen Teil des Drop-down-Menüs können Sie zwischen LISTE, KOMPAKTE LISTE und KACHELN als Darstellungsmöglichkeiten auswählen. Die Standarddarstellung ist immer LISTE.

Im unteren Teil des Drop-down-Menüs haben Sie die Möglichkeit, die Ansichten zu beeinflussen: AKTUELLE ANSICHT BEARBEITEN und AKTUELLE ANSICHT FORMATIEREN.

Tipp

Mit diesen beiden Menüpunkten steigen Sie schon in die Tiefen von SharePoint ein. Um produktiv mit der Teamwebsite arbeiten zu können, müssen hier keine Änderungen vorgenommen werden. Ich empfehle Ihnen, sich mit diesen Menüpunkten erst dann zu beschäftigen, wenn Sie einen tieferen Einblick in SharePoint gewonnen haben.

Der Menüpunkt ANSICHT SPEICHERN UNTER wird erst mit dem nächsten Menüpunkt, dem Filtern, interessant. Haben Sie in der Teamwebsite einen Filter gesetzt, können Sie das Filterergebnis als neue Ansicht abspeichern (siehe auch Abschnitt 6.2.12).

6.2.12 Menü »Filterbereich öffnen« (Inhalte der Teamwebsite filtern)

Das Menü FILTERBEREICH ÖFFNEN ermöglicht es Ihnen, die dargestellten Inhalte der Teamwebsite zu filtern.

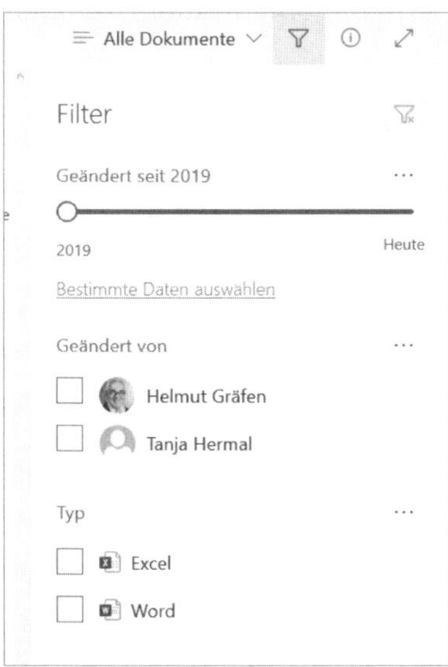

Abb. 6.50: Menü FILTERBEREICH ÖFFNEN (Symbol)

Wenn Sie hier einen Filter ausgewählt haben, können Sie über den Menüpunkt ANSICHT SPEICHERN UNTER im Menü ALLE DOKUMENTE das Filterergebnis unter einem frei wählbaren Namen als auswählbare Ansicht speichern. Angenommen, Sie haben nur die Excel-Dateien gefiltert und das Filterergebnis als Ansicht mit dem Namen NUR EXCEL-DATEIEN gespeichert. Anschließend sieht das Menü ALLE DOKUMENTE aus wie in Abbildung 6.51.

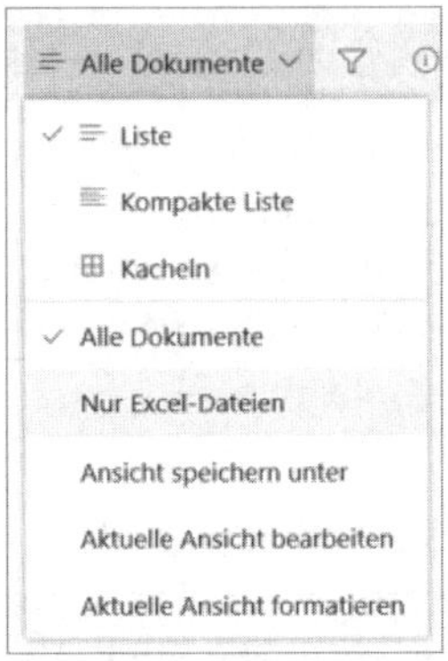

Abb. 6.51: Neu erstellte Ansicht NUR EXCEL-DATEIEN

6.2.13 Menü »Detailbereich öffnen« (Anzeige der Zugriffsberechtigungen)

Mit dem Menü DETAILBEREICH ÖFFNEN erhalten Sie eine Übersicht über die Berechtigungssituation in dem gewählten Ordner. Sie werden unter anderem auch darüber informiert, ob dieses Element mit Gästen, also mit organisationsfremden Personen, geteilt wurde.

Abb. 6.52: Menüpunkt DETAILBEREICH ÖFFNEN (Symbol)

Mit PERSONEN HINZUFÜGEN (siehe Abbildung 6.53) können Sie weiteren Personen Zugriffsberechtigungen auf die gewählte Ressource geben. Der Button rechts daneben zeigt Ihnen an, ob und wie viele Links Sie freigegeben haben. Mit einem Klick auf den Button erhalten Sie weitere Informationen (siehe Abbildung 6.54).

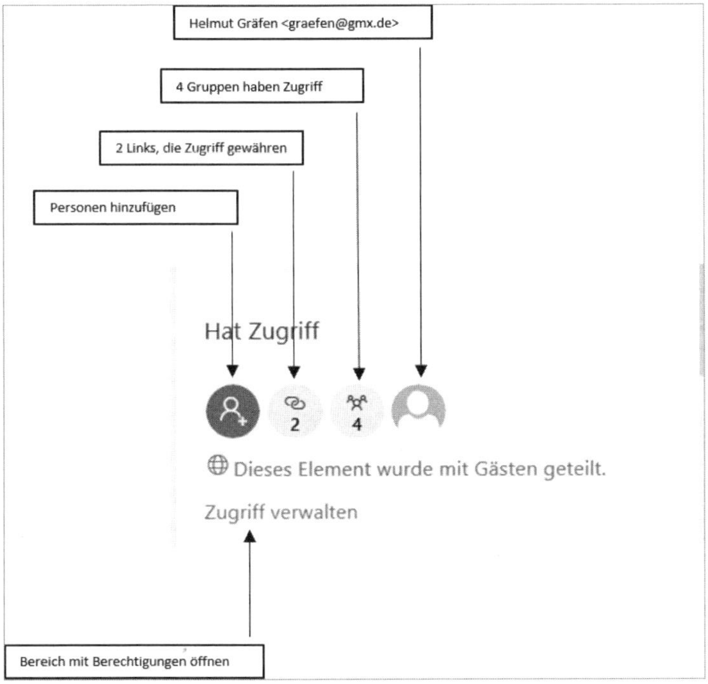

Abb. 6.53: Wer hat Zugriff?

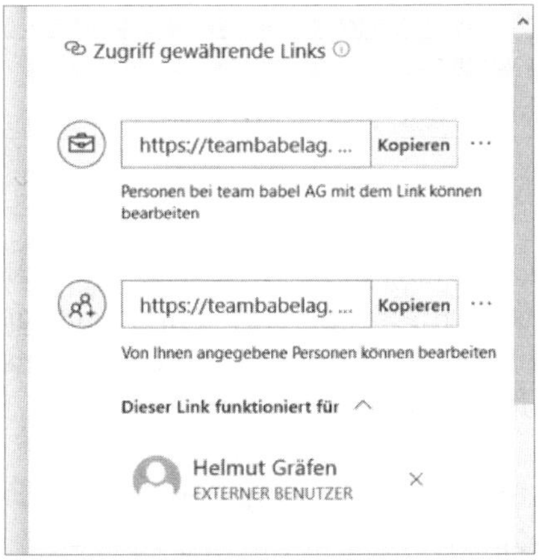

Abb. 6.54: Auflistung der Zugriff gewährenden Links

Sie sehen hier, dass ein Link auch für einen externen Benutzer freigegeben wurde. In dem Beispiel habe ich den Link meiner privaten E-Mail-Adresse freigegeben.

Wieder rechts daneben sehen Sie den Button 4 GRUPPEN HABEN ZUGRIFF. Mit einem Klick darauf bekommen Sie weitere Informationen angezeigt (Abbildung 6.55).

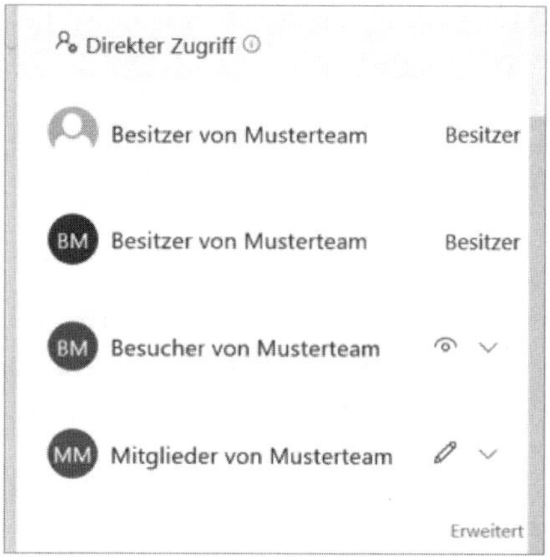

Abb. 6.55: Gruppen, die Zugriff auf diesen Ordner haben

Den Berechtigungsgruppen, die Sie hier sehen, sind folgende Berechtigungen in SharePoint zugeordnet:

Berechtigungsgruppe	Berechtigungen
Besitzer	Haben lesenden und schreibenden Zugriff. Können Änderungen an der Teamwebsite und an den Berechtigungseinstellungen vornehmen.
Mitglieder	Haben lesenden und schreibenden Zugriff.
Besucher	Haben lediglich lesenden Zugriff. Sind auch für einen Dokumentendownload berechtigt.

Tabelle 6.1: Berechtigungsgruppen in SharePoint

Die SharePoint-Berechtigungsgruppen in dieser Teamwebsite sind automatisch mit den Personen gefüllt worden, die Sie Ihrem Team in MS Teams hinzugefügt haben. Die Zuordnung der vergebenen Rollen in MS Teams zu den Berechtigungsgruppen in SharePoint finden Sie in der folgenden Tabelle.

Rollen in MS Teams	SharePoint-Berechtigungsgruppe
Besitzer	Besitzer
Mitglieder	Mitglieder
Gäste	Mitglieder

Tabelle 6.2: Gegenüberstellung Berechtigung in Teams und in SharePoint

Wichtig

Gäste aus MS Teams werden immer der SharePoint-Berechtigungsgruppe *Mitglieder* zugeordnet. Der SharePoint-Berechtigungsgruppe *Besucher* werden aus den MS Teams heraus niemals Personen zugeordnet.

Wenn also die SharePoint-Berechtigungsgruppe *Besucher* mit einer Person oder mehreren Personen gefüllt ist, dann hat diese Zuordnung immer in der Teamwebsite in SharePoint stattgefunden.

Der letzte Button ganz rechts zeigt Ihnen externe (organisationsfremde) Personen an, denen Sie entweder einen Link freigegeben haben oder denen Sie über den Button PERSONEN HINZUFÜGEN Zugriff erteilt haben. Jede externe Person wird mit einem separaten Button angezeigt.

Wichtig

Denken Sie bitte immer daran, dass die Berechtigungen, die Sie hier vergeben, nicht nach MS Teams durchgereicht werden. So haben Sie die Möglichkeit, den Ressourcen in der Teamwebsite andere Berechtigungen zuzuweisen als in Ihrem Team in MS Teams. Das ist beispielsweise dann hilfreich, wenn Personen in einem Projekt, die nicht zum Team gehören, auf Projektdaten zugreifen müssen. Seien Sie sich aber bitte darüber bewusst, dass Sie damit den Komplexitätsgrad in dem Zusammenspiel zwischen MS Teams und SharePoint deutlich erhöhen.

6.2.14 Dateien in der Teamwebsite bearbeiten

Im Gegensatz zur Dateibearbeitung in der Oberfläche von Teams werden Ihnen in der Dateibearbeitung der Teamwebsite weitere Funktionalitäten angeboten, die im Folgenden erklärt werden:

- FLOW ERSTELLEN,
- VERSIONSVERLAUF
- und MICH BENACHRICHTIGEN.

Abb. 6.56: Menüleiste in der Teamwebsite, wenn ein Element markiert wurde

Wichtig

Das Menü in Abbildung 6.56 wird nur angezeigt, wenn Sie ein Element in der Auflistung markiert haben. Die Menüpunkte können Sie auch mit einem Klick auf die drei vertikalen Punkte rechts neben dem Dateinamen aufrufen.

Menü »Öffnen« (Dateien öffnen)

Im Menü ÖFFNEN finden Sie die Optionen IM BROWSER ÖFFNEN und IN DER APP ÖFFNEN, die ich bereits in Abschnitt 6.1.1 detailliert beschrieben habe.

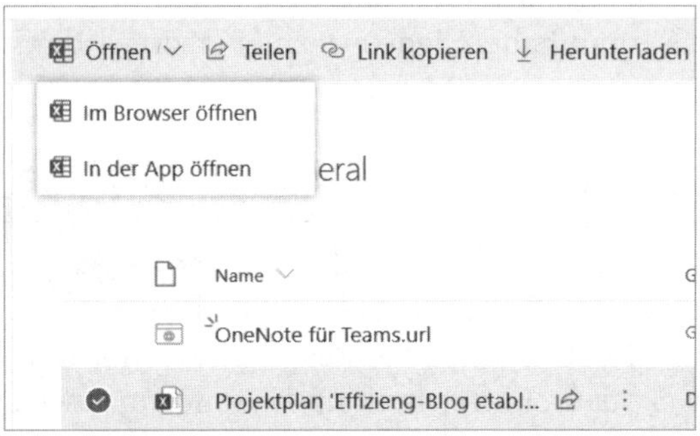

Abb. 6.57: Menü ÖFFNEN

Menü »Teilen« (Ordner und Dateien teilen)

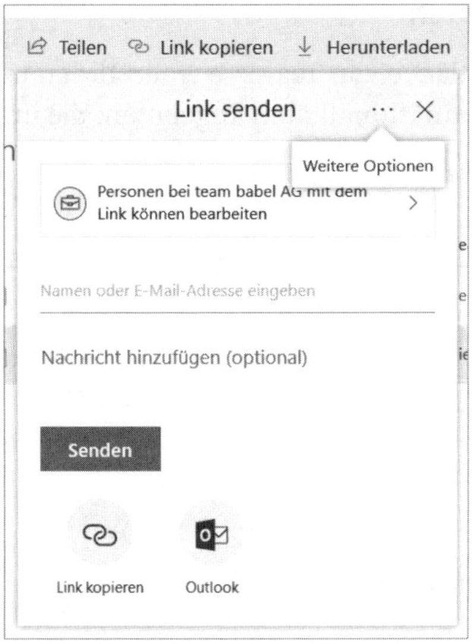

Abb. 6.58: Menü TEILEN

Die Berechtigung, wer mit den angezeigten Ordnern und Dateien arbeiten darf, hat die Teamwebsite bereits über das Team beim Hinzufügen von Besitzern, Mitgliedern und Gästen erhalten.

Zusätzlich zu diesen Benutzerberechtigungen können Sie die ausgewählte Datei noch mit anderen Personen, die keine Teammitglieder sind, teilen.

Menü »Link kopieren« (Ordner oder Datei teilen und Link dazu kopieren)

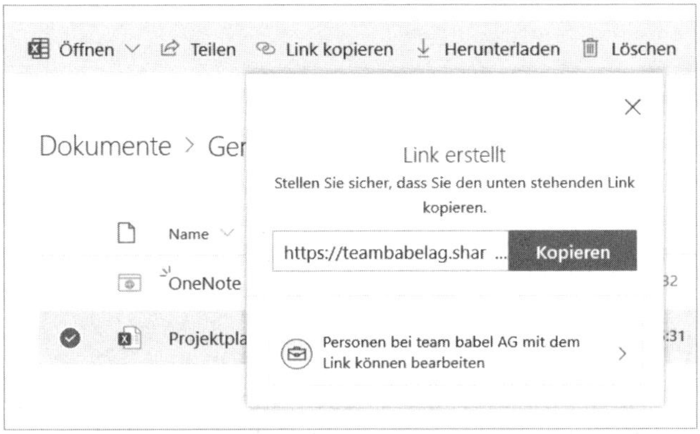

Abb. 6.59: Menüpunkt LINK KOPIEREN

Den Ablauf habe ich in Abschnitt 6.2.5 detailliert beschrieben.

Menü »Herunterladen« (Ordner oder Datei herunterladen)

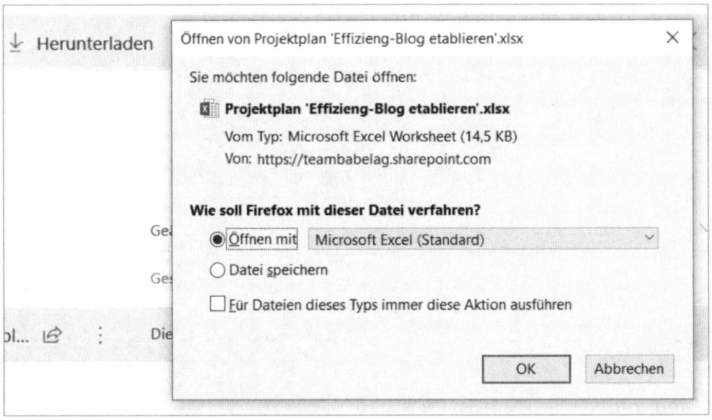

Abb. 6.60: Menü HERUNTERLADEN

Mit dem Menü HERUNTERLADEN laden Sie die markierte Datei in den Ordner `Downloads` in Ihrem Benutzerprofil herunter.

Menü »Löschen« (Ordner oder Datei löschen)

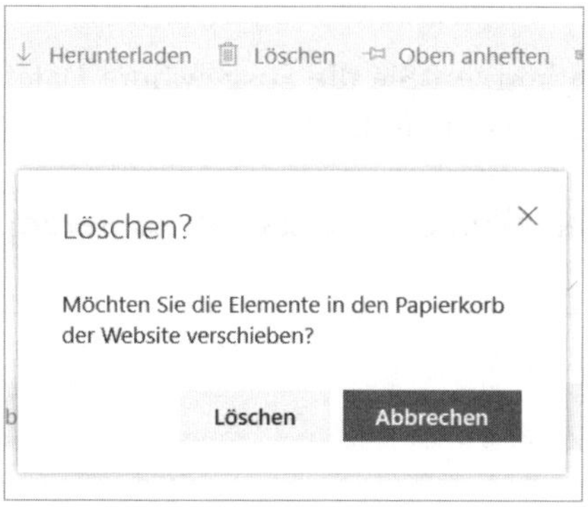

Abb. 6.61: Menüpunkt LÖSCHEN

Den Ablauf habe ich in Abschnitt 6.1.6 detailliert beschrieben.

Menü »Oben anheften« (Ordner oder Datei anheften)

Wenn Sie den Menüpunkt OBEN ANHEFTEN angeklickt haben, wird die gewählte Ressource als Kachel oberhalb der Auflistung von Ordnern und Dateien angeheftet.

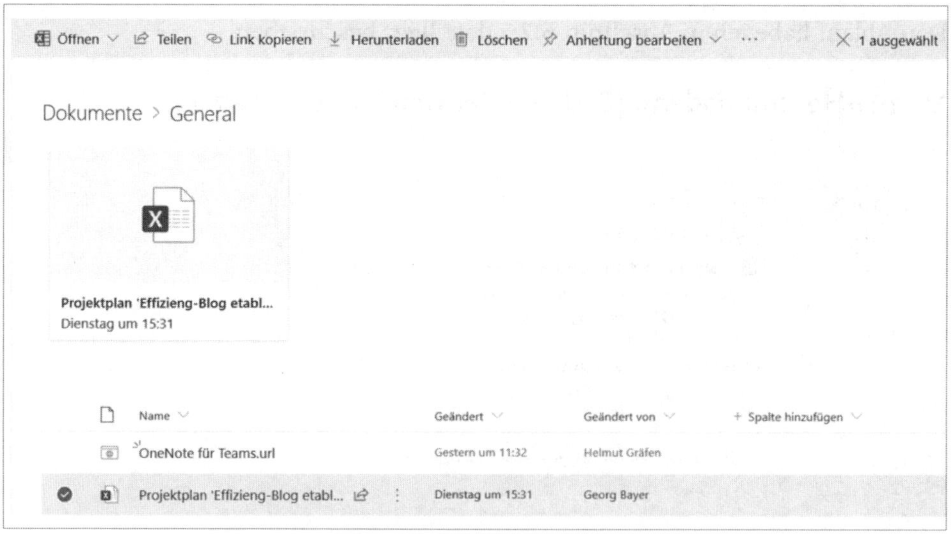

Abb. 6.62: Auswirkung des Menüpunkts OBEN ANHEFTEN

Mit dem Menüpunkt ANHEFTUNG BEARBEITEN, der in diesem Kontext jetzt angezeigt wird, können Sie die Anheftung wieder lösen.

Menü »Umbenennen« (Ordner oder Datei umbenennen)

Abb. 6.63: Menüpunkt UMBENENNEN

Mit dem Menüpunkt UMBENENNEN geben Sie der markierten Ressource einen anderen Namen.

Menü »Flow« (Workflow erstellen)

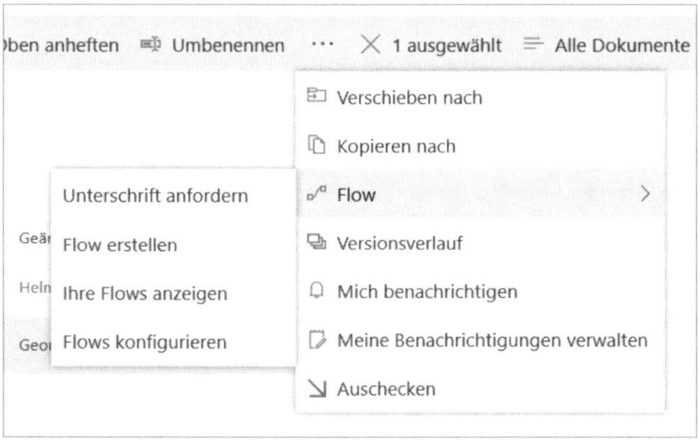

Abb. 6.64: Menüpunkt FLOW

Mit diesem Menüpunkt wechseln Sie in die App Flow. Dort können Sie relativ einfach Workflows erstellen und diese in der Teamwebsite hinterlegen.

Wichtig

Auf der Startseite von Office 365 heißt diese App seit Kurzem nicht mehr *Flow*, sondern *Power Automate*. Es wird sicher eine ganze Zeit dauern, bis die Namensänderung in allen Dialogen und in jeder Auswahl angezeigt wird.

Im Gegensatz zum Menü FLOW auf Ordnerebene wird Ihnen hier der zusätzliche Menüpunkt UNTERSCHRIFT ANFORDERN angeboten. Damit können Sie sehr einfach z. B. einen Workflow zur Urlaubsgenehmigung erstellen. Der Person, die die Unterschrift für die gewählte Datei anfordert, wird das Fenster aus Abbildung 6.65 angezeigt.

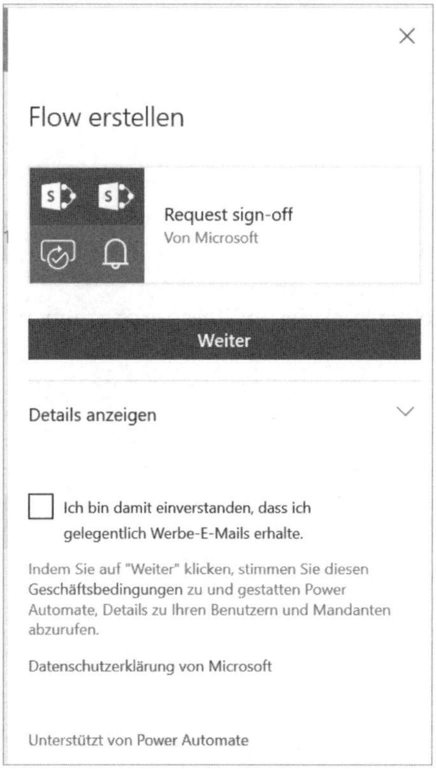

Abb. 6.65: Unterschrift anfordern

Nach dem Klicken auf die Schaltfläche WEITER erscheint das nächste Fenster (siehe Abbildung 6.66).

Sobald Sie auf die Schaltfläche FLOW ERSTELLEN geklickt haben, geht es mit dem Fenster in Abbildung 6.67 weiter.

In der Eingabebox APPROVER gibt die anfordernde Person den Namen desjenigen ein, der unterschreiben bzw. genehmigen soll. Bevor sie die Schaltfläche FLOW AUSFÜHREN anklickt, kann sie noch einen kurzen Text in die Box MESSAGE eingeben. Der Teamwebsite wird automatisch die Spalte *Status Unterschrift* hinzugefügt. Alle Personen des Teams können nun hier sehen, dass die Unterschrift noch aussteht.

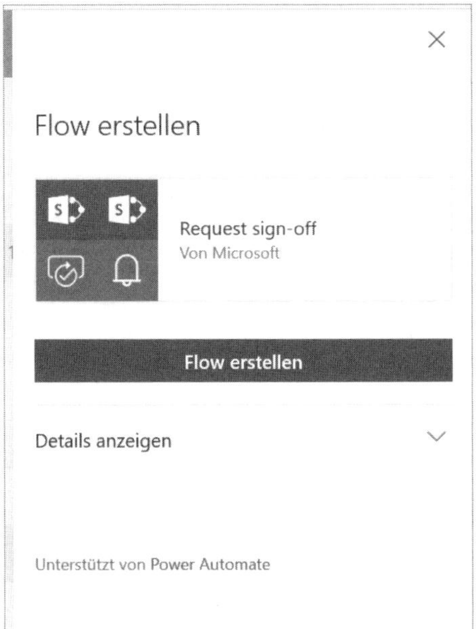

Abb. 6.66: Flow erstellen

Abb. 6.67: Flow ausführen

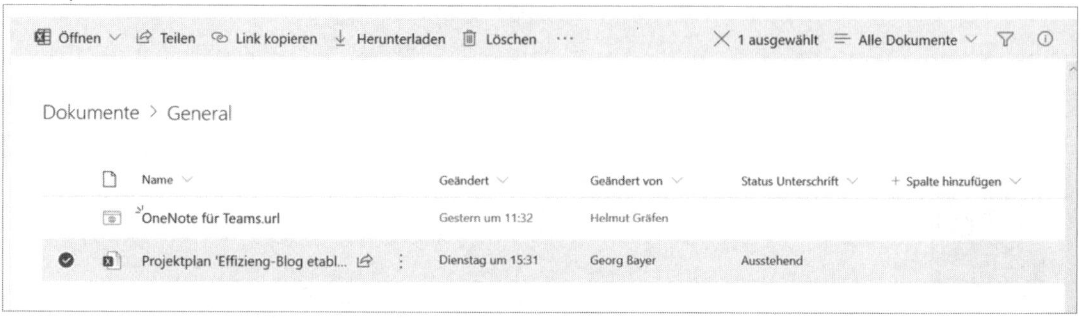

Abb. 6.68: Status Unterschrift – ausstehend

> **Hinweis**
>
> Die Spalte *Status Unterschrift* wird Ihnen nur in der Teamwebsite angezeigt. Im Kanalregister DATEIEN ist sie nicht zu sehen.

Die zur Unterschrift bzw. Genehmigung angefragte Person wird mit einer E-Mail benachrichtigt.

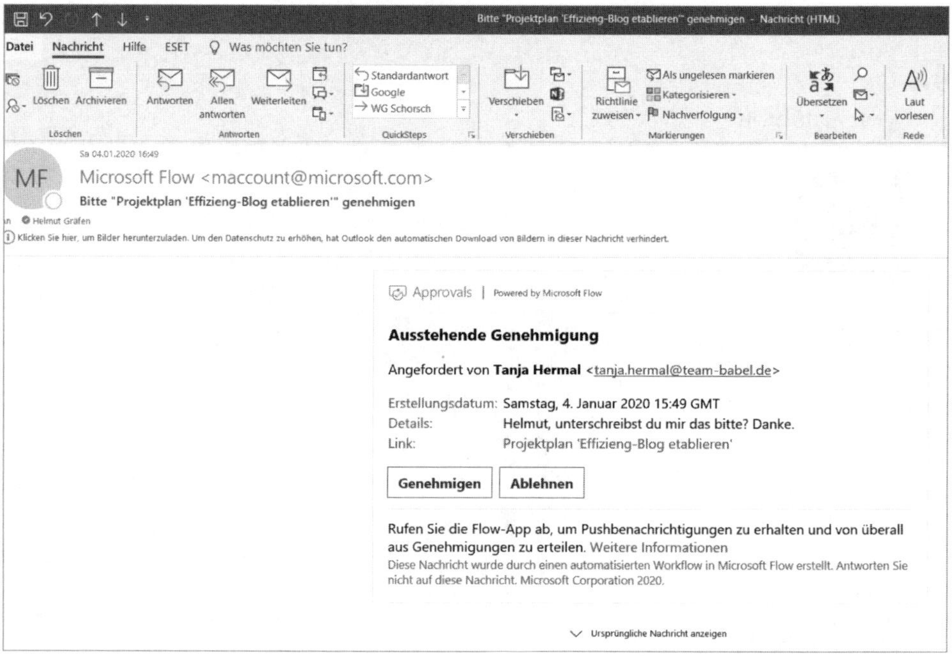

Abb. 6.69: Ausstehende Genehmigung

Der angefragten Person werden die beiden Schaltflächen GENEHMIGEN und ABLEHNEN zum Antworten angeboten. Nachdem die Person GENEHMIGEN angeklickt hat, wird sie zum Bestätigen dieser Aktion per Mausklick aufgefordert. Nach der Bestätigung wird der Status der Unterschriftsanforderung auf *Genehmigt* gesetzt.

Abb. 6.70: Status Unterschrift – Genehmigt

Alle Personen des Teams sehen jetzt in der Teamwebsite, dass die Unterschrift genehmigt wurde. Sollte die genehmigende Person den Urlaubsantrag abgelehnt haben, so steht dort der Text *Abgelehnt*.

Menü »Verschieben nach« (Ordner oder Dateien verschieben)

Mit diesem Menüpunkt können Sie die ausgewählte Ressource innerhalb Ihrer Office-365-Umgebung verschieben. Ein Verschieben in einen Speicherort außerhalb von Office 365 ist nicht möglich.

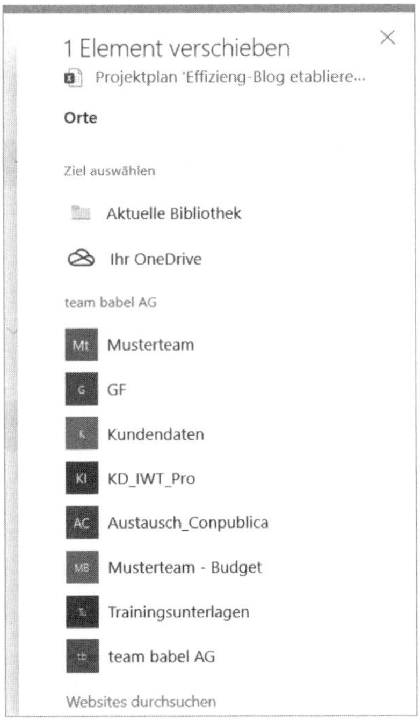

Abb. 6.71: Auswahlmöglichkeiten zum Verschieben

Menü »Kopieren nach« (Ordner oder Dateien kopieren)

Der Menüpunkt KOPIEREN NACH kopiert die ausgewählte Ressource innerhalb Ihrer Office-365-Umgebung. Ein Kopieren in einen Speicherort außerhalb von Office 365 ist nicht möglich. Der Dialog zum Auswählen des Ziels entspricht dem des Menüpunkts VERSCHIEBEN NACH.

Menü »...« (weitere Menüpunkte)

Beim Klicken auf das 3-Punkte-Menü werden Ihnen weitere Menüpunkte angezeigt:

- VERSIONSVERLAUF
- MICH BENACHRICHTIGEN
- MEINE BENACHRICHTIGUNGEN VERWALTEN
- AUSCHECKEN

... Versionsverlauf

SharePoint ist eine Dokumentenmanagement-Software (DMS). Damit stehen bestimmte Funktionalitäten wie das automatische Erstellen von Dateiversionen bereit. Die Datei selbst wird in der aktuellen Version in der Auflistung angezeigt. Möchten Sie alle Versionen dieser Datei aufgelistet bekommen, klicken Sie auf den Menüpunkt VERSIONSVERLAUF.

Der Versionsverlauf (Abbildung 6.72) zeigt Versionsnummer, Datum und Uhrzeit der letzten Änderung und wer die Version zuletzt verändert hat. Standardmäßig werden nur Hauptversionen erstellt. Als Besitzer der Teamwebsite können Sie allerdings festlegen, dass auch Nebenversionen erzeugt werden. Hauptversionen entstehen automatisch beim Speichern des Dokuments, Nebenversionen müssen explizit von der bearbeitenden Person freigegeben werden. Nur nach der Freigabe wird eine neue Nebenversion erzeugt.

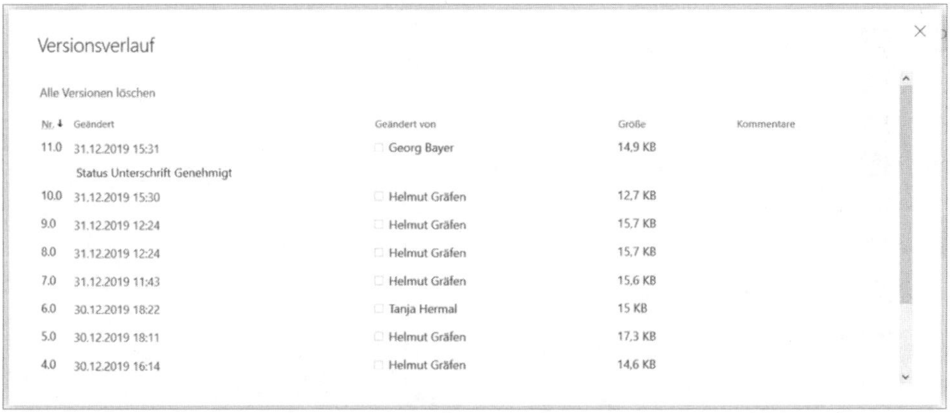

Abb. 6.72: Anzeige der Versionen einer Datei

Hinweis

Der Versionsverlauf ist, Stand heute, ausschließlich in der Teamwebsite von SharePoint verfügbar, nicht in MS Teams.

Eine andere Möglichkeit, mit Dateiversionen zu arbeiten, besteht darin, die Datei aus der Auflistung in der Teamwebsite mit dem installierten Programm (Word, Excel, PowerPoint) über IN DER APP ÖFFNEN aufzurufen. Wenn die Datei in der App geöffnet wird, werden in der Titelleiste der Dateiname und die Information, wann zuletzt gespeichert wurde, angezeigt. Mit dem Drop-down-Pfeil rechts neben dieser Information rufen Sie das Menü aus Abbildung 6.73 auf.

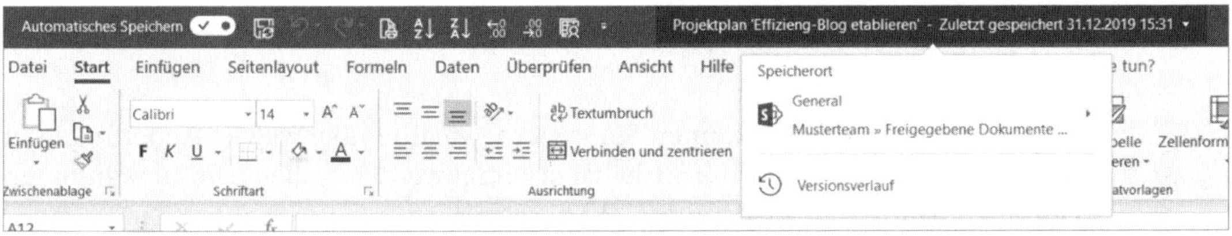

Abb. 6.73: In der geöffneten App mit Versionen arbeiten

Nach dem Klicken auf die Schaltfläche VERSIONSVERLAUF wird auf der rechten Seite der angezeigten Datei eine Navigationsleiste geöffnet, die ihre Versionen anzeigt.

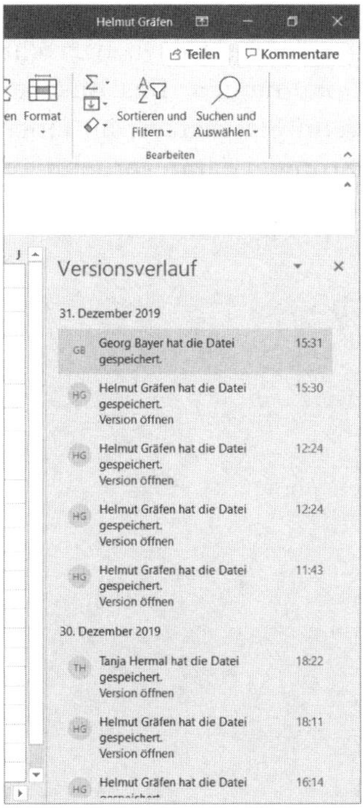

Abb. 6.74: Versionsverlaufsanzeige im Programm

Wählen Sie nun mit einem Doppelklick eine Version aus, wird diese in einem separaten Programmfenster angezeigt. In dem Beispiel in Abbildung 6.75 wird die Version 9 der Datei angezeigt. Alle Personen im Team arbeiten immer mit der aktuellen Version der Datei. Ältere Versionen werden automatisch schreibgeschützt geöffnet und können nur gelesen werden.

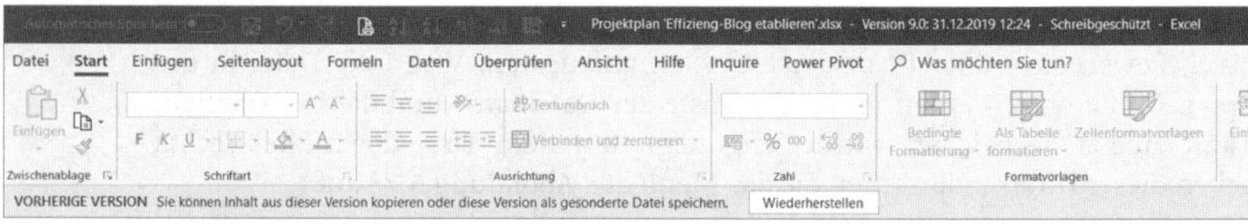

Abb. 6.75: Anzeige einer ausgewählten Version im Programm

... Mich benachrichtigen

Über diesen Menüpunkt können Sie steuern, wie und über welche Änderungen in dieser Datei der Teamwebsite Sie benachrichtigt werden wollen. Die auswählbaren Optionen habe ich in Abschnitt 6.2.10 beschrieben.

... Meine Benachrichtigungen verwalten

Mit diesem Menüpunkt haben Sie die Möglichkeit, weitere Benachrichtigungen für diese Teamwebsite zu erstellen und zu verwalten.

... Auschecken

Eine weitere Funktionalität eines Dokumentenmanagementsystems beherrscht SharePoint ebenfalls: das Aus- und Einchecken von Dokumenten. Das Auschecken von Dokumenten ist immer dann interessant, wenn Sie exklusiv an einer Datei arbeiten wollen, ohne dass andere zeitgleich Änderungen daran vornehmen können.

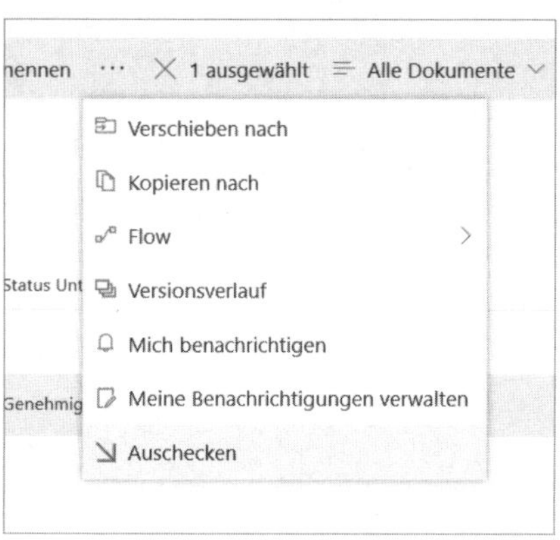

Abb. 6.76: Menüpunkt AUSCHECKEN

Nachdem Sie den Menüpunkt AUSCHECKEN angeklickt haben, wird Ihnen für kurze Zeit ein Bestätigungsfenster angezeigt. Anschließend wird die Datei in der Auflistung rechts neben dem Dateinamen mit dem folgenden Symbol als ausgecheckt dargestellt: .

Diese Information ist für alle sichtbar, die berechtigt sind, mit dieser Teamwebsite zu arbeiten.

Abb. 6.77: Datei ausgecheckt

Zeigt ein Teammitglied mit der Maus auf diese Daten, erscheint ein Fenster, das Auskunft darüber gibt, wer die Datei ausgecheckt hat.

Abb. 6.78: Wer hat die Datei ausgecheckt?

Nachdem Sie die Datei ausgecheckt haben, sind die beiden Menüpunkte EINCHECKEN und AUSCHECKEN VERWERFEN verfügbar.

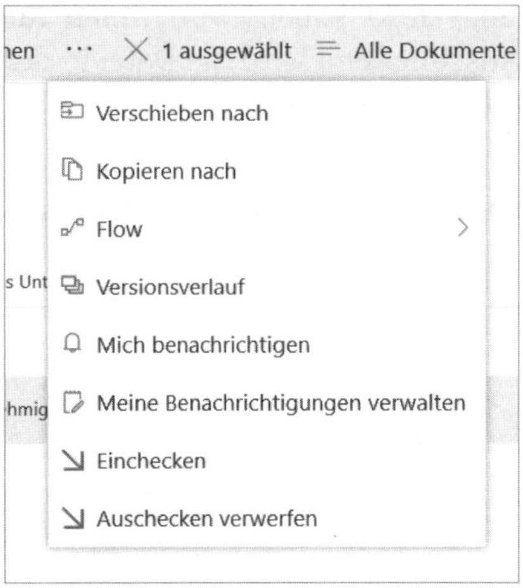

Abb. 6.79: Datei einchecken oder Auschecken verwerfen

Haben Sie den Menüpunkt AUSCHECKEN VERWERFEN gewählt, gehen alle Änderungen, die Sie im ausgecheckten Zustand an der Datei vorgenommen haben, verloren. Sie müssen diesen Vorgang bestätigen.

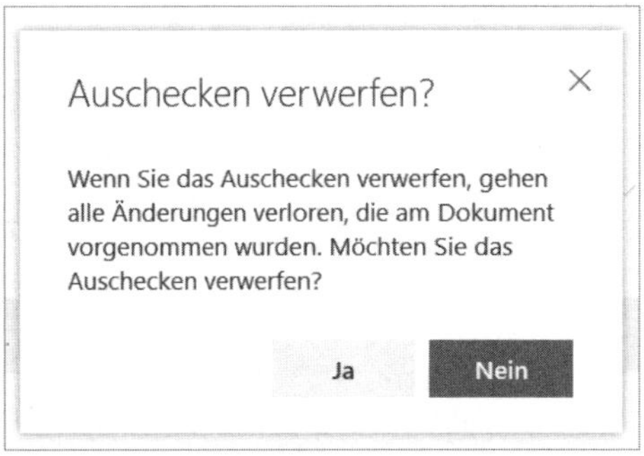

Abb. 6.80: Auschecken verwerfen?

Mit dem Menüpunkt EINCHECKEN checken Sie die Datei wieder ein.

Tipp

Beim Einchecken erscheint ein Fenster, in dem Sie einen Kommentar eingeben können. Ich empfehle Ihnen, die Möglichkeit der Kommentare an dieser Stelle zu nutzen. Der Kommentar, den Sie hier eingeben, erscheint in der Auflistung der Versionen, siehe auch den Abschnitt »... Versionsverlauf«. Dadurch ist leicht zu erkennen, welche Informationen beim Auschecken geändert wurden.

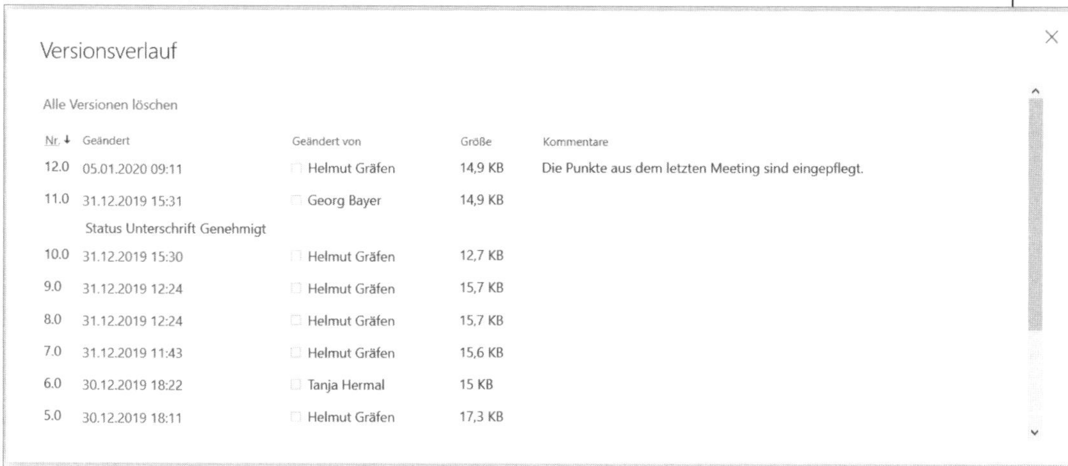
Versionsverlauf

Alle Versionen löschen

Nr. ↓	Geändert	Geändert von	Größe	Kommentare
12.0	05.01.2020 09:11	Helmut Gräfen	14,9 KB	Die Punkte aus dem letzten Meeting sind eingepflegt.
11.0	31.12.2019 15:31	Georg Bayer	14,9 KB	
	Status Unterschrift Genehmigt			
10.0	31.12.2019 15:30	Helmut Gräfen	12,7 KB	
9.0	31.12.2019 12:24	Helmut Gräfen	15,7 KB	
8.0	31.12.2019 12:24	Helmut Gräfen	15,7 KB	
7.0	31.12.2019 11:43	Helmut Gräfen	15,6 KB	
6.0	30.12.2019 18:22	Tanja Hermal	15 KB	
5.0	30.12.2019 18:11	Helmut Gräfen	17,3 KB	

Abb. 6.81: Eingecheckte Datei mit Kommentar

Hinweis

Das 3-Punkte-Menü wird Ihnen nur in der Teamwebsite angeboten. Im Kanalregister DATEIEN steht es nicht zur Verfügung.

Menü »Alle Dokumente«

Die Funktionsweise entspricht der im Menü ALLE DOKUMENTE auf Ordnerebene. Ich habe sie im Abschnitt 6.2.11 detailliert beschrieben.

Menü »Filterbereich öffnen« (Symbol)

Die Funktionsweise entspricht der im Menü FILTERBEREICH ÖFFNEN (Symbol) auf Ordnerebene. Ich habe sie im Abschnitt 6.2.12 detailliert beschrieben.

Menü »Detailbereich öffnen« (Symbol)

Das Menü DETAILBEREICH ÖFFNEN (Symbol) für eine ausgewählte Datei funktioniert genauso wie das Menü auf Ordnerebene (siehe Abschnitt 6.2.13). Die Freigabemöglichkeit und die angezeigten Freigabeinformationen beziehen sich hier allerdings auf die ausgewählte Datei.

Abb. 6.82: Detailbereich für eine ausgewählte Datei

Hinweis

Die nachfolgenden Menüs werden Ihnen nur in der Teamwebsite angeboten. Im Kanalregister DATEIEN stehen sie nicht zur Verfügung.

- SCHNELL BEARBEITEN
- TEILEN
- LINK KOPIEREN
- SYNCHRONISIEREN
- OBEN ANHEFTEN
- FLOW
- VERSIONSVERLAUF
- MICH BENACHRICHTIGEN
- MEINE BENACHRICHTIGUNGEN VERWALTEN
- ALLE DOKUMENTE
- FILTERBEREICH ÖFFNEN
- DETAILBEREICH ÖFFNEN

6.3 Ordner und Dateien aus einem Team mit dem PC synchronisieren

Wenn Sie Ihre Dateien aus Ihrem Team wie gewohnt aus Ihrem Windows-Explorer aufrufen möchten, müssen Sie die Ordner und Dateien aus Office 365 mit Ihrem PC synchronisieren.

Um Office 365 mit dem PC synchronisieren zu können, muss das Synchronisierungsprogramm *OneDrive* installiert sein. Arbeiten Sie mit einem PC, auf dem das Betriebssystem Windows 10 läuft, ist dieses Programm bereits vorhanden. Ist das nicht der Fall, müssen Sie Ihre IT bitten, Ihnen OneDrive zu installieren.

Ob OneDrive installiert ist, sehen Sie in Ihrer Taskleiste ganz rechts.

Abb. 6.83: OneDrive wird durch eine Wolke dargestellt.

In der Abbildung sehen Sie zwei Wolken: Die blaue Wolke steht immer für einen Office-365-Account, die weiße Wolke für einen privaten Cloud-Account bei Microsoft.

Wird die Wolke für den Office-365-Account nicht blau, sondern grau mit einem roten Schrägstrich durch die Wolke angezeigt, bedeutet dies, dass Sie bei dem Synchronisierungsprogramm nicht mit Ihrem Office-365-Account angemeldet sind. Mit einem Klick auf die Wolke gelangen Sie in das Anmeldefenster.

Wichtig

Ohne eine Anmeldung beim Synchronisierungsprogramm findet keine Synchronisierung statt.

Die Synchronisierung der Cloud-Daten wird immer auf der Ebene Ihres Accounts durchgeführt. Arbeiten Sie mit mehreren Accounts, sehen Sie nach dem Synchronisieren auch mehrere synchronisierte Bereiche in Ihrem Windows-Explorer.

Abbildung 6.84 zeigt die Synchronisierungssituation auf meinem Rechner. Ich arbeite mit zwei Cloud-Accounts und es sind drei Synchronisierungsbereiche zu sehen. Der Synchronisierungsbereich für den privaten Cloud-Account wird immer mit ONEDRIVE – PERSONAL bezeichnet.

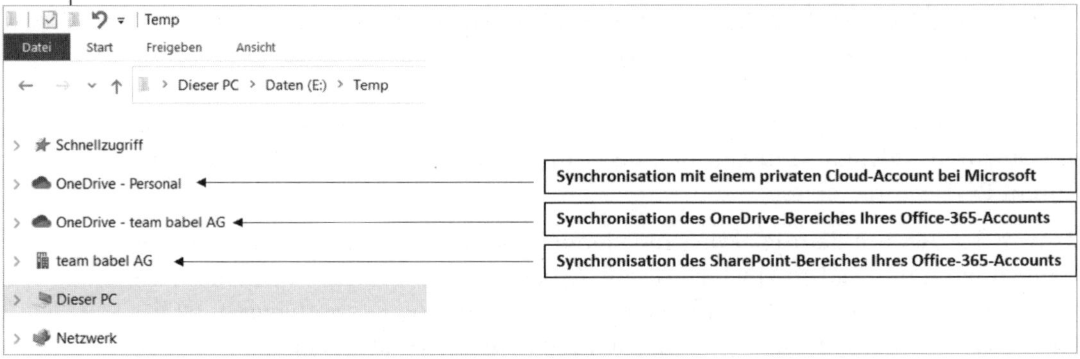

Abb. 6.84: Verschiedene Synchronisierungsbereiche im Windows-Explorer

Der geschäftliche Office-365-Account zeigt immer den Unternehmensnamen an und teilt sich in zwei Synchronisierungsbereiche auf – in diesem Fall ONEDRIVE – TEAM BABEL AG und TEAM BABEL AG.

OneDrive – team babel AG

Hier sind die synchronisierten Ordner und Dateien aus Ihrem OneDrive-Bereich in Office 365 zu sehen.

team babel AG

In diesem Synchronisierungsbereich werden die synchronisierten Ordner und Dateien aus Ihrem SharePoint-Bereich aufgeführt.

> **Wichtig**
>
> Ihr OneDrive wird sofort automatisch und komplett synchronisiert, sobald Sie sich beim Synchronisierungsprogramm angemeldet haben.
>
> Die automatische Synchronisierung Ihrer Ordner und Dateien aus einer Teamwebsite in SharePoint muss standardmäßig manuell von Ihnen einmalig eingerichtet werden (siehe Abschnitt 6.3.1).

6.3.1 Synchronisierung einer Teamwebsite in SharePoint

Zur Vorbereitung der Synchronisierung klicken Sie in der Dokumentenbibliothek Ihrer Teamwebsite auf die oberste Ebene, die durch das Wort DOKUMENTE repräsentiert wird. Anschließend wird Ihnen die komplette Ordnerstruktur der Dokumentenbibliothek angezeigt:

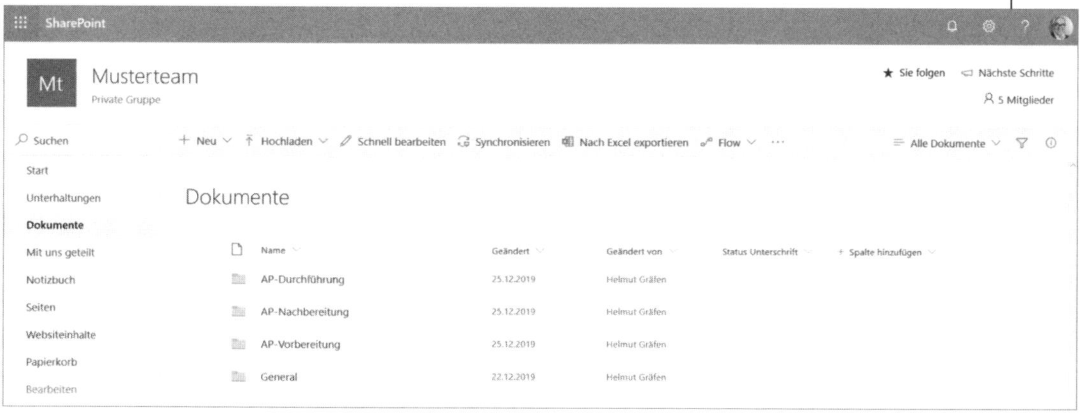

Abb. 6.85: Oberste Ebene der Dokumentenbibliothek

Wenn Sie auf den Menüpunkt SYNCHRONISIERUNG klicken, sehen Sie einen Bildschirm wie in Abbildung 6.86.

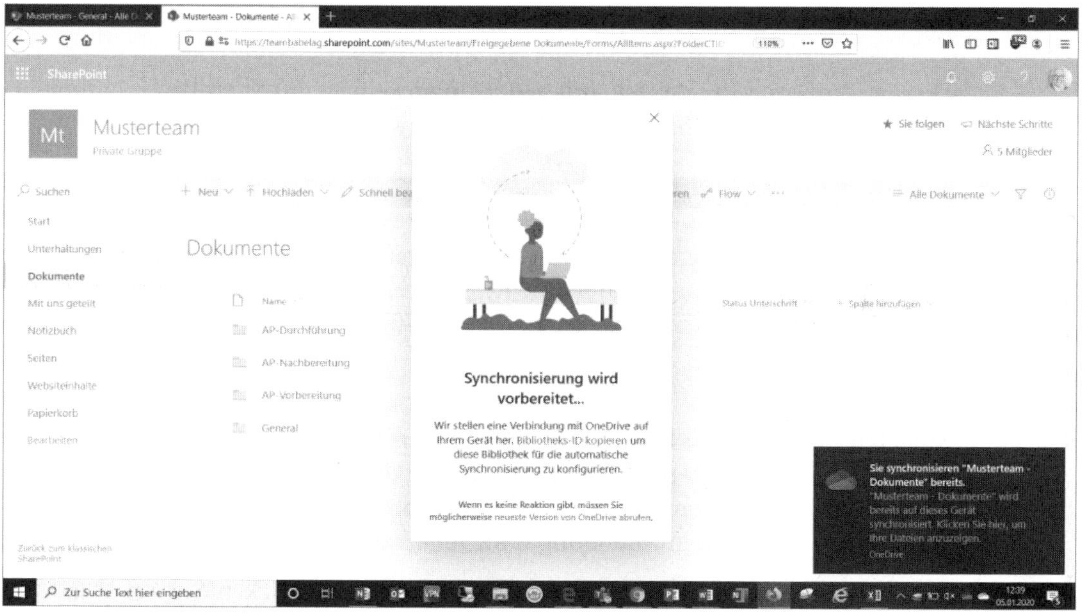

Abb. 6.86: Teamwebsite wird mit dem Windows-Explorer synchronisiert.

Sollte sich das Fenster *Synchronisierung wird vorbereitet* nicht automatisch schließen, können Sie es selbst schließen. Das hat keine negativen Konsequenzen.

Rufen Sie jetzt Ihren Windows-Explorer auf. Sie sehen, dass die Teamwebsite *Musterteam* jetzt mit Ihrem PC synchronisiert ist.

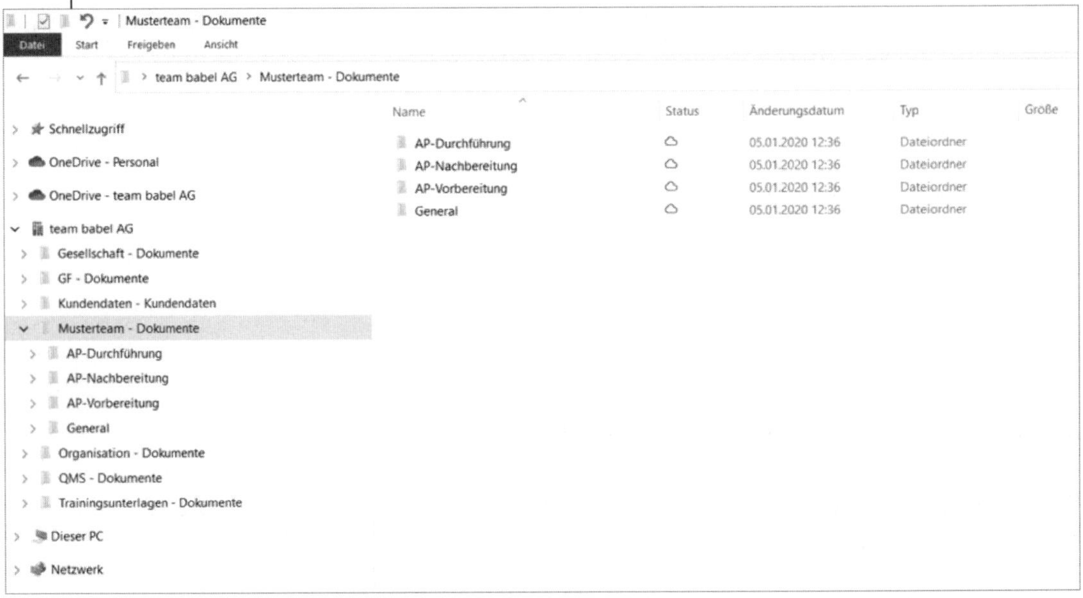

Abb. 6.87: Synchronisierte Teamwebsite *Musterteam* im Windows-Explorer

Diesen Prozess müssen Sie mit jeder Teamwebsite in SharePoint (einmalig) durchführen, die mit Ihrem PC synchronisiert werden soll.

Vorsicht

Die Synchronisierung der Office-365-Daten mit Ihrem PC bedeutet immer: Löschen Sie im Windows-Explorer eine Ressource, so wird diese Ressource auch in der Cloud gelöscht, und umgekehrt. Das gilt auch für das Erstellen und Ändern von Ressourcen.

Möchten Sie die Daten Ihres Office-365-Accounts nicht mehr mit dem Windows-Explorer synchronisieren, klicken Sie rechts auf das Wolkensymbol in der Taskleiste und wählen aus dem Menü den Punkt EINSTELLUNGEN aus. Daraufhin wird Ihnen ein Fenster wie in Abbildung 6.88 angezeigt.

Sie befinden sich im Register KONTO. Im ersten Block klicken Sie auf VERKNÜPFUNG DIESES PCS AUFHEBEN. Die Synchronisierung wird eingestellt, Sie werden mit Ihrem Account vom Synchronisierungsclient abgemeldet und die beiden Synchronisierungsbereiche für Ihren OneDrive-Bereich und SharePoint-Bereich werden aus dem Windows-Explorer entfernt.

Abb. 6.88: Einstellungen des Synchronisierungsclients

Im zweiten Block des Einstellungsfensters werden die synchronisierten Speicherorte einzeln aufgeführt. Wenn Sie die Synchronisierung nur für eine der synchronisierten Teamwebsites aufheben möchten, klicken Sie bei der entsprechenden Teamwebsite ganz rechts auf die Schaltfläche SYNCHRONISIERUNG BEENDEN.

Wenn Sie die aktuelle Version des Synchronisierungsclients installiert haben, wird im Windows-Explorer eine Statusspalte angezeigt.

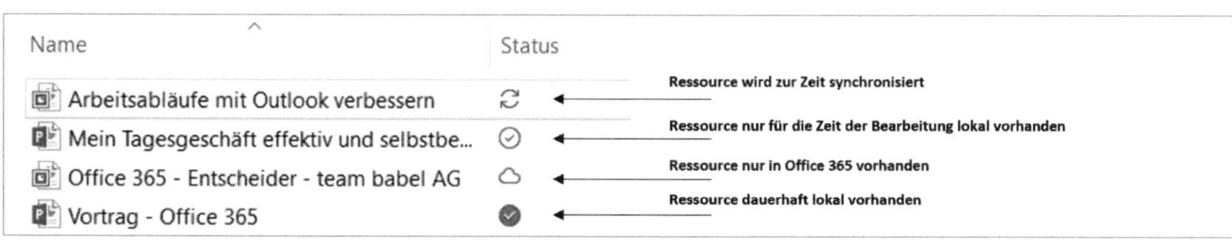

Abb. 6.89: Synchronisierungsstatus einer Ressource

Ressource wird zur Zeit synchronisiert

Das Symbol wird nur für die Zeit des aktiven Synchronisierungsprozesses angezeigt.

Ressource nur für die Zeit der Bearbeitung lokal vorhanden

Die Ressource wird für die Zeit der Bearbeitung lokal auf den PC geladen. Klicken Sie auf eine Ressource doppelt, wird zuerst das Synchronisierungssymbol und anschließend der grüne Haken in weißem Kreis angezeigt.

Ressource nur in Office 365 vorhanden

Dieser Synchronisierungsstatus zeigt Ihnen, dass die Ressource nur online verfügbar ist. Sind Sie nicht mit Ihrer Cloud verbunden, kann diese Ressource nicht abgerufen werden.

Ressource dauerhaft lokal vorhanden

Möchten Sie eine Ressource offline mit Ihrem PC bzw. Notebook bearbeiten, klicken Sie mit der rechten Maus auf die gewünschte Datei oder den gewünschten Ordner und wählen Sie aus dem Kontextmenü den Punkt IMMER BEHALTEN AUF DIESEM GERÄT aus. Die Ressource ist dann auch verfügbar, wenn sie nicht mit Ihrer Cloud verbunden sind. Sie wird so lange auf dem Gerät gespeichert, bis Sie aus dem Kontextmenü dieser Ressource den Punkt SPEICHERPLATZ FREIGEBEN wählen.

Kapitel 7

Aufgabenmanagement innerhalb eines Teams (Schritt 6)

7.1 Die verschiedenen Aufgabentools

Office 365 bietet vier verschiedene Tools bzw. Apps, um Aufgaben zu managen:

- *To-Do*
- *Outlook*
- *Planner*
- *SharePoint Aufgaben*

Es unterscheidet bei diesen Tools zwischen Aufgaben, die in einem Team- und/oder Projektkontext entstehen, und Ihren persönlichen Aufgaben. Ob Sie in Ihrem Team mit dem Planner oder SharePoint Aufgaben arbeiten möchten, sollten Sie entscheiden, bevor die Teammitglieder mit ihrer Arbeit beginnen. In Abschnitt 7.6 finden Sie zur Erleichterung dieser Entscheidung eine Gegenüberstellung.

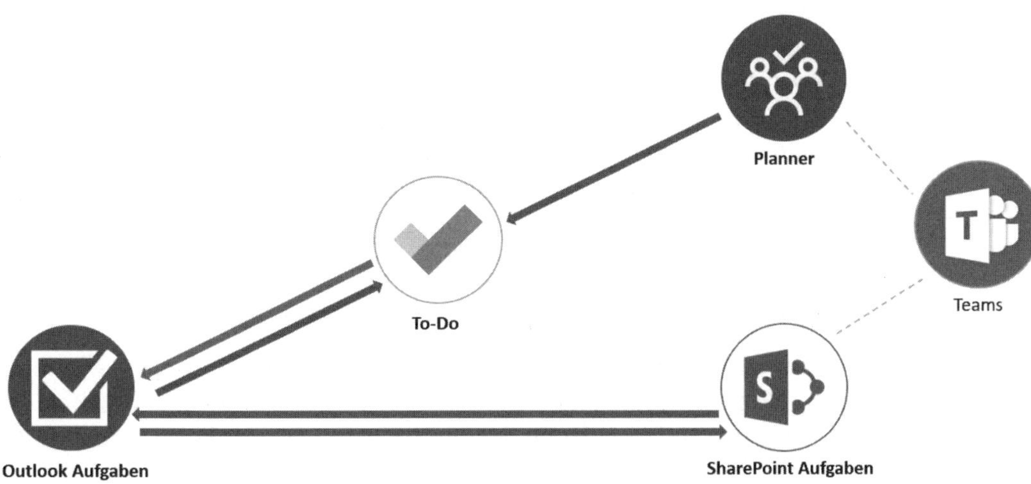

Abb. 7.1: Kommunikation der Aufgabentools in Office 365

Persönliche Aufgaben

Mit den Apps To-Do und Outlook verwalten Sie Ihre persönlichen Aufgaben (siehe Abschnitt 7.2 und Abschnitt 7.3).

Teamaufgaben

Planner ist die App, mit der die Aufgaben in einem Team abgebildet werden (siehe Abschnitt 7.4).

Projektaufgaben

Wer für das Verwalten der Aufgaben in seinem Team Darstellungen wie Vorgänger- und Nachfolgeraufgaben oder Gantt-Diagramme zwingend benötigt, muss auf die SharePoint Aufgaben zurückgreifen. Mit Vorgänger- und Nachfolgeraufgaben lassen sich die Abhängigkeiten von Aufgaben darstellen. Die anderen Aufgaben-Apps können *out of the box* sofort genutzt werden, die Aufgabenbearbeitung in SharePoint dagegen erfordert einen gewissen Einrichtungsaufwand. Mehr Information dazu finden Sie in Abschnitt 7.5.

Integration in MS Teams

Nur die beiden Tools Planner und die SharePoint Aufgaben lassen sich über Registerkarten direkt in MS Teams einbinden. Mehr Information dazu finden Sie den Abschnitten 7.5.5 und 10.2.

Hinweis

Zurzeit ist es leider nicht möglich, die App To-Do mit Ihren persönlichen Aufgaben in MS Teams einzubinden. Microsoft hat aber angekündigt, diese Funktionalität Mitte 2020 in MS Teams zu integrieren. Sie können die App jedoch trotzdem zur Selbstorganisation nutzen, da die Aufgabentools untereinander kommunizieren.

7.1.1 Kommunikation der Aufgabentools untereinander

Einige der Aufgabentools kommunizieren miteinander und versetzen Sie so zum Beispiel in die Lage, in der App Planner oder in den SharePoint Aufgaben zugewiesene Aufgaben auch in Ihrer persönlichen Aufgabenliste zu sehen und zu bearbeiten.

Planner und To-Do

Wird im Planner eine Aufgabe eingetragen und Ihnen zugewiesen, ist diese Aufgabe auch in Ihrer persönlichen Aufgabenliste in To-Do zu sehen. Unabhängig davon, ob ein Teammitglied Ihnen die Aufgabe zugewiesen hat oder Sie selbst sich diese Aufgabe zugewiesen haben.

Wichtig

Im Planner ist es auch möglich, Aufgaben anzulegen, diese aber nicht einer Person zur Bearbeitung zuzuweisen. Solange die Aufgabe keiner Person zugewiesen ist, erscheint sie auch nicht in der persönlichen To-Do-Aufgabenliste eines Teammitgliedes.

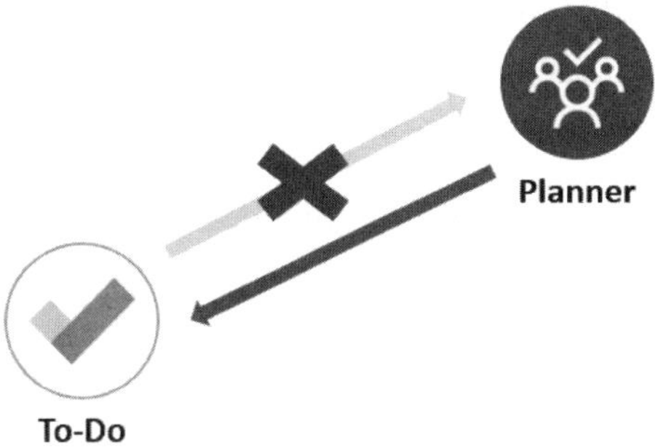

Abb. 7.2: Kommunikation zwischen Planner und To-Do

Die Kommunikation findet immer nur in eine Richtung statt:

- Planner schreibt Aufgaben in To-Do.
- To-Do schreibt jedoch keine Aufgaben in Planner, da To-Do nur der Organisation Ihrer persönlichen Aufgaben dient.

To-Do und Outlook

Diese beiden Aufgabentools kommunizieren bidirektional miteinander.

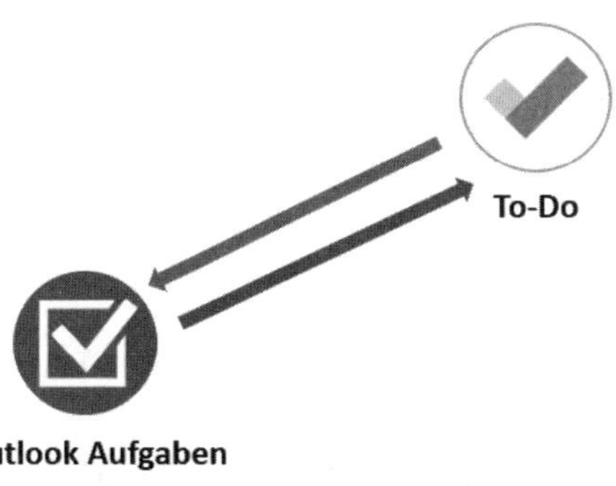

Abb. 7.3: Outlook und To-Do kommunizieren bidirektional.

- Aufgaben, die Sie in To-Do anlegen, werden automatisch in dem Outlook angezeigt, das auf Ihrem PC installiert ist.
- Aufgaben, die Sie im installierten Outlook anlegen, werden automatisch in To-Do angezeigt.
- Änderungen an Aufgaben gleichen die beiden Tools untereinander ab.

Wichtig

Die Aufgaben in To-Do, die aus Planner kommen, werden leider **nicht** in den Outlook Aufgaben angezeigt. Das halte ich für einen groben Designfehler und hoffe, dass Microsoft diesen unschönen Zustand mittelfristig bereinigt.

Planner und Outlook

Die Apps Planner und Outlook kommunizieren **nicht** miteinander.

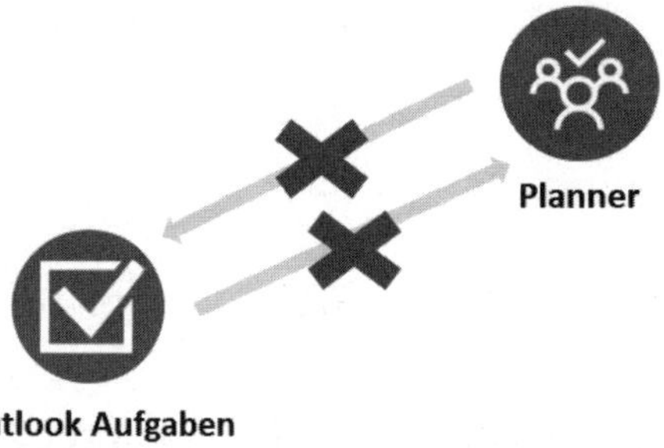

Abb. 7.4: Planner und Outlook kommunizieren nicht miteinander.

Outlook und SharePoint Aufgaben

Outlook und die SharePoint Aufgaben kommunizieren bidirektional miteinander.

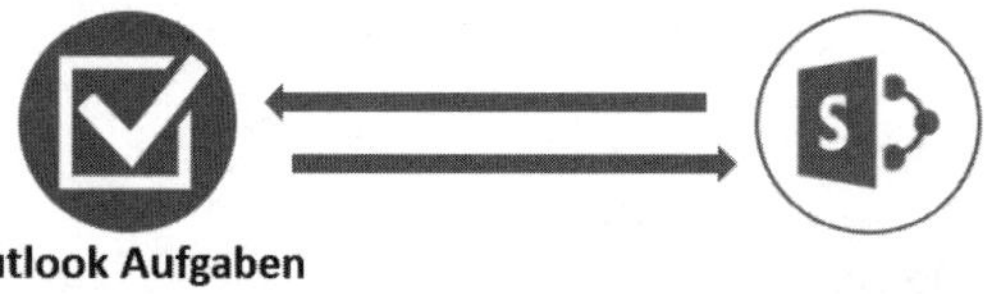

Abb. 7.5: Outlook und SharePoint kommunizieren bidirektional.

- Aufgaben, die Sie im installierten Outlook anlegen, werden automatisch in den SharePoint Aufgaben angezeigt.
- Aufgaben, die Sie in den SharePoint Aufgaben anlegen, werden automatisch im installierten Outlook angezeigt.
- Änderungen an Aufgaben gleichen die beiden Tools untereinander ab.

Wichtig

Diese Synchronisierung zwischen Outlook und den SharePoint Aufgaben müssen Sie einmal manuell in SharePoint einrichten (siehe Abschnitt 6.3.1).

Vorsicht

Löschen Sie in Outlook eine Aufgabe aus SharePoint, wird diese automatisch auch in SharePoint gelöscht und umgekehrt.

Planner und SharePoint Aufgaben

Die SharePoint Aufgaben und Planner kommunizieren **nicht** miteinander.

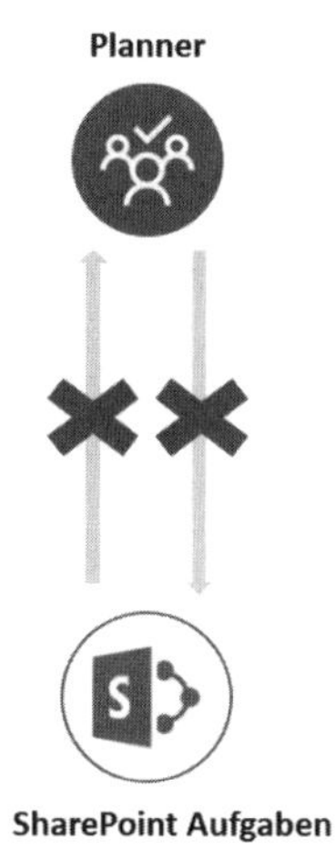

Abb. 7.6: Planner und die SharePoint Aufgaben kommunizieren nicht miteinander.

7.2 Die App »To-Do«

Ursprünglich war To-Do lediglich dafür gedacht, die eigenen persönlichen Aufgaben zu verwalten. Die App entwickelt sich aber zunehmend zu einer Art Schaltzentrale im Kosmos der Office-365-Aufgabenverwaltungstools. Wie bereits zuvor erwähnt, sehen Sie in To-Do unter anderem auch die Aufgaben aus dem Planner, die Ihnen zur Bearbeitung zugewiesen wurden.

Da Microsoft im Laufe des Jahres 2019 den herkömmlichen Aufgabenbereich in der Webversion von Outlook durch die App To-Do ersetzt hat, erreicht man To-Do zum einen über die App aus dem Office-365-Startbildschirm und zum anderen über Outlook in der linken Navigationsleiste rechts unten.

Abb. 7.7: Benutzeroberfläche von To-Do

To-Do gliedert die Aufgaben in der Navigation links in die folgenden Bereiche:

- MEIN TAG
- WICHTIG
- IHNEN ZUGEWIESEN
- GEKENNZEICHNETE E-MAIL
- AUFGABEN
- MEINE AUFGABEN

Mein Tag

Hier können Sie sich aus den Bereichen IHNEN ZUGEWIESEN und AUFGABEN Ihr Arbeitspaket für den jeweils aktuellen Tag zusammenstellen. Klicken Sie dazu mit Rechtsklick auf die gewünschte Aufgabe und wählen Sie aus dem Kontextmenü den Menüpunkt ZU „MEIN TAG" HINZUFÜGEN.

Wichtig

Die Aufgaben, die Sie über das Kontextmenü mit dem Menüpunkt ALS WICHTIG MARKIEREN gekennzeichnet haben, werden in diesem Bereich angezeigt.

Ihnen zugewiesen

In diesem Bereich sehen Sie die Aufgaben, die Ihnen aus Planner zugewiesen wurden.

Mit einem Klick auf die Aufgabe wird auf der rechten Seite eine Leiste mit Detailinformationen zur ausgewählten Aufgabe angezeigt. Mit der Schaltfläche IN PLANNER ÖFFNEN können Sie sich die Aufgabe in der App Planner anzeigen lassen.

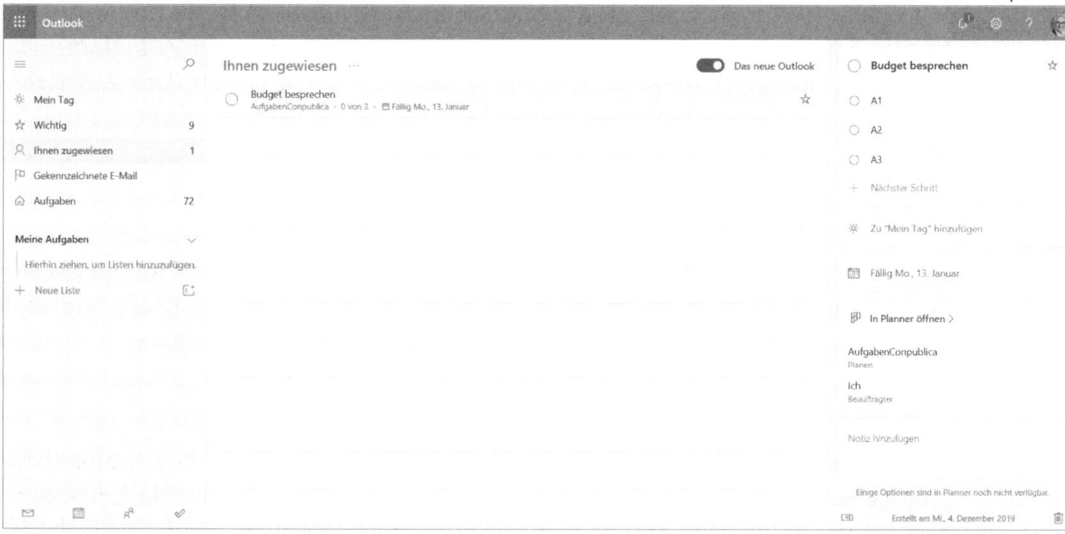

Abb. 7.8: Ihnen über Planner zugewiesene Aufgaben

Gekennzeichnete E-Mail

Hier werden Ihnen die E-Mails angezeigt, die Sie in Outlook mit einem Fähnchen gekennzeichnet haben.

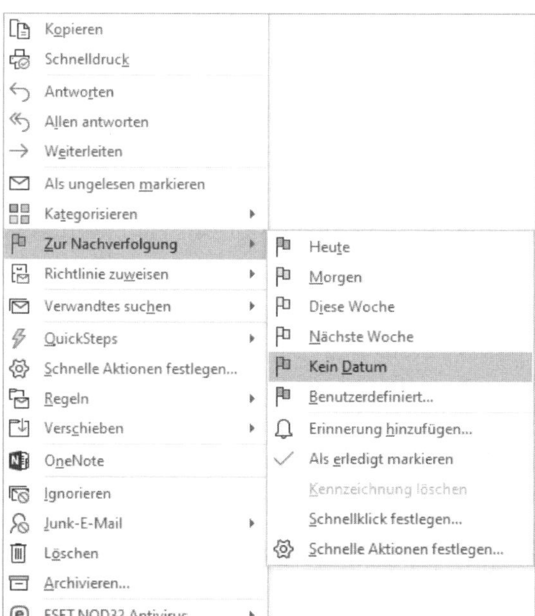

Abb. 7.9: In Outlook E-Mails zur Nachverfolgung kennzeichnen

Mit einem Rechtsklick auf eine E-Mail in Outlook öffnet sich das Kontextmenü für die E-Mail. Beim Zeigen mit der Maus auf den Menüpunkt ZUR NACHVERFOLGUNG wird das Untermenü angezeigt (siehe Abbildung 7.9). Das Zuweisen mit den Auswahlmöglichkeiten HEUTE bis KEIN DATUM erzeugt einen Eintrag in To-Do.

Aufgaben

Die Aufgaben, die Sie hier in To-Do oder im installierten Outlook eintragen, werden in diesem Bereich angezeigt. Der Bereich AUFGABEN in der To-Do-App und die Aufgaben im installierten Outlook gleichen sich automatisch ab.

Meine Aufgaben

Hier können Sie Ihre Aufgaben aus dem Bereich AUFGABEN in Listen organisieren. Über die Schaltfläche NEUE LISTE erzeugen Sie eine Liste, die Sie frei benennen können. Über das Kontextmenü einer Aufgabe können Sie die Aufgabe in diese Liste verschieben oder kopieren.

Tipp

Die Liste, die Sie erstellt haben, wird Ihnen als eigene Gruppe in den Aufgaben des installierten Outlooks angezeigt. Die erzeugte Liste können Sie so über das Kontextmenü der Liste für andere Personen mit einem Office-365-Account freigeben.

To-Do ist auch als mobile App verfügbar, sowohl für Android als auch für iOS. Alle, die ein iPhone nutzen, bekommen damit endlich eine leistungsstarke Aufgaben-App, die unproblematisch mit Outlook aus Office 365 kommuniziert.

To-Do kann auf einem Windows-10-PC aus dem Microsoft Store als App heruntergeladen und installiert werden.

7.3 »Outlook Aufgaben«

Outlook kann in zwei Ausführungen genutzt werden:

- Als installiertes Programm auf dem PC
- Als Webversion von Office 365

Rund um das Thema Aufgabennutzung ist es wichtig zu wissen, dass Microsoft im Laufe des Jahres 2019 den herkömmlichen Aufgabenbereich in der Webversion von Outlook durch die App To-Do ersetzt hat. Im installierten Outlook dagegen wird immer noch mit dem herkömmlichen Aufgabenbereich, den Sie vielleicht auch schon nutzen, gearbeitet.

7.3.1 Aufgabenverwaltung im installierten Office-Programm Outlook

An der Aufgabenverwaltung im installierten Outlook hat sich seit der Einführung der App To-Do nichts geändert. Die herkömmlichen Aufgaben im installierten Outlook und der Bereich AUFGABEN in To-Do kommunizieren bidirektional miteinander.

Sollten Sie bisher Ihre Aufgaben noch analog in einer Kladde oder einem Collegeblock verwalten, ist es mit der Einführung von MS Teams mehr als eine Überlegung wert, stattdessen künftig auch die Aufgaben in Outlook zu nutzen. Ein großer Vorteil der Outlook Aufgaben ist es, dass Sie eine Aufgabe an eine andere Person übertragen können und eine Aufgabe von einer anderen Person übertragen bekommen können. Übertragen Sie eine Aufgabe an eine andere Person, so haben Sie die Möglichkeit, eine Kopie dieser Aufgabe in Ihrem Aufgabenbereich in Outlook zu behalten. Die übertragene Aufgabe und die Kopie sind dynamisch miteinander verbunden. Jede Änderung, die in der übertragenen Aufgabe vorgenommen wird, wird automatisch und ohne Ihr weiteres Zutun in Ihre Kopie übertragen. Wenn die Aufgabe erledigt wurde, wird auch Ihre Kopie als erledigt dargestellt. Das Verwenden dieser Funktionalität erspart viele Statusnachfragen per Telefon, Mail oder Chat.

Wichtig

Das Übertragen und Übernehmen von Aufgaben in Outlook wird nur im installierten Outlook angeboten. In der Webversion von Outlook steht diese Funktionalität nicht zur Verfügung.

Aufgaben in Outlook können durch Nutzung von Kategorien, Fälligkeiten und Zuständigkeiten in Ansichten gruppiert und strukturiert darstellt werden.

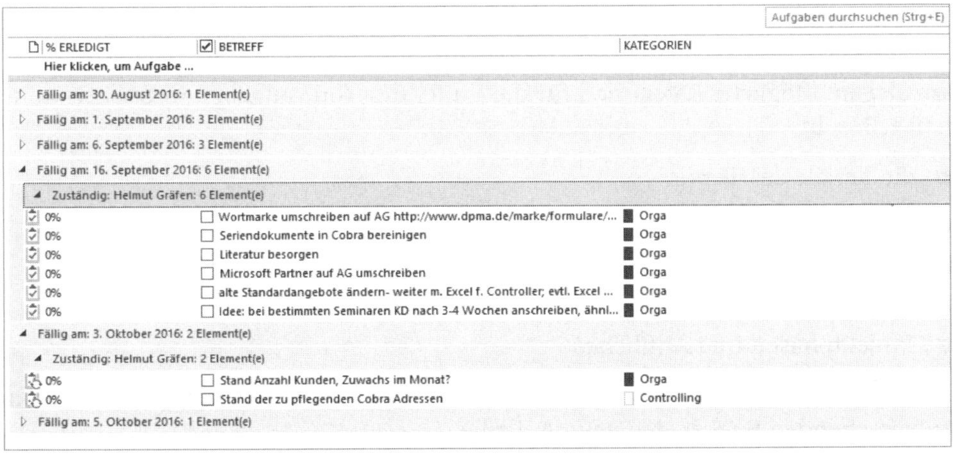

Abb. 7.10: Beispiel einer gruppierten Aufgabenansicht

7.3.2 Aufgabenverwaltung in der Outlook-Webversion von Office 365

Die Webversion von Outlook arbeitet nicht mehr mit den herkömmlichen Outlook Aufgaben. Stattdessen ist dort die App To-Do integriert. Klicken Sie in der Webversion von Outlook auf das Aufgabensymbol, wird Ihnen automatisch die To-Do-App angezeigt. Die Funktionalitäten von To-Do habe ich in Abschnitt 7.2 beschrieben.

7.4 Die App »Planner«

Wie die App Planner als Registerkarte in den Kanal eines Teams eingebunden werden kann, beschreibe ich in Abschnitt 10.2. Hier möchte ich nun zunächst die Funktionalitäten der App etwas näher beleuchten.

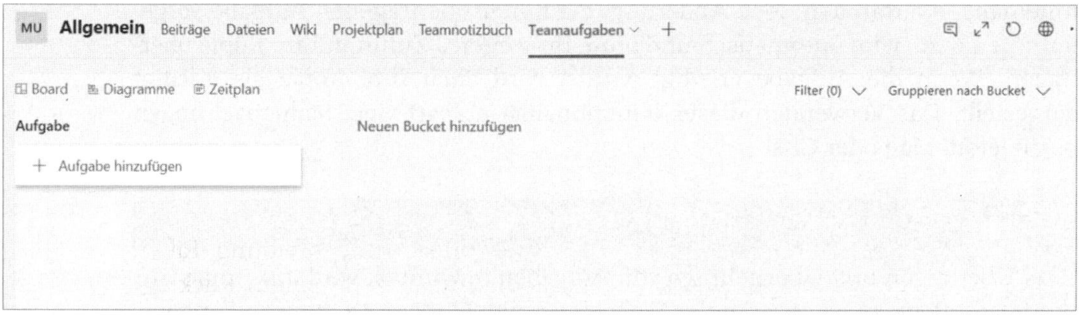

Abb. 7.11: Planner in MS Teams eingebunden (hier als Register TEAMAUFGABEN)

Der Planner arbeitet mit dem Kanban-Ansatz. Kanban ist eine Methode, die z.B. zu erledigende Arbeiten übersichtlich darstellt und einen schnellen Überblick über den Status der Arbeiten gibt. Der Planner ist in sogenannten Buckets (Spalten) organisiert. Standardmäßig gibt es bereits einen Bucket mit dem Namen AUFGABE. Mit einem Klick auf den Namen können Sie diesen ändern. Klicken Sie auf die Schaltfläche NEUEN BUCKET HINZUFÜGEN, um einen neuen Bucket (Spalte) anzulegen. Mögliche Kategorien für die Einteilung von Aufgaben in Buckets können z.B. sein:

- die Kanäle des Teams
- Sparten
- Themen
- Projekte
- Projektphasen und Ähnliches

Mit einem Klick auf die Schaltfläche AUFGABE HINZUFÜGEN erzeugen Sie in dem entsprechenden Bucket eine neue Aufgabe.

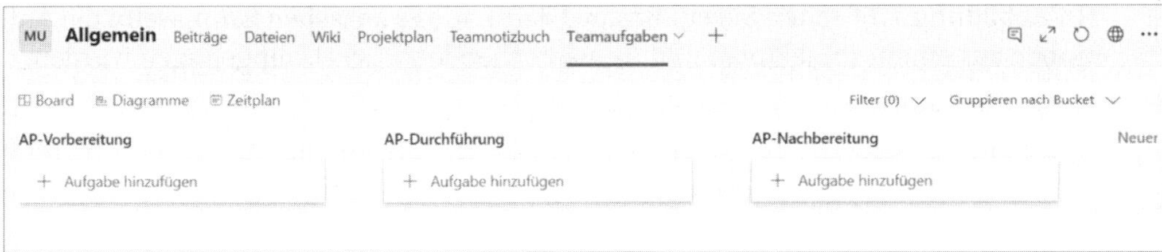

Abb. 7.12: Buckets im Planner

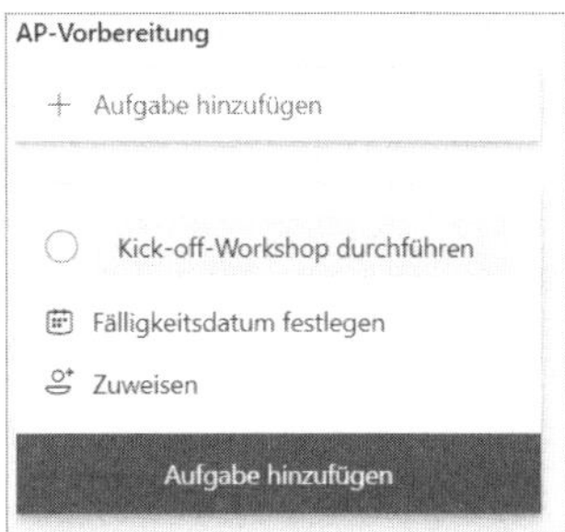

Abb. 7.13: Aufgabe in Planner hinzufügen

Nach Eingabe aller relevanten Informationen, wie Aufgabenbeschreibung, Fälligkeitsdatum und Verantwortlicher, erstellen Sie die Aufgabe mit einem Klick auf die Schaltfläche AUFGABE HINZUFÜGEN.

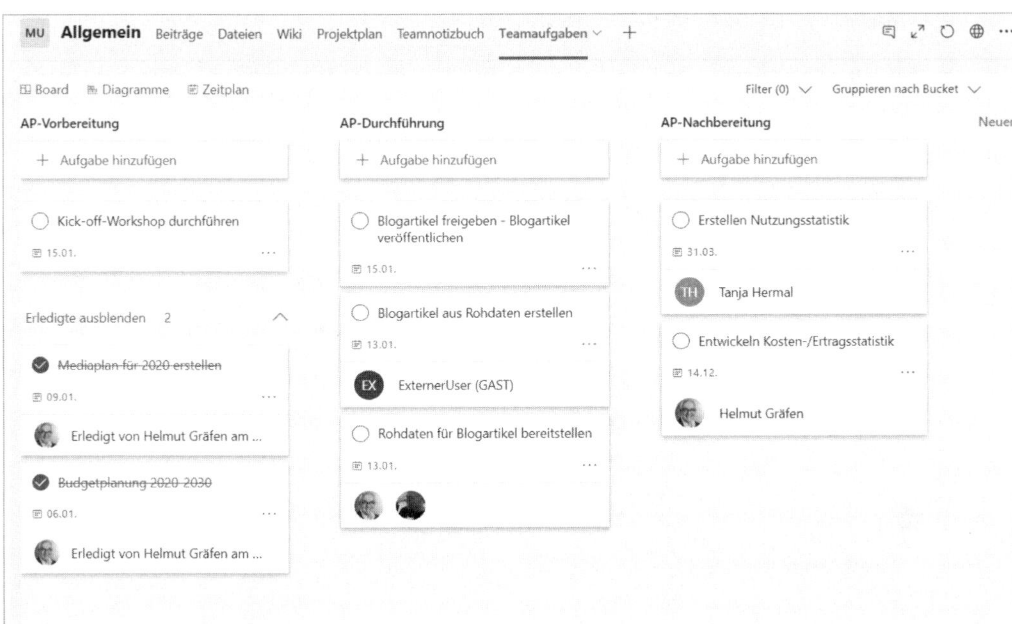

Abb. 7.14: Aufgaben im Planner

In Abbildung 7.14 sehen Sie ein Beispiel dafür, wie es aussehen kann, wenn die Aufgaben aus einem Projektplan in die entsprechenden Buckets eingetragen wurden.

Standardmäßig wird die Ansicht der Aufgaben nach Buckets gruppiert. Mit einem Klick auf die Schaltfläche GRUPPIEREN NACH BUCKET erhalten Sie eine Auflistung mit weiteren Gruppierungsmöglichkeiten.

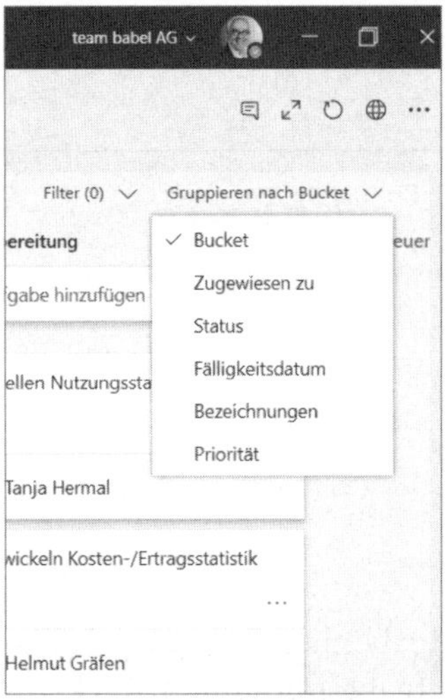

Abb. 7.15: Weitere Gruppierungsoptionen

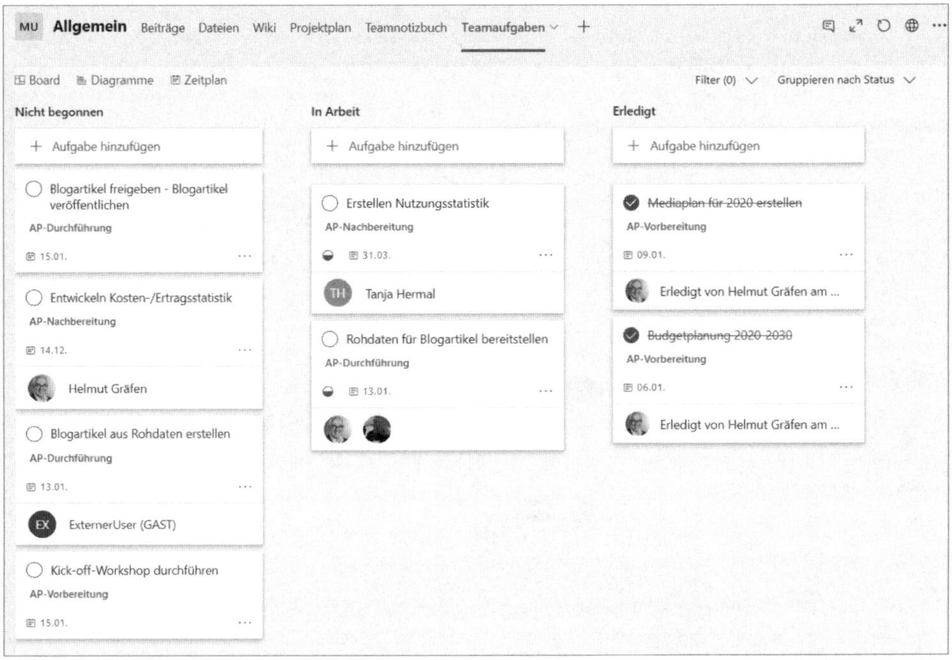

Abb. 7.16: Aufgaben gruppiert nach Status

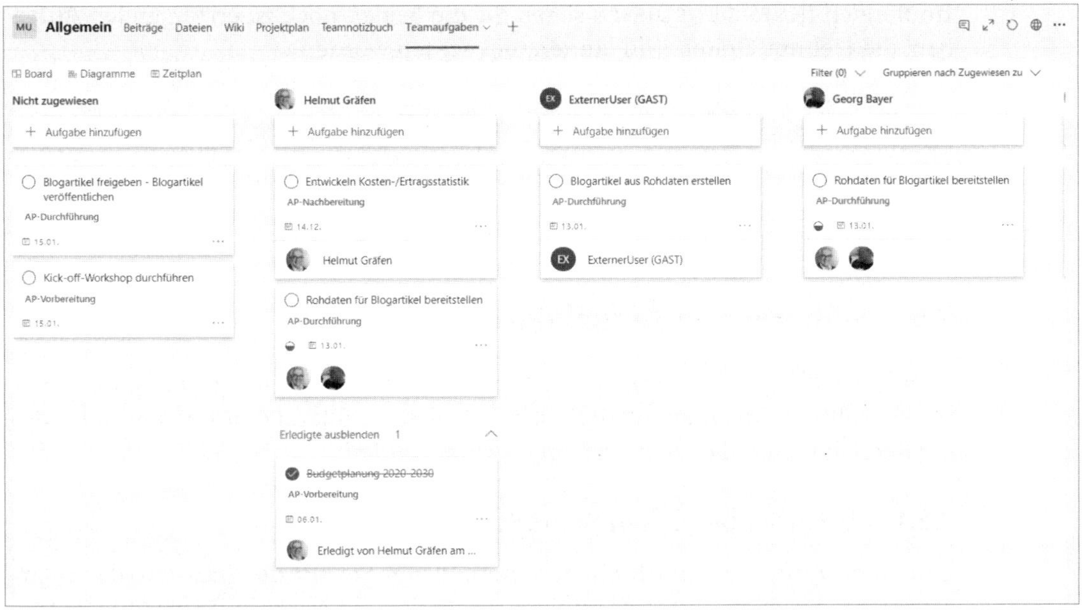

Abb. 7.17: Aufgaben gruppiert nach ZUGEWIESEN ZU

Die Aufgaben können mit Drag&Drop zwischen den Buckets beliebig verschoben werden.

Dem Benutzer Helmut Gräfen wurden in diesem Beispiel drei Aufgaben im Planner zugewiesen. Eine dieser Aufgabe ist bereits erledigt. Abbildung 7.18 zeigt die App To-Do dieses Benutzers.

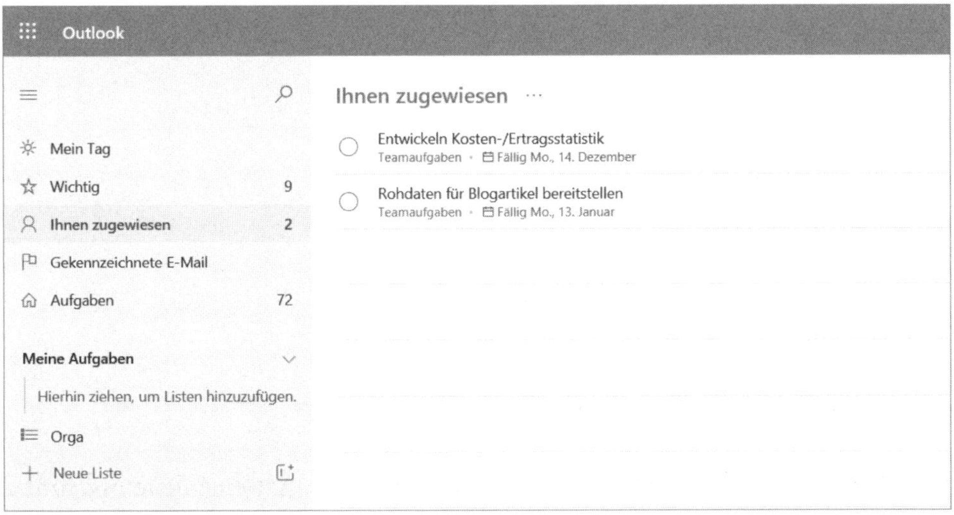

Abb. 7.18: Zugewiesene Aufgaben aus Planner in To-Do

Im Bereich IHNEN ZUGEWIESEN sehen Sie die beiden noch zu erledigenden Aufgaben, die Helmut Gräfen im Planner zugewiesen wurden.

Wichtig

Die Person, der eine Aufgabe zugewiesen wurde, wird automatisch per E-Mail darüber benachrichtigt.

7.5 »SharePoint Aufgaben«

Standardmäßig verfügt eine Teamwebsite auf SharePoint nicht über eine Aufgabenverwaltung. Möchten Sie dennoch Aufgaben in SharePoint nutzen, muss dieser Bereich manuell erstellt und eingerichtet werden.

7.5.1 Aufgabenbereich in SharePoint einrichten

Um einen Aufgabenbereich einzurichten, gehen Sie auf die Startseite der Teamwebsite und wählen dort in der linken Navigation die Auswahl WEBSITEINHALTE.

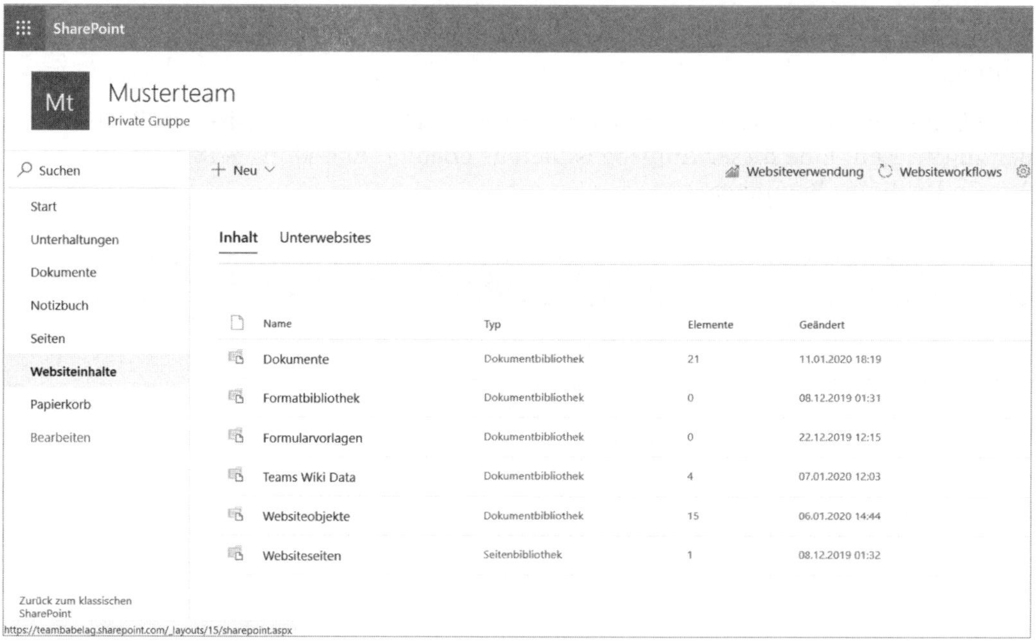

Abb. 7.19: Startseite der Teamwebseite *Musterteam*

Fügen Sie anschließend über das Drop-down-Menü NEU|APP eine neue App hinzu (Abbildung 7.20).

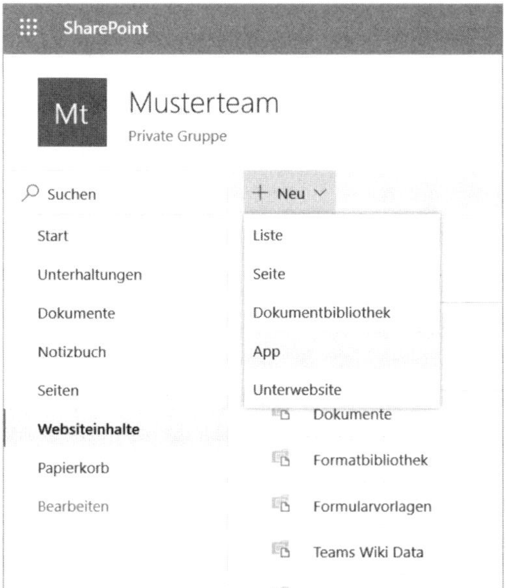

Abb. 7.20: Neue App erzeugen

Nachdem Sie den Menüpunkt App angeklickt haben, erscheint ein Auswahlfenster mit verschiedenen Apps.

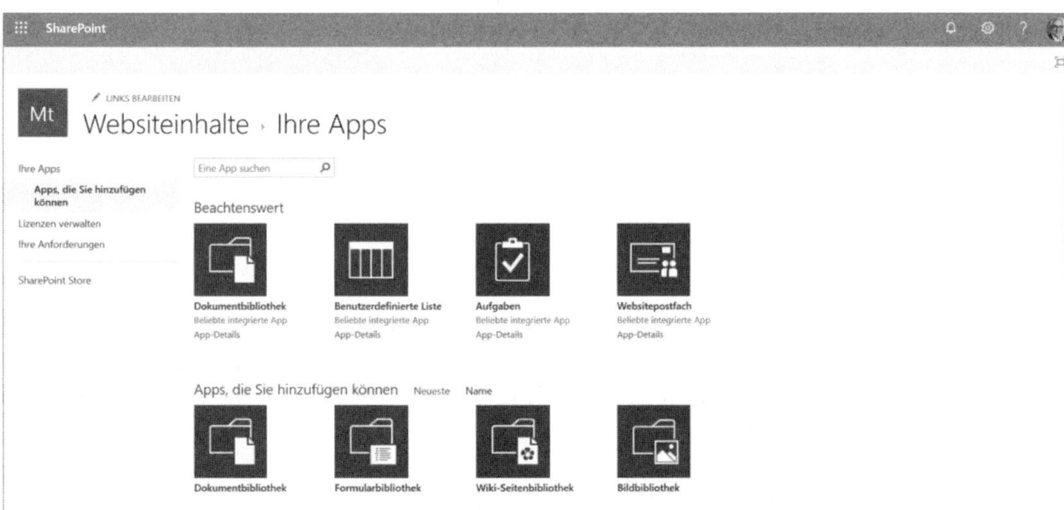

Abb. 7.21: Auswahl an Apps, die erzeugt werden können

Nachdem Sie auf die Kachel Aufgaben geklickt haben, vergeben Sie einen Namen für den Aufgabenbereich in der Teamwebsite.

Abb. 7.22: Einen Aufgabenbereich in SharePoint hinzufügen

Der erstellte Aufgabenbereich wird Ihnen nun in der Auflistung der Websiteinhalte angezeigt. Nach einem Klick auf den Eintrag PROJEKTAUFGABEN gelangen Sie in die Aufgabenbearbeitung in SharePoint.

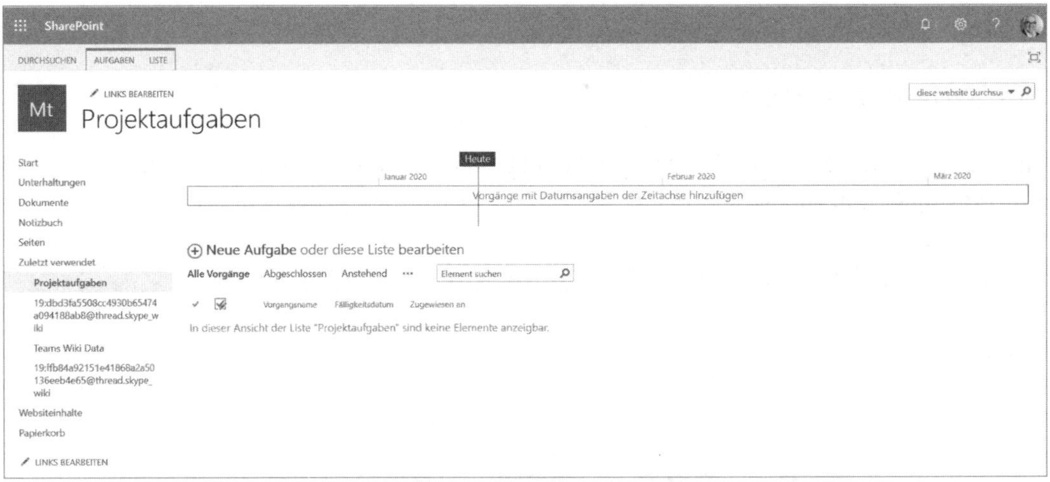

Abb. 7.23: Aufgabenbearbeitung in SharePoint

Wie bereits in Abschnitt 1.7.2 erwähnt, arbeitet SharePoint mit zwei verschiedenen Benutzeroberflächen, den *Modern Sites* und den *Classic Sites*. Die Aufgabenbearbeitung (siehe Abbildung 7.23), wird Ihnen in SharePoint nach aktuellem Stand immer nur als *Classic Site* angezeigt.

7.5.2 Aufgaben in SharePoint anlegen

Mit einem Klick auf die Schaltfläche NEUE AUFGABE erstellen Sie die Aufgaben, die Sie in SharePoint bearbeiten wollen.

Mit der Schaltfläche MEHR ANZEIGEN gelangen Sie in den erweiterten Eingabedialog der Aufgabe.

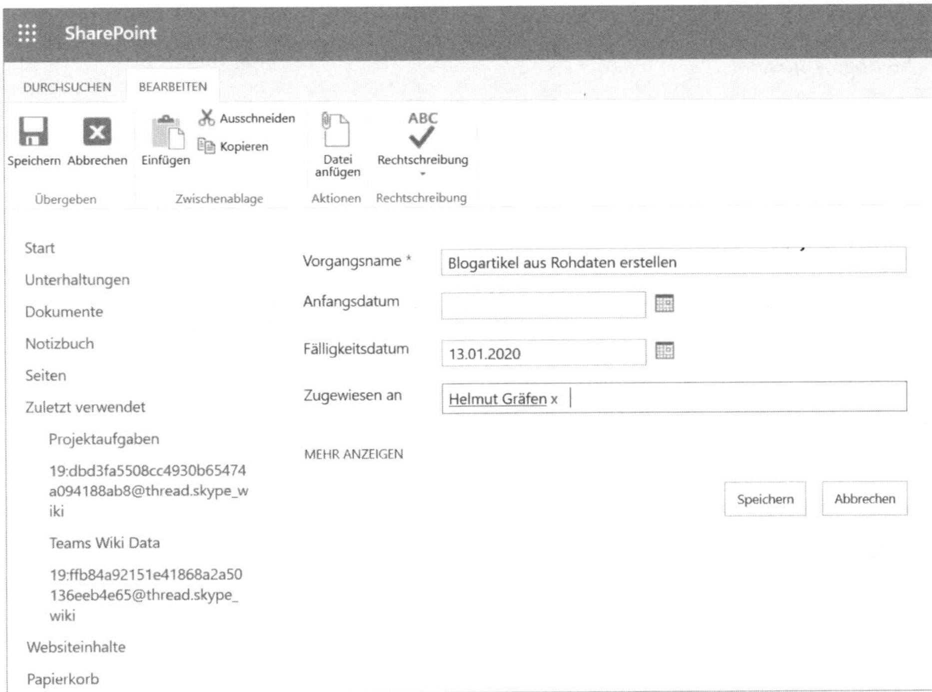

Abb. 7.24: Aufgabe in SharePoint anlegen

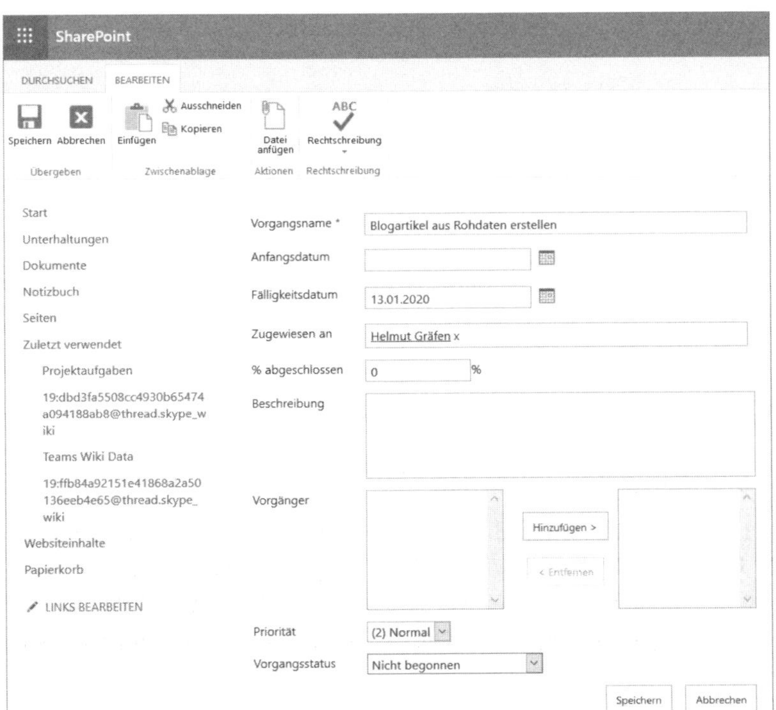

Abb. 7.25: Erweitertes Aufgabenfenster

Im erweiterten Eingabefenster können Sie folgende Informationen definieren:

- *% abgeschlossen*
- *Beschreibung*
- *Vorgänger*
- *Priorität*
- *Vorgangsstatus*

7.5.3 Darstellungsoptionen der »SharePoint Aufgaben«

Die Aufgaben lassen sich in SharePoint als Zeitachse oder Gantt-Diagramm darstellen. Beide Darstellungsmöglichkeiten sind für projektorientierte Aufgaben hilfreich.

Damit Sie die möglichen Varianten der Aufgabenverwaltung in Teams besser vergleichen können, habe ich die Aufgaben aus Abbildung 7.14 hier noch einmal in SharePoint eingerichtet (siehe Abbildung 7.26).

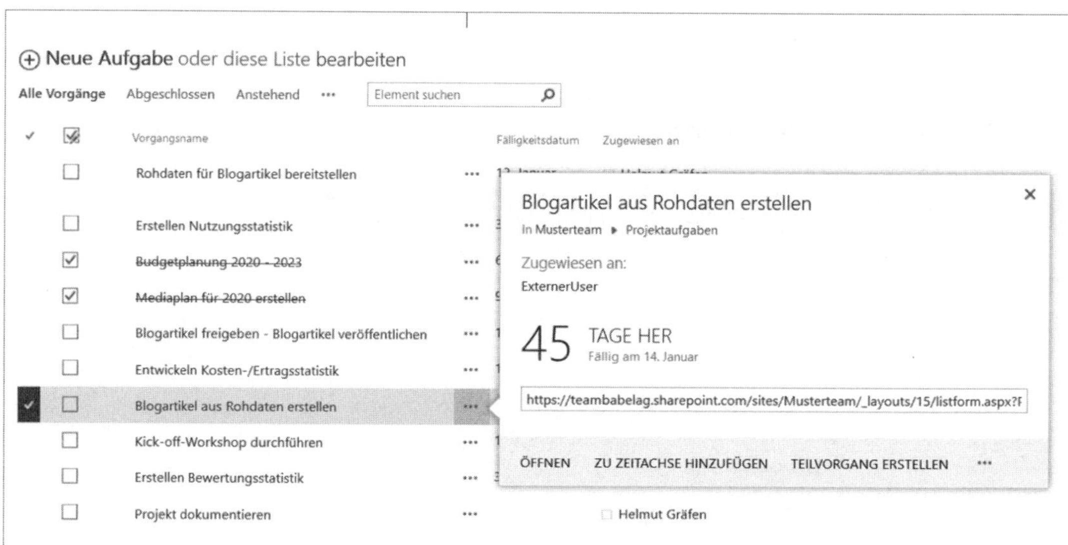

Abb. 7.26: SharePoint Aufgaben

Aufgabendarstellung in einer Zeitachse

Im oberen Drittel des Fensters (Abbildung 7.27) wird eine leere Zeitachse angezeigt. Mit einem Klick auf die drei horizontalen Punkte rechts neben einer Aufgabe erscheint ein Fenster, in dem Sie durch Klicken auf die Schaltfläche ZUR ZEITACHSE HINZUFÜGEN die Aufgabe der Zeitachse manuell hinzufügen können.

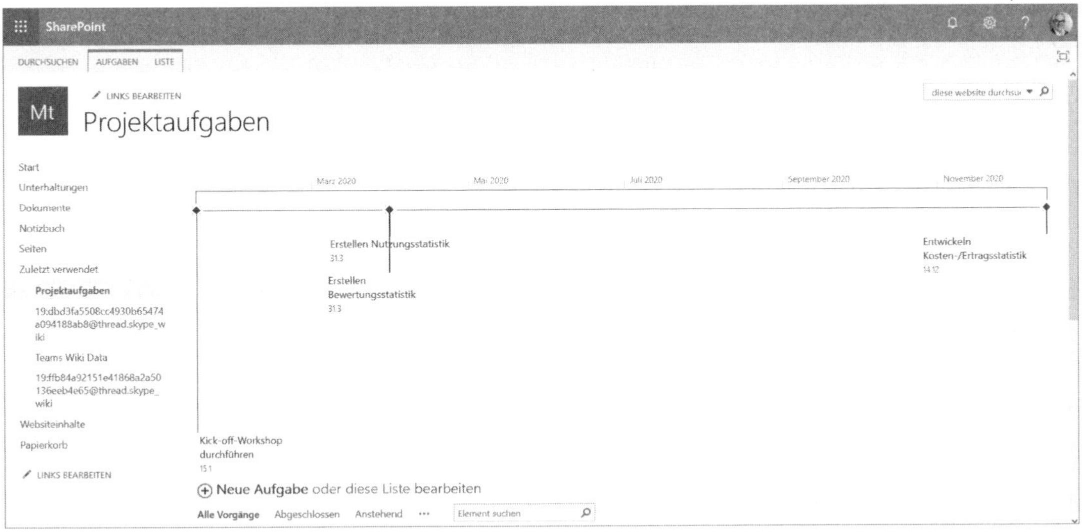

Abb. 7.27: Aufgabendarstellung in der Zeitachse

Aufgabendarstellung im Gantt-Diagramm

Abb. 7.28: Auswahl weiterer Darstellungsmöglichkeiten

Ein Klick auf die drei Punkte links neben der Suchbox zeigt Ihnen weitere Darstellungsmöglichkeiten an, unter anderem die Darstellung im Gantt-Diagramm. Wikipedia definiert ein Gantt-Diagramm so: »Ein Gantt-Diagramm [gænt] oder Balkenplan ist ein nach Henry L. Gantt (1861–1919) benanntes Instrument des Projektmanagements, das die zeitliche Abfolge von Aktivitäten grafisch in Form von Balken auf einer Zeitachse darstellt. Erfunden wurde das Balkendiagramm von Joseph Priestley (1733–1804)« (`https://de.wikipedia.org/wiki/Gantt-Diagramm`).

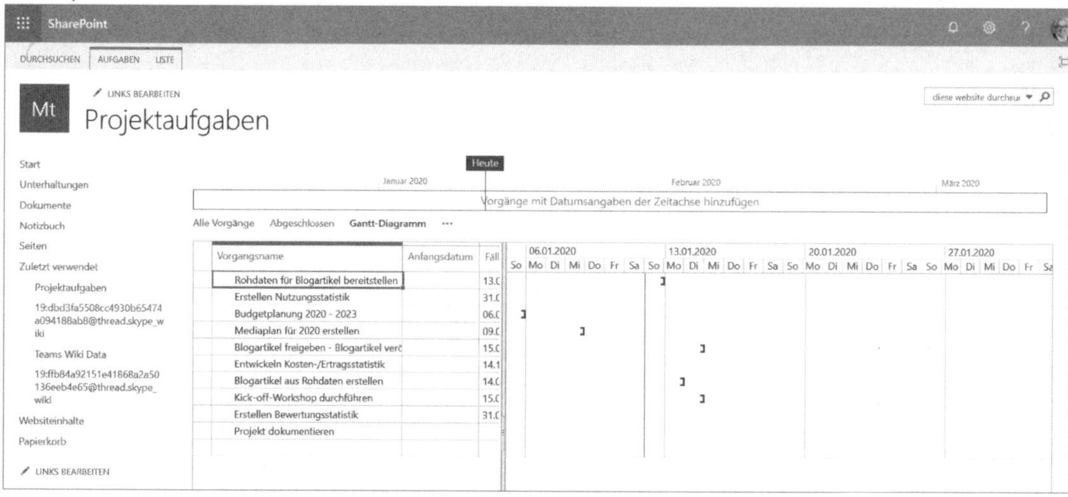

Abb. 7.29: Aufgabendarstellung im Gantt-Diagramm

7.5.4 Kommunikation mit Outlook einrichten

> **Wichtig**
>
> Im Gegensatz zum Planner müssen Sie die Kommunikation von SharePoint manuell einmalig einrichten. Zurzeit können Sie aus den SharePoint Aufgaben lediglich eine Kommunikationsverbindung zu Outlook einrichten. Eine Verbindung zu Planner und/oder To-Do wird nicht angeboten.

Automatische Benachrichtigungen einrichten

Standardmäßig wird eine Person, der im Aufgabenbereich von SharePoint eine Aufgabe zugewiesen wird, nicht mit einer E-Mail benachrichtigt. Wird dies gewünscht, müssen Sie die Funktionalität aktivieren und einrichten. Klicken Sie dazu in Ihrer Website PROJEKTAUFGABEN in der Menüleiste auf den Menüpunkt LISTE.

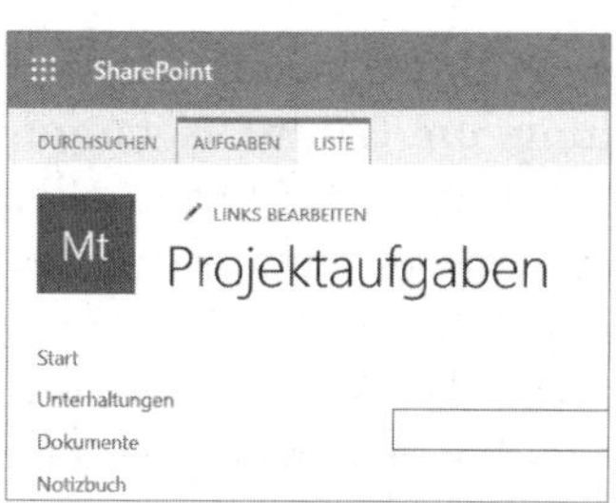

Abb. 7.30: Website PROJEKTAUFGABEN

In dem daraufhin angezeigten Menüband LISTE finden Sie etwa in der Mitte die Kachel BENACHRICHTIGUNGEN.

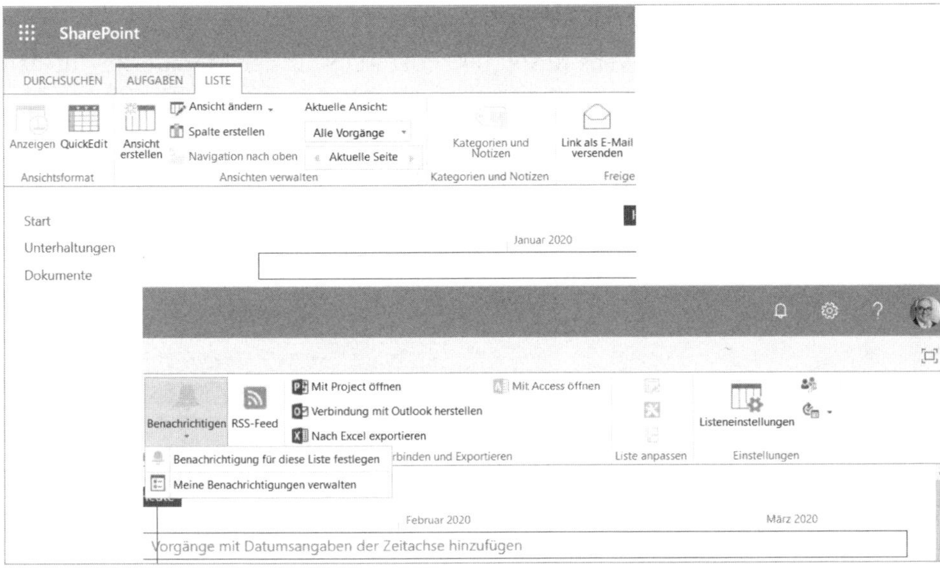

Abb. 7.31: Menüband LISTE

Wenn Sie den Menüpunkt BENACHRICHTIGUNGEN FÜR DIESE LISTE FESTLEGEN anklicken, erscheint ein Fenster, in dem Sie Ihre Benachrichtigungen konfigurieren können.

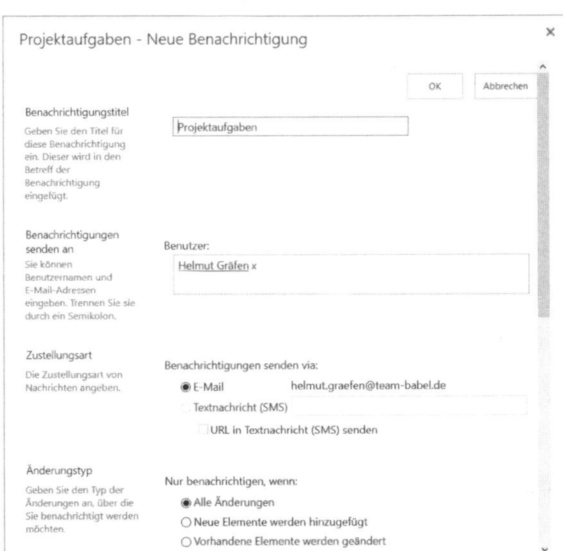

Abb. 7.32: Benachrichtigung konfigurieren

Nachdem Sie den Dialog mit der Schaltfläche OK bestätigt haben, werden Sie künftig per E-Mail über die Änderungen an der Liste informiert.

Verbindung mit Outlook herstellen

Klicken Sie nun in Ihrer Website PROJEKTAUFGABEN in der Menüleiste auf den Menüpunkt LISTE.

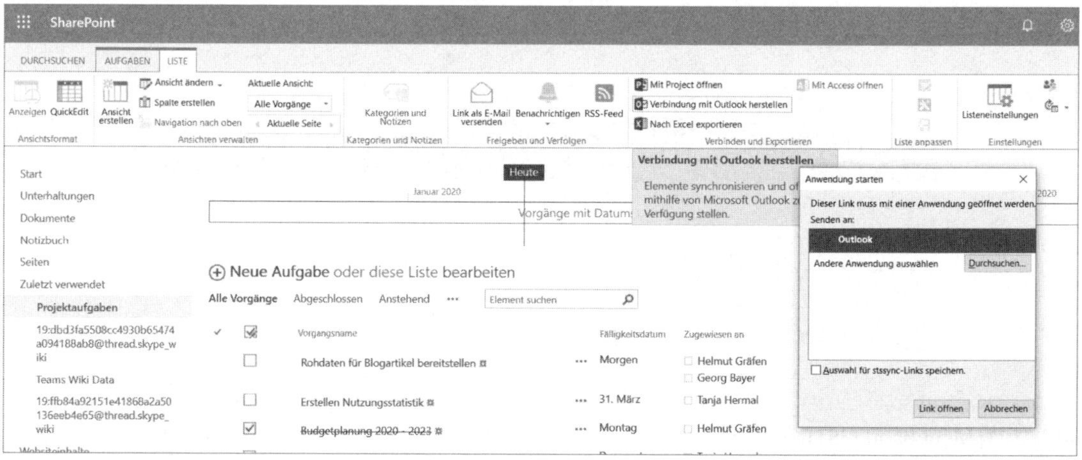

Abb. 7.33: Menüband LISTE

In dem daraufhin angezeigten Menüband LISTE finden Sie die Schaltfläche VERBINDUNG MIT OUTLOOK HERSTELLEN. Nachdem Sie diesen Menüpunkt angeklickt haben, erscheint ein Fenster, in dem Sie den Aufruf von OUTLOOK mit der Schaltfläche LINK ÖFFNEN bestätigen müssen.

Das auf Ihrem PC installierte Outlook startet und das Bestätigungsfenster, das Sie in Abbildung 7.34 sehen, wird angezeigt:

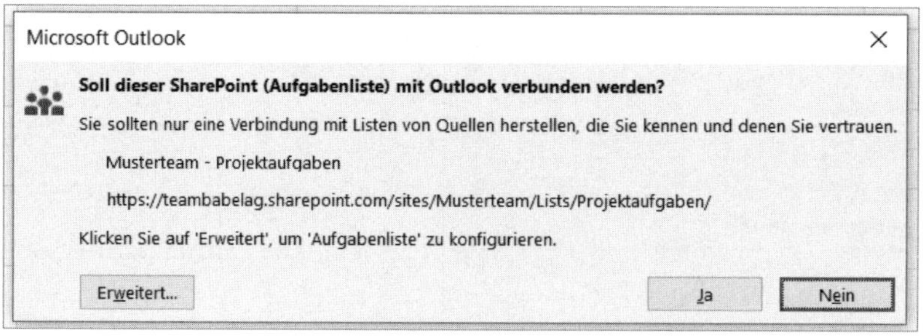

Abb. 7.34: Verbindung zu Outlook bestätigen

Nachdem Sie die Frage mit der Schaltfläche JA bestätigt haben, werden die SharePoint Aufgaben in der Aufgabennavigation Ihres Outlooks unter der Gruppe ANDERE AUFGABEN aufgelistet.

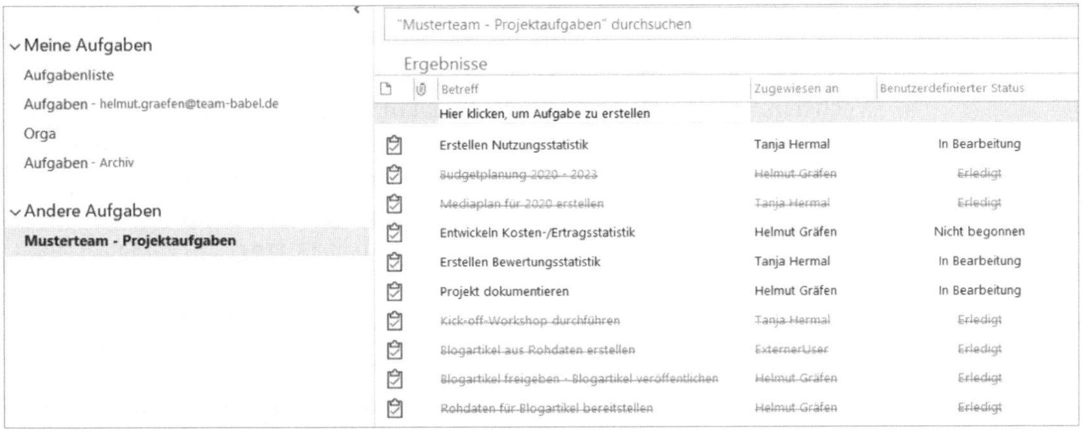

Abb. 7.35: SharePoint Aufgaben werden in Outlook angezeigt.

Damit ist die Synchronisierung zwischen den SharePoint Aufgaben und dem installierten Outlook eingerichtet. Alle Teammitglieder sehen nun alle Aufgaben aus dem SharePoint-Aufgabenbereich auch in Outlook und können diese dort bearbeiten.

Wichtig

Sie können weder eine Verbindung zwischen den SharePoint Aufgaben und To-Do noch eine Verbindung zwischen den SharePoint Aufgaben und Planner einrichten. Diese Funktionalität steht, Stand heute, nicht zur Verfügung. Das bedeutet, dass Sie die SharePoint Aufgaben nur im installierten Outlook sehen und bearbeiten können.

7.5.5 »SharePoint Aufgaben« in das Team einbinden

In Form einer App lassen sich die SharePoint Aufgaben leider nicht einfach an eine Registerkarte in einem Kanal anheften. Es wird zwar bei der Erstellung einer Registerkarte eine Kachel SHAREPOINT angezeigt, mit dieser Kachel wird aber keine Verbindung zu den SharePoint Aufgaben hergestellt. Die Kachel kann leider nur eine Website aus SharePoint darstellen.

Mit einem Trick ist es dennoch in zwei Schritten möglich, die SharePoint Aufgaben an eine neu erstellte Registerkarte anzuheften.

1. **Schritt**
   a) Öffnen Sie die Website PROJEKTAUFGABEN (den Aufgabenbereich in SharePoint, den Sie erstellt haben).
   b) Markieren Sie im Browser die komplette Adresszeile und kopieren Sie die Adresse in die Zwischenablage.
2. **Schritt**
   a) Wechseln Sie in den gewünschten Kanal in Ihrem Team und klicken Sie das Register + an. Wählen Sie im Fenster REGISTERKARTE HINZUFÜGEN aus der zweiten Reihe die Kachel WEBSITE.
   b) Vergeben Sie einen sprechenden Namen für die neue Registerkarte, fügen Sie die Adresse aus der Zwischenablage in das Feld *URL** ein und bestätigen Sie mit der Schaltfläche SPEICHERN.

Die neue Registerkarte zeigt nun die SharePoint Website PROJEKTAUFGABEN an.

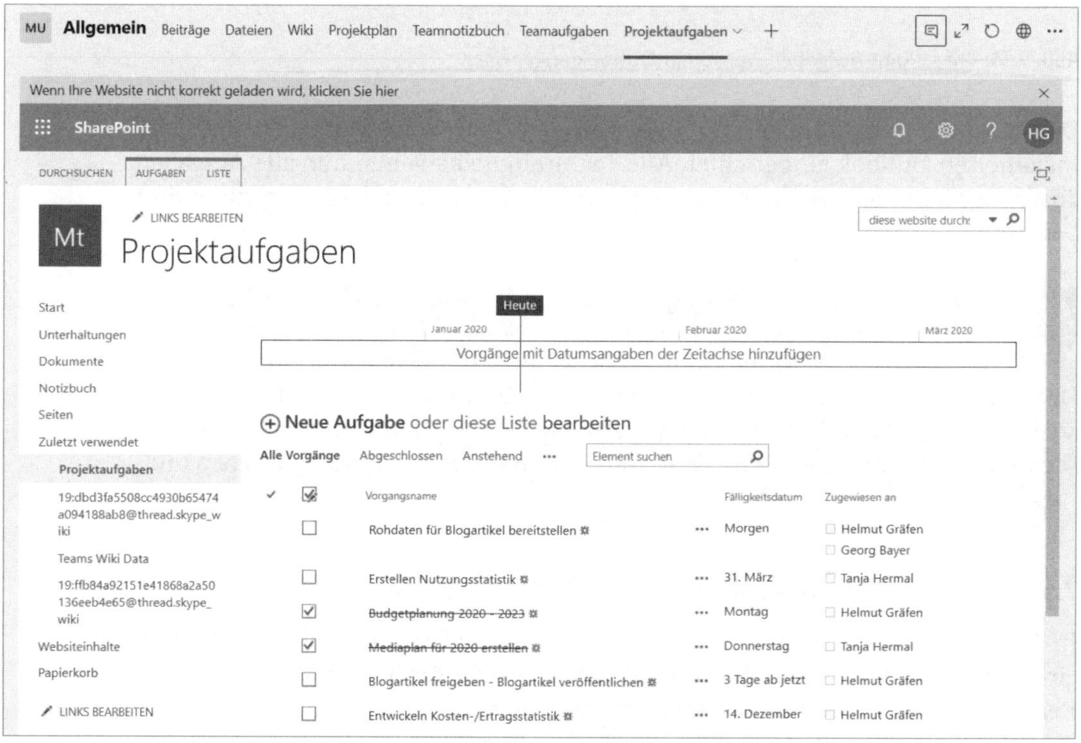

Abb. 7.36: SharePoint Aufgaben an Registerkarte in Teamkanal geheftet

7.6 »Planner« versus »SharePoint Aufgaben«

Um Ihnen die Entscheidung zu erleichtern, mit welchem der beiden Aufgabentools Sie in Ihrem Team arbeiten möchten, liste ich hier die Vor- und Nachteile in einer tabellarischen Gegenüberstellung auf.

Planner	SharePoint Aufgaben
KANBAN-Darstellung möglich	Keine KANBAN-Darstellung möglich
Ohne weitere Konfiguration einsetzbar	Aufgabenliste muss einmalig manuell eingerichtet und konfiguriert werden.
Personenzuweisung möglich	Personenzuweisung möglich
Leicht zu bedienen und schnell erlernbar	Bedienung muss geschult werden.
Aufgaben sind in To-Do zu sehen.	Aufgaben sind in To-Do nicht zu sehen. Synchronisierung nur mit installiertem Outlook möglich
Sehr gute mobile App verfügbar	Keine mobile App verfügbar
Keine Darstellung in Zeitachse möglich	Darstellung in einer Zeitachse möglich
Nicht als Gantt-Diagramm darstellbar	Als Gantt-Diagramm darstellbar
Keine Vorgänger- und Nachfolgeraufgaben möglich	Vorgänger- und Nachfolgeraufgaben möglich

Tabelle 7.1: Vor- und Nachteile von Planner und SharePoint Aufgaben

Tipp

Als Faustregel gilt: Bilden Sie mit Ihrem Team ein Projekt ab, sind die SharePoint Aufgaben in aller Regel das bessere Instrument, um die Aufgaben im Team zu managen. Die SharePoint Aufgaben bieten Ihnen mit den Darstellungsoptionen Vorgänger- und Nachfolgeraufgaben, Zeitachse und Gantt-Diagramm Funktionalitäten, die Sie sonst nur mit MS Project oder ähnlichen Tools bekommen.

Kapitel 8

Mitglieder eines Teams festlegen (Schritt 7)

Sie werden sich vielleicht fragen, warum das Thema **Mitglieder festlegen** erst im Kapitel 8 behandelt wird. Wie ich schon in Kapitel 3 erwähnte, steht und fällt das produktive Arbeiten in MS Teams mit der Akzeptanz des jeweiligen Teams. Die Erfahrung hat gezeigt, dass die Akzeptanz der Teammitglieder deutlicher höher ist, wenn sie beim Klicken auf den Einladungslink schon ein sinnvoll strukturiertes Team und bestimmte Ordner und Dateien vorfinden. Das gilt auch für das Aufgabenmanagement. Es zahlt sich also auf jeden Fall aus, das Team erst optimal vorzubereiten, bevor Sie tatsächlich die Mitglieder festlegen, und ich empfehle Ihnen, sofern Sie es selbst in der Hand haben, diese Reihenfolge unbedingt einzuhalten.

Microsoft Teams bietet vier Möglichkeiten, um Teammitglied zu werden:

1. Der Besitzer des Teams fügt Personen als Mitglieder hinzu.
2. Der Besitzer stellt es Personen frei, über die Eingabe eines Teamcodes zum Teammitglied zu werden.
3. Der Besitzer verschickt einen Link zum Beitritt in ein Team.
4. Ein Teammitglied sendet dem Besitzer eine Anfrage, um jemanden als Teammitglied aufzunehmen.

8.1 Besitzer des Teams fügt Personen als Mitglieder hinzu

Diesen Vorgang habe ich bereits in Abschnitt 4.3.1 detailliert beschrieben.

8.2 Über die Eingabe eines Teamcodes zum Teammitglied werden

Wollen Sie als Besitzer des Teams Ihren Kollegen freistellen, ob sie Mitglied des Teams werden wollen, können Sie ihnen einen Teamcode für das Team mailen.

Wichtig

Um einem Team mit einem Teamcode beitreten zu können, muss die Person dem Unternehmen angehören. Für externe Personen steht diese Möglichkeit nicht zur Verfügung.

Wie in Abschnitt 4.3.4 beschrieben, erzeugen Sie einen Teamcode. Diesen mailen Sie Ihrem Kollegen. Der Kollege ruft MS Teams auf und führt die Schritte ❶ und ❷ aus.

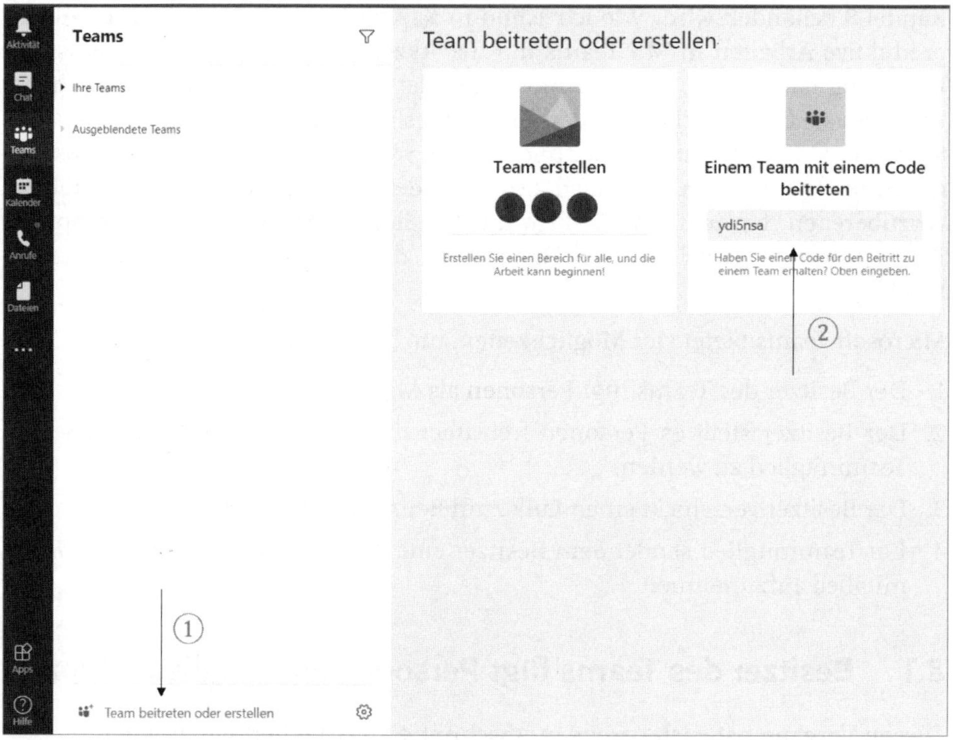

Abb. 8.1: Abbildung.1: Einem Team mit einem Code beitreten

Anschließend ist diese Person Mitglied dieses Teams.

8.3 Besitzer verschickt einen Link zum Beitritt in ein Team

Mit einem Klick auf die drei Punkte rechts neben dem Teamnamen rufen Sie das Menü für ein Team auf.

Nachdem Sie den Menüpunkt LINK ZUM TEAM ERHALTEN angeklickt haben, wird Ihnen der Link zum Team angezeigt.

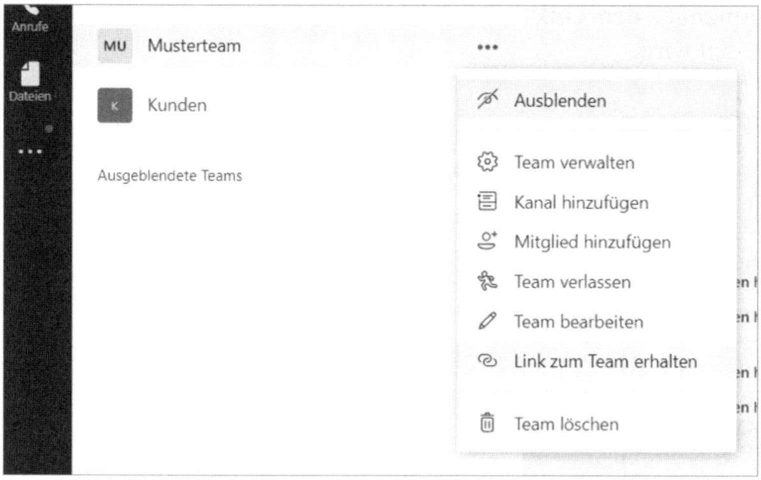

Abb. 8.2: Link zum Team erhalten

Abb. 8.3: Link zum Team

Mit der Schaltfläche KOPIEREN speichern Sie den Link in die Zwischenablage. Senden Sie nun der gewünschten Person den Link per Mail zu. Der Empfänger erhält die Mail, die Sie in Abbildung 8.4 sehen.

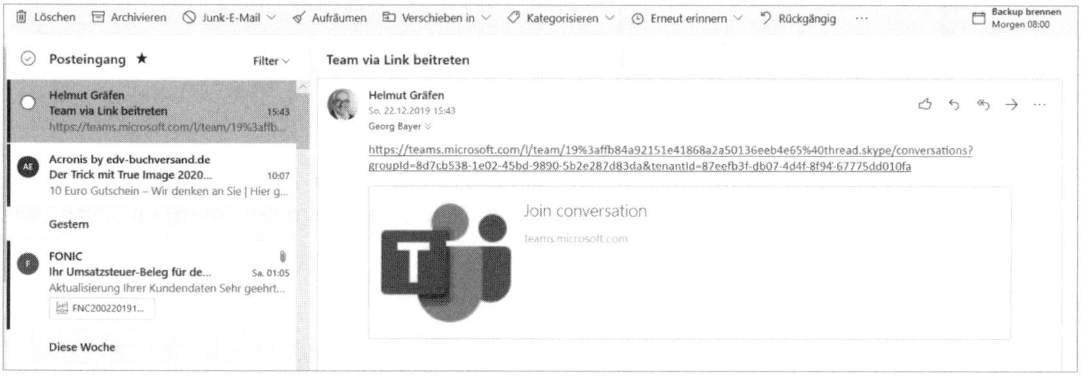

Abb. 8.4: Einladung in ein Team per Link

Nachdem der Empfänger den Link angeklickt hat, erscheint das Fenster, das in Abbildung 8.5 gezeigt wird.

Abb. 8.5: Teilnehmen

Mit einem Klick auf die Schaltfläche TEILNEHMEN sendet der Empfänger eine Anfrage zur Mitgliedschaft an den Teambesitzer. Die Anfrage wird mit dem Fenster in Abbildung 8.6 bestätigt.

Abb. 8.6: Anfrage gesendet

Der Empfänger kann nun das Fenster schließen. Der Besitzer erhält in seinem Team eine entsprechende Anfrage, die er annehmen oder ablehnen kann, wie bereits in Abschnitt 4.3.2 beschrieben.

8.4 Teammitglied sendet dem Besitzer eine Anfrage, jemanden als Teammitglied aufzunehmen

Klickt ein Teammitglied auf die Schaltfläche MITGLIED HINZUFÜGEN im Register MITGLIEDER in der Navigation TEAM VERWALTEN, um eine Person zum Team hinzuzufügen, wird diese Person nicht automatisch als Teammitglied eingetragen. Stattdessen erhält der Besitzer des Teams eine Anfrage, die er ebenso behandelt wie im vorherigen Abschnitt beschrieben.

Kapitel 9

Chatten und Besprechungen in Microsoft Teams

Die Chatfunktionen, die Sie in MS Teams nutzen, basieren auf Skype for Business. Wie ich bereits früher erwähnte, geht die komplette Skype-Funktionalität in MS Teams auf. Das bedeutet, dass sämtliche Chat- und Telefonfunktionalitäten von Office 365 in MS Teams zu finden sind.

MS Teams teilt das Chatten in zwei Bereiche auf: in Chatverläufe innerhalb der Kanäle eines Teams und in den 1:1-Chat oder Gruppenchat, der unabhängig von dem Kanalchat in einem Team geführt wird.

9.1 Chatten in einem Team-Kanal

Wichtig

Zur Erinnerung: Alle Chats in einem Team werden immer auf Kanalebene geführt. Alle Teammitglieder können alle Chatverläufe in allen Kanälen sehen. Die Ausnahme bilden private Kanäle, in denen die Chats nur von Mitgliedern des privaten Kanals eingesehen werden können.

Der Chatverlauf eines Kanals wird immer im Kanalregister BEITRÄGE dargestellt und ist ausschließlich in den Teams sichtbar. Jedes Teammitglied kann seine eigenen Beiträge ändern oder löschen. Es sei denn, Sie haben als Teambesitzer diese Rechte deaktiviert (siehe Abschnitt 4.3.4). Die neuesten Beiträge finden Sie immer ganz unten in der Chatliste im Kanalregister BEITRÄGE.

Tipp

Legen Sie sich mit Ihren Teammitgliedern darauf fest, dass alle im Team den Kanal ALLGEMEIN immer dazu verwenden, kanalübergreifende Informationen zu posten. Welche Informationen kanalübergreifend sind, sollten Sie als Teambesitzer im Vorfeld klar definieren und kommunizieren. Solche Vereinbarungen oder auch Regeln lassen sich einfach und für alle Teammitglieder gut erreichbar im OneNote-Teamnotizbuch dokumentieren. Detaillierte Information dazu, auch dazu, wie das Teamnotizbuch in MS Teams eingebunden wird, finden Sie in Abschnitt 10.1.

9.1.1 Die Chatzeile

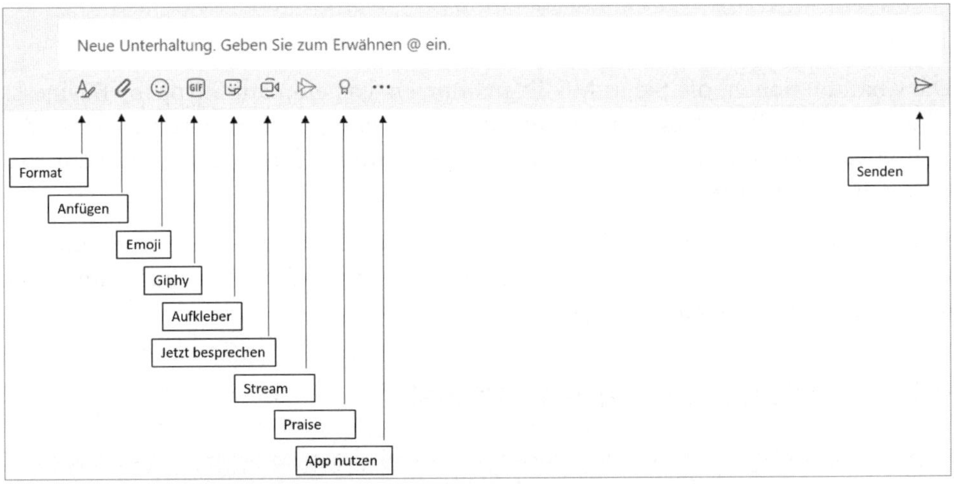

Abb. 9.1: Chatzeile im Kanalregister BEITRÄGE

Format

Die Funktion FORMAT erweitert die Chatzeile zu einem mehrzeiligen Chatfenster, das deutlich mehr Funktionalität als ein einzeiliges Chatfenster bietet.

Anfügen

Der Chat bietet natürlich auch die Möglichkeit, dem Beitrag Dateien hinzuzufügen. Ich empfehle Ihnen aber, möglichst ganz darauf zu verzichten und stattdessen mit Links zu arbeiten. Die Schwierigkeit, dass Personen innerhalb eines klassischen Dateisystems auf einem Fileserver keinen Zugriff auf verlinkte Dateien haben, gibt es innerhalb von Office 365 nicht mehr.

Emoji

Hier können Sie ein Emoji aus einer Liste in den Beitrag einfügen. Emojis in den Chats sind übrigens immer animiert.

Giphy

Mit diesem Symbol fügen Sie aus einer Liste ein animiertes GIF, ein Giphy, in den Beitrag ein.

Aufkleber

Mit dieser Funktion können Sie aus einer Liste einen Aufkleber in den Beitrag einfügen. Ein Aufkleber ist eine Kombination aus einem Bild oder Comic und einem meist lustigen Spruch.

Jetzt besprechen

Mit diesem Symbol starten Sie eine Sofortbesprechung im Teamkanal. Besprechungen und Sofortbesprechungen beschreibe ich detailliert in den Abschnitten 9.3, 9.4 und 9.5.

Stream

Dieses Symbol fügt einen Link aus Microsoft Stream in den Beitrag ein. Stream ist der Video-Dienst von Office 365. Damit haben Sie die Möglichkeit, Videokanäle ähnlich wie in YouTube in Ihrem Unternehmen zur Verfügung zu stellen. Diese Videokanäle können allerdings nicht öffentlich geteilt werden, sondern lediglich innerhalb des Unternehmens für die eigenen Teams genutzt werden.

Praise

Mit Praise können Sie Ihre Teammitglieder loben. Praise steht sowohl in den privaten Chats als auch in den Teamchats zur Verfügung. Senden Sie einem Teammitglied mit Praise ein Lob, so wird dieser Post automatisch als @Namen-Erwähnung beim Empfänger gekennzeichnet.

Abb. 9.2: Beispiel für ein Lob (Praise)

... (drei Punkte)

Über die drei Punkte können Sie weitere Apps in Ihren Chatbeiträgen nutzen, z.B. Forms für Umfragen und Ähnliches.

Senden

Mit diesem Symbol senden Sie Ihren Chatbeitrag.

Die Standarddarstellung für das Chat-Fenster im Kanalregister BEITRÄGE ist immer einzeilig. Mit den Symbolen unterhalb der Chatzeile können verschiedene Funktionalitäten in den Chat aufgenommen werden. Die Symbole, die dort angezeigt werden, hängen von den Einstellungen ab, die Sie als Teambesitzer in den Mitgliederberechtigungen der Teamverwaltung vorgenommen haben (siehe dazu auch Abschnitt 4.3.4). Haben Sie z.B. dort definiert, dass in Ihrem Team nicht mit Giphys und Aufklebern gearbeitet wird, fehlen die Symbole dafür hier in der Chatleiste.

Tipp

Drücken Sie in der einzeiligen Chatzeile [Enter], wird das Geschriebene sofort versendet. Möchten Sie mehrzeilig schreiben, drücken Sie am Ende einer Zeile die Tastenkombination [Shift]+[Enter].

9.1.2 Das erweiterte Chatfenster

Mit dem Symbol [A] erweitern Sie die Chatzeile zu einem größeren, mehrzeiligen Chatfenster, in dem [Enter] eine neue Zeile erzeugt.

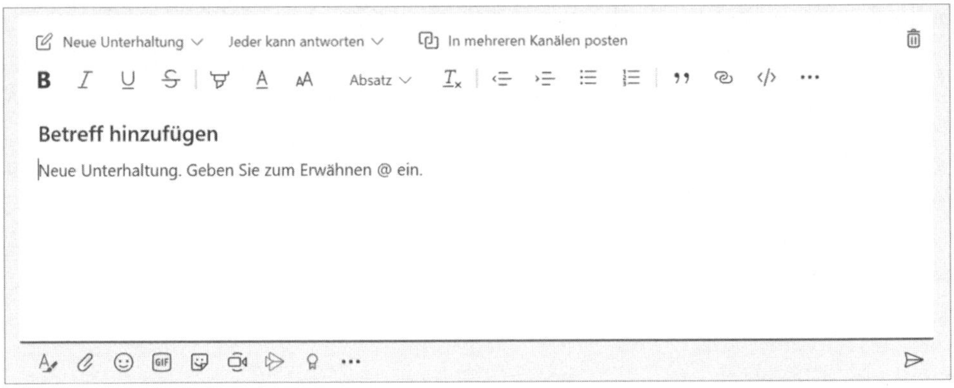

Abb. 9.3: Erweitertes Chatfenster

Das erweiterte Chatfenster bietet in seiner Menüleiste drei interessante Auswahlmöglichkeiten:

- Neue Unterhaltung
- Jeder kann antworten
- In mehreren Kanälen posten

Neue Unterhaltung

Hier können Sie zwischen Neue Unterhaltung und Ankündigung wählen. Die Auswahl Neue Unterhaltung ist immer voreingestellt.

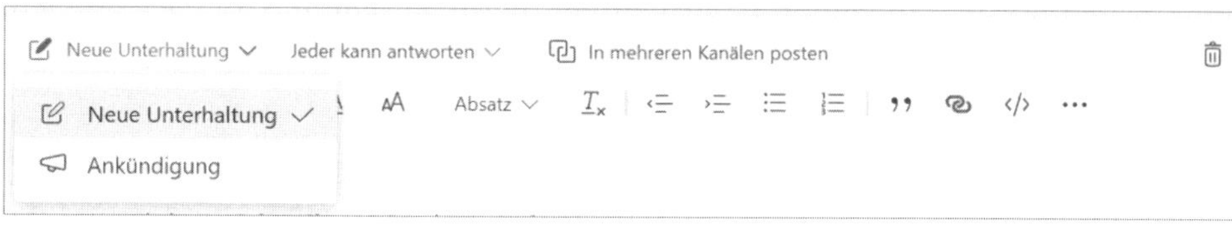

Abb. 9.4: Auswahl Neue Unterhaltung oder Ankündigung

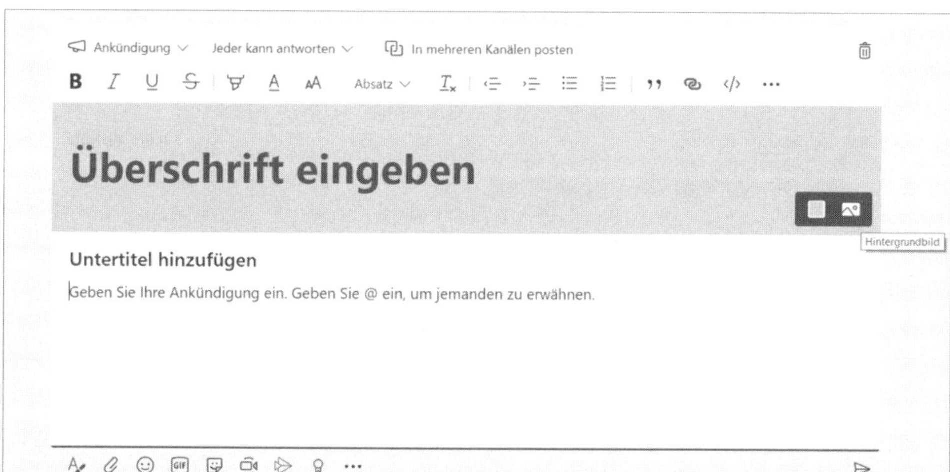

Abb. 9.5: Ankündigung

Im Wesentlichen unterscheidet sich die Ankündigung von der Neuen Unterhaltung durch die Formatierungsmöglichkeiten. Ankündigungen sind durch ihre besonderen Formatierungen darauf ausgelegt, nicht übersehen zu werden. Sie sind in drei Bereiche aufgeteilt: *Überschrift*, *Untertitel* und *Inhalt*. In der *Überschrift* können Sie mit den Icons ganz rechts das Farbformat verändern und/oder ein Hintergrundbild einfügen.

Jeder kann antworten

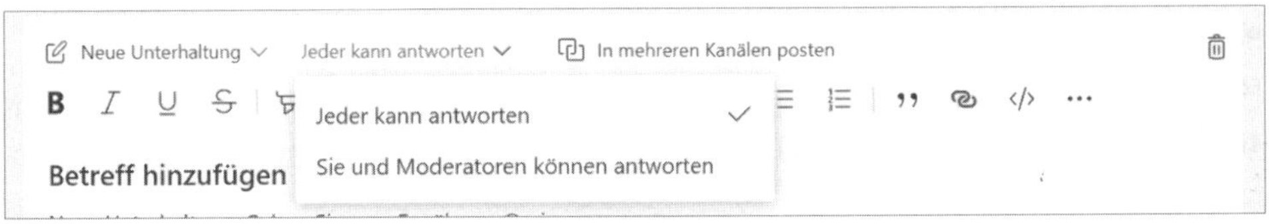

Abb. 9.6: Auswahl JEDER KANN ANTWORTEN oder SIE UND MODERATOREN KÖNNEN ANTWORTEN

Möchten Sie für Ihren geposteten Beitrag keine Antwortmöglichkeit zulassen, wählen Sie den Menüpunkt SIE UND MODERATOREN KÖNNEN ANTWORTEN. Wie Sie die Einstellung für Moderatoren vornehmen, ist in Abschnitt 5.3.4 beschrieben. Die Auswahl JEDER KANN ANTWORTEN ist immer voreingestellt.

In mehreren Kanälen posten

Haben Sie IN MEHREREN KANÄLEN POSTEN angeklickt, wird eine *An*-Zeile und die Schaltfläche KANÄLE AUSWÄHLEN angezeigt. Standardmäßig wird der Kanal, in dem Sie sich befinden, in die *An*-Zeile gesetzt.

Abb. 9.7: In mehreren Kanälen posten

Über die Schaltfläche KANÄLE AUSWÄHLEN können Sie weitere Kanäle hinzufügen, und das auch teamübergreifend.

Gängige Formatierungen und bessere Strukturierung

Im Gegensatz zur einzeiligen Chatzeile können Sie in dem erweiterten Chatfenster die gängigsten Formatierungen zuweisen. Hinter den drei Punkten ganz rechts in der Formatierungsleiste versteckt sich noch die Möglichkeit, eine Tabelle oder eine horizontale Linie einzufügen.

Betreffzeile

Das erweiterte Chatfenster bietet die Möglichkeit, im Beitrag mit einer Betreffzeile zu arbeiten. Das erleichtert das Lesen des Beitrags und das Scrollen im Chatverlauf erheblich.

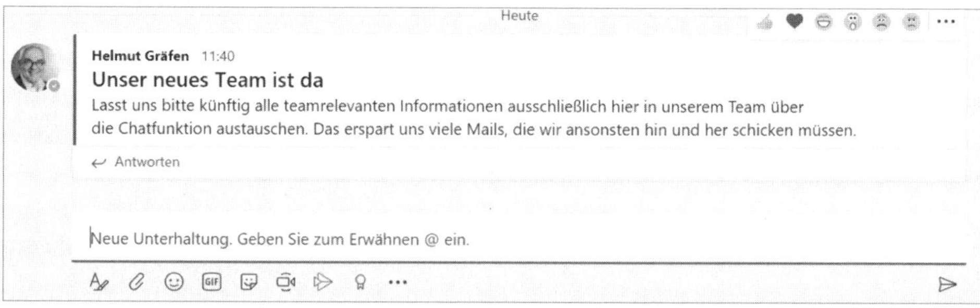

Abb. 9.8: Chatbeitrag mit Betreffzeile zur besseren Strukturierung des Chatverlaufs

Antwortfunktion

Vereinbaren Sie mit Ihrem Team, dass Antworten auf einen Beitrag immer nur über die Antwortfunktion im Beitrag selbst gegeben werden und nicht als neuer Beitrag gesendet werden.

Wird die Antwortzeile direkt unter dem Beitrag für das Beantworten genutzt, sind der Beitrag und die Antworten als ein zusammenhängender Block für alle Teammitglieder zu erkennen.

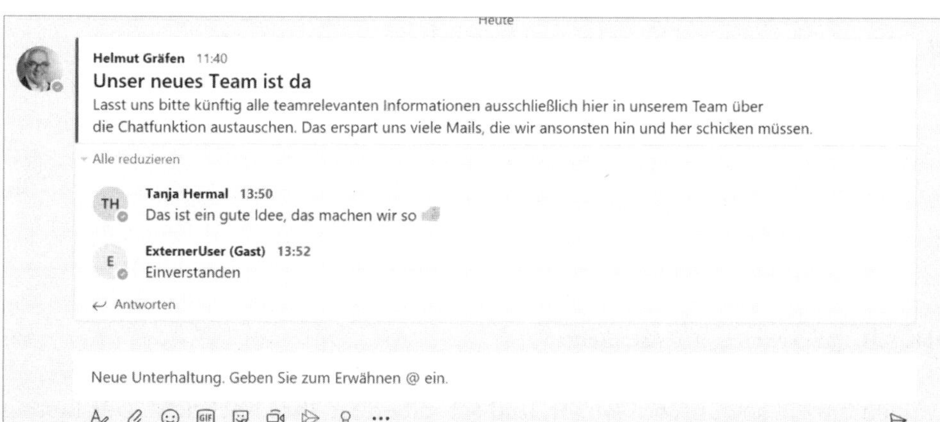

Abb. 9.9: Beitrag mit Antworten

Mit der Schaltfläche ALLE REDUZIEREN können die Antworten auf eine Zeile reduziert werden.

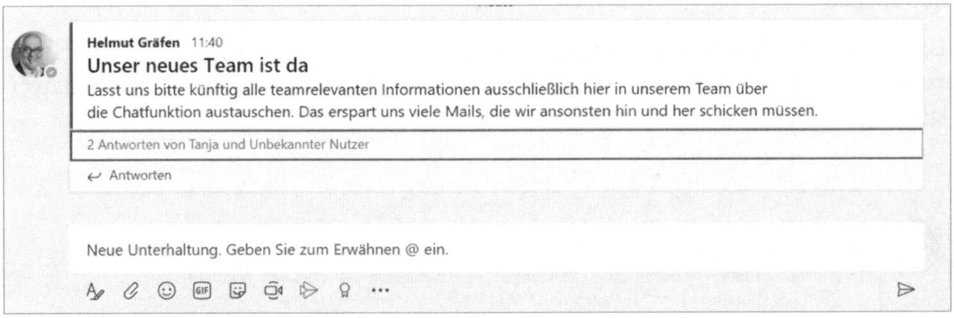

Abb. 9.10: Beitrag mit reduzierter Antwortanzeige

In der reduzierten Zeile sehen Sie nur die Anzahl der Antworten und die Absender.

Mit @ eine oder mehrere Personen erwähnen

Wenn Sie im Chatfenster als erstes Zeichen das @ eingeben, poppt eine Liste mit den Mitgliedern des Teams auf. Wenn der von Ihnen gesuchte Kontakt nicht dabei ist, geben Sie einfach den Anfangsbuchstaben ein, dann werden Ihnen alle Kontakte aus Ihrem Team angezeigt, die mit diesem Buchstaben beginnen.

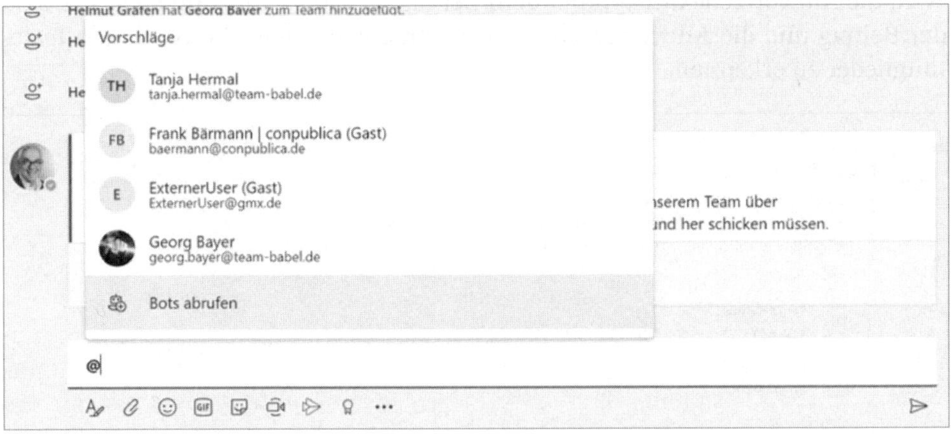

Abb. 9.11: @Erwähnung in einem Beitrag

Wählen Sie die gewünschte Person und schreiben Sie Ihre Nachricht. Der Beitrag wird bei der Empfängerin wie in Abbildung 9.12 dargestellt.

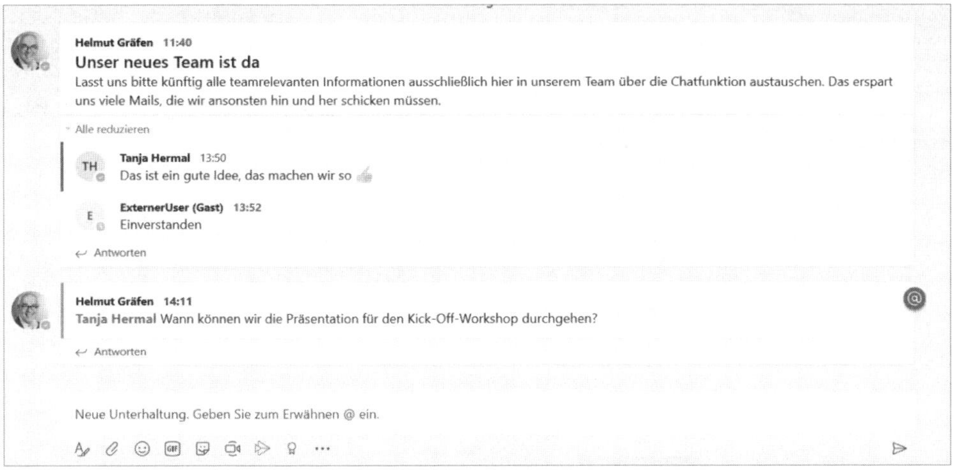

Abb. 9.12: Darstellung einer @Erwähnung beim Empfänger

Am rechten Rand des Beitrags mit der Namenserwähnung wird deutlich in Rot das @-Symbol angezeigt. Außerdem wird bei der Empfängerin auch kurz ein Banner rechts im Bildschirm angezeigt, in dem sie darauf hingewiesen wird, dass sie erwähnt wurde. Dieses Banner wird natürlich nicht angezeigt, wenn sie es in ihren Kanalbenachrichtigungseinstellungen deaktiviert hat. Detaillierte Informationen zu den Kanalberechtigungen finden Sie in Abschnitt 4.3.3.

9.2 1:1-Chat oder Gruppenchat

Der 1:1-Chat ist in der Bereichsnavigation unter dem Icon, das Sie in Abbildung 9.13 sehen, erreichbar.

Abb. 9.13: Symbol für den 1:1-Chat in der Bereichsnavigation

Im Gegensatz zum Chatten im Kanalregister BEITRÄGE können Sie hier teamunabhängig mit einzelnen Personen oder auch mit Gruppen chatten. Sie können hier ebenfalls Telefonate führen. Die Dokumente, die Sie mit Ihren Chatpartnern teilen, werden immer in Ihrem OneDrive gespeichert.

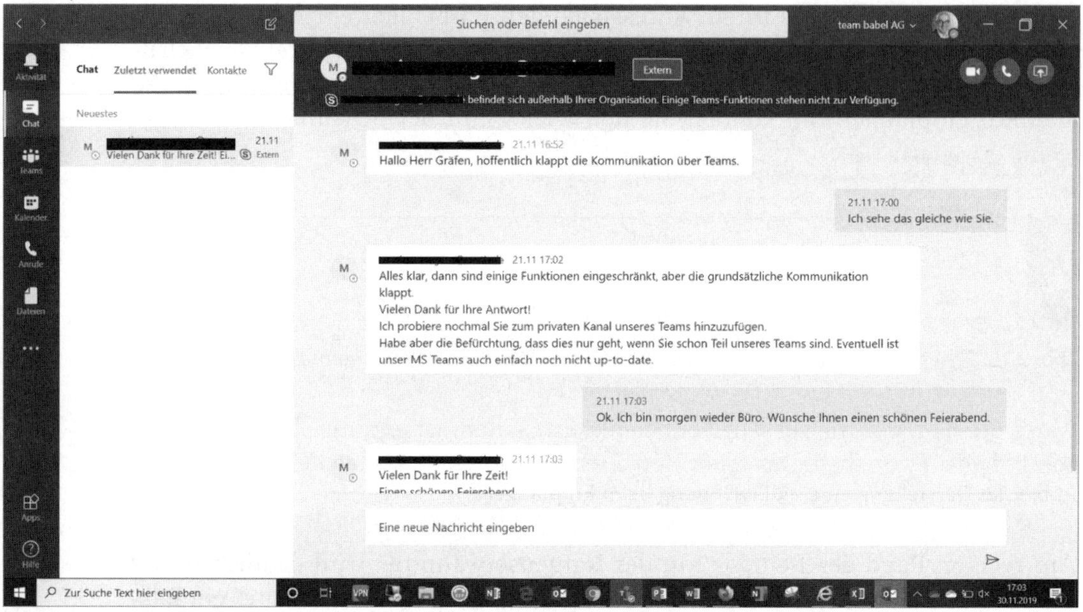

Abb. 9.14: Teamunabhängiger Chatbereich in MS Teams

In der Kopfzeile des Chats können Sie an dem Kasten *Extern* erkennen, dass ich hier mit einer Person gechattet habe, die nicht zu unserer Organisation gehört. Das Chatten mit organisationsfremden Personen muss von Ihrer IT freigegeben sein.

Die Darstellung des 1:1-Chats unterscheidet sich deutlich von der Darstellung des Teamchats. Dort werden die Beiträge untereinander angezeigt, im 1:1-Chat werden die empfangenen Beiträge links und in Weiß dargestellt. Ihre Antworten dagegen rechts und in Blau.

Zurzeit können Sie noch mit dem Chat-Symbol links neben der Such-Box einen 1:1-Chat aufrufen. Es gibt aber eine Ankündigung von Microsoft, dass dieses Symbol aus der Titelleiste verschwinden wird.

Steht dieses Icon dann nicht mehr zur Verfügung, können Sie den 1:1-Chat auch über das Chat-Symbol rechts oben in der Bereichsnavigation aufrufen.

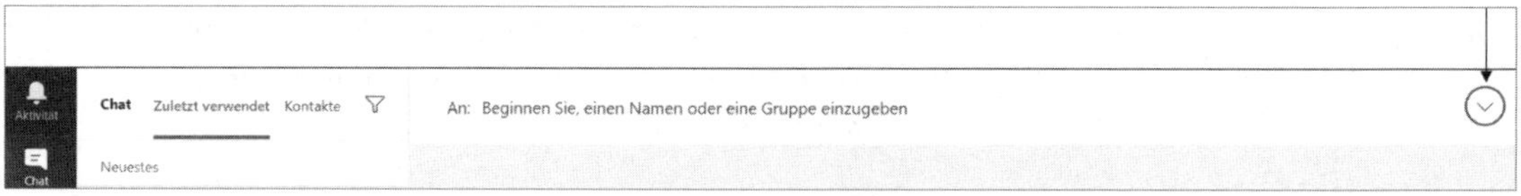

Abb. 9.15: 1:1-Chat über das Chat-Symbol in der Bereichsnavigation

Hier können Sie jetzt aus Ihrem Adressbuch den Empfänger eingeben, mit dem Sie chatten möchten. Sie können auch mit unternehmensfremden Personen chatten, wenn diese Funktion von Ihrer IT-Abteilung freigegeben wurde. Geben Sie mehrere Empfänger ein, können Sie den Dialog mit der Schaltfläche ⌄ ganz rechts erweitern.

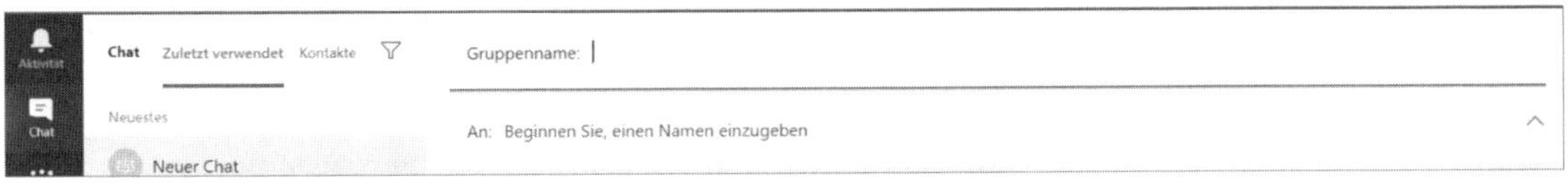

Abb. 9.16: Erweiterter 1:1-Chat mit Eingabemöglichkeit eines Gruppennamens

Wenn Sie häufiger mit diesem Personenkreis chatten, ist es sinnvoll, einen Gruppennamen zu vergeben. Das erleichtert auch das Durchsuchen von Chat-Verläufen.

> **Tipp**
>
> Selbst das 1:1-Chatten mit Personen, die sich alle in einem Team befinden, kann durchaus Sinn machen. Beispiel: Sie möchten die Personen in der Runde via Chat fragen, ob sie mit zum Mittagessen gehen. Solche Chats haben in Kanalchats des Teams nichts verloren.

In Microsoft Teams gibt es mehrere Möglichkeiten, Besprechungen zu führen. Im Wesentlichen wird zwischen Sofortbesprechungen und geplanten Besprechungen unterschieden.

9.3 Sofortbesprechungen aus einem Teamkanal

Aus dem Register BEITRÄGE eines Kanals können Sie eine Sofortbesprechung als Videoanruf aufrufen. Das Symbol unterhalb der Chatleiste (eine Kamera in einem durchbrochenen Kreis) heißt hier JETZT BESPRECHEN.

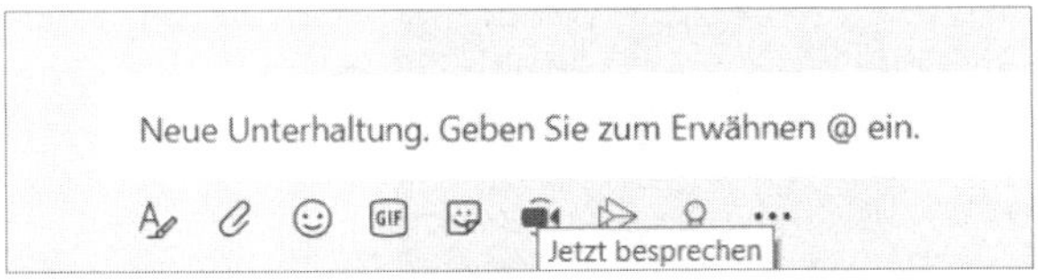

Abb. 9.17: Sofortbesprechung in einem Kanal

Sobald Sie diesen Button angeklickt haben, erscheint das Fenster JETZT BESPRECHEN.

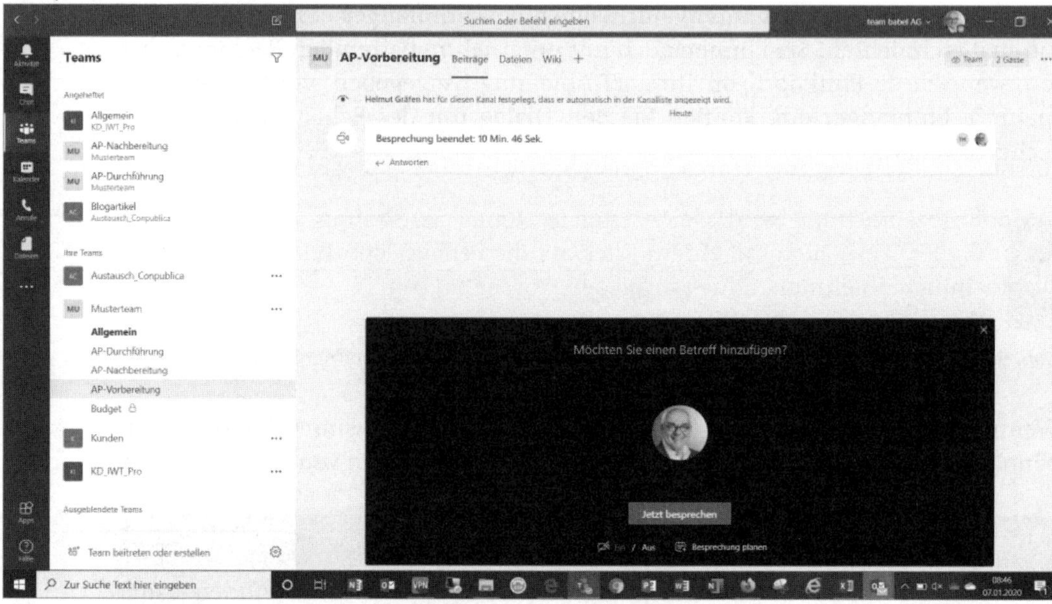

Abb. 9.18: Fenster JETZT BESPRECHEN

Mit einem Klick auf den Text MÖCHTEN SIE EINEN BETREFF HINZUFÜGEN? können Sie einen Betreff für die Sofortbesprechung vergeben. Mit einem Klick auf die Schaltfläche JETZT BESPRECHEN gelangen Sie in das Besprechungsfenster, das im Vollbildmodus angezeigt wird.

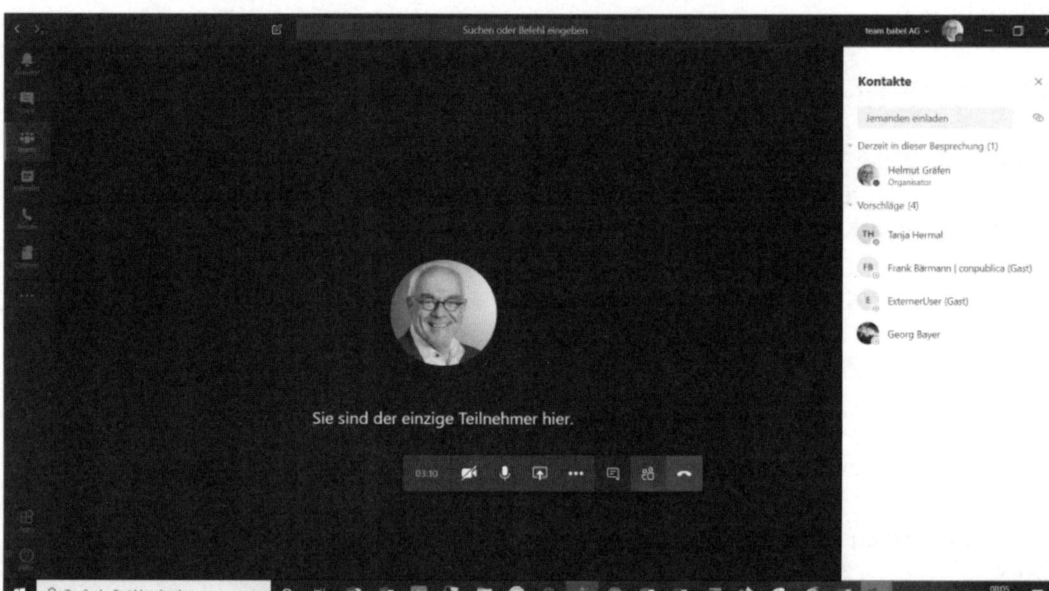

Abb. 9.19: Besprechungsfenster im Vollbildmodus

Die Auswahl- und Einstellungsmöglichkeiten in diesem Fenster habe ich ausführlich in Abschnitt 2.3.5 beschrieben.

Als Organisator der Sofortbesprechung können Sie Personen zu dieser Besprechung einladen. Die restlichen Teammitglieder werden als Vorschläge angezeigt. Personen außerhalb Ihres Teams können Sie nicht zur Besprechung laden.

Die Sofortbesprechung wird gleichzeitig im Kanal als Beitrag angezeigt. Jedes Teammitglied kann auch mit einem Klick auf die Schaltfläche TEILNEHMEN an der Besprechung teilnehmen, ohne eingeladen worden zu sein.

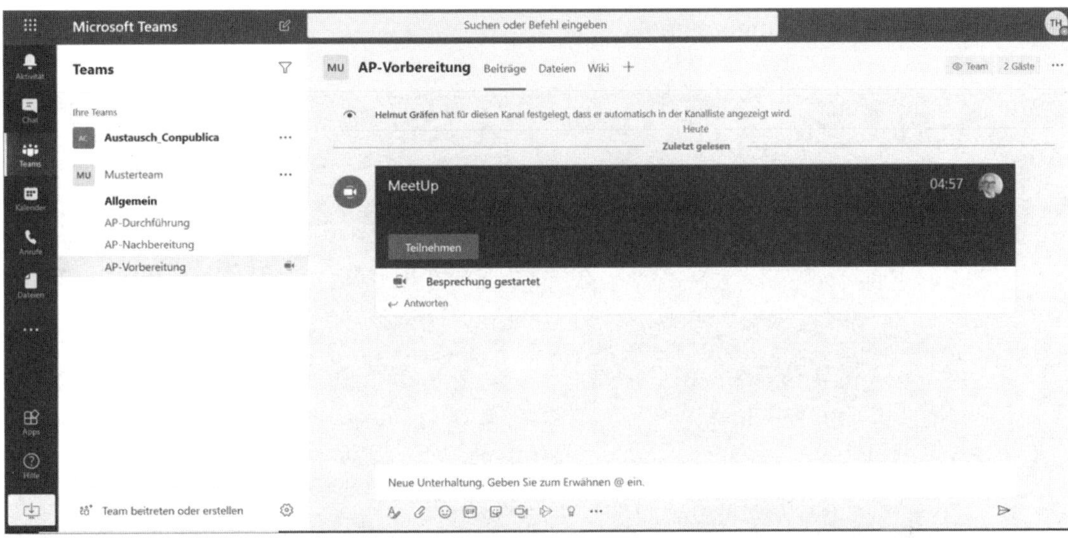

Abb. 9.20: Sofortbesprechung als Beitrag im Kanalchat

Wichtig

Bei der Sofortbesprechung aus einem Kanal heraus kann der Organisator der Besprechung nicht steuern, wer teilnimmt und wer nicht. Er hat auch nicht die Möglichkeit, die Kameras und Mikrofone der teilnehmenden Personen stumm zu schalten. Auch wenn der Organisator in seinem Besprechungsfenster aufgelegt hat, läuft die Besprechung weiter, bis die letzte verbleibende Person aufgelegt hat. Letztendlich hat die Sofortbesprechung in einem Kanal den Charakter eines Video-Chats.

9.4 Sofortbesprechungen aus dem Teamkalender

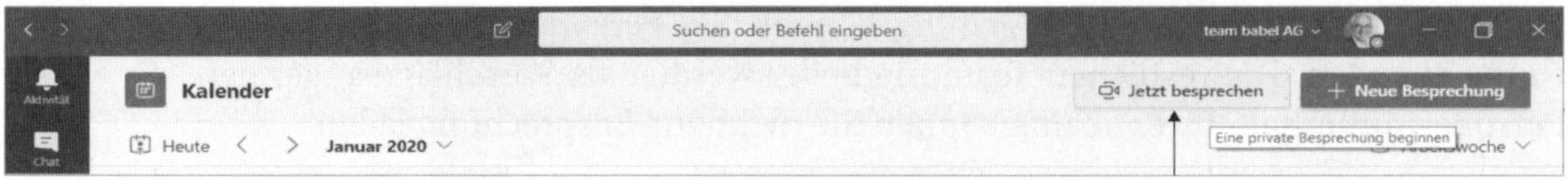

Abb. 9.21: Sofortbesprechung aus dem Teamkalender

Möchten Sie aus dem Kalender heraus eine Sofortbesprechung starten, klicken Sie auf die Schaltfläche JETZT BESPRECHEN. Das Fenster *Besprechung mit …* wird im Vollbildmodus angezeigt.

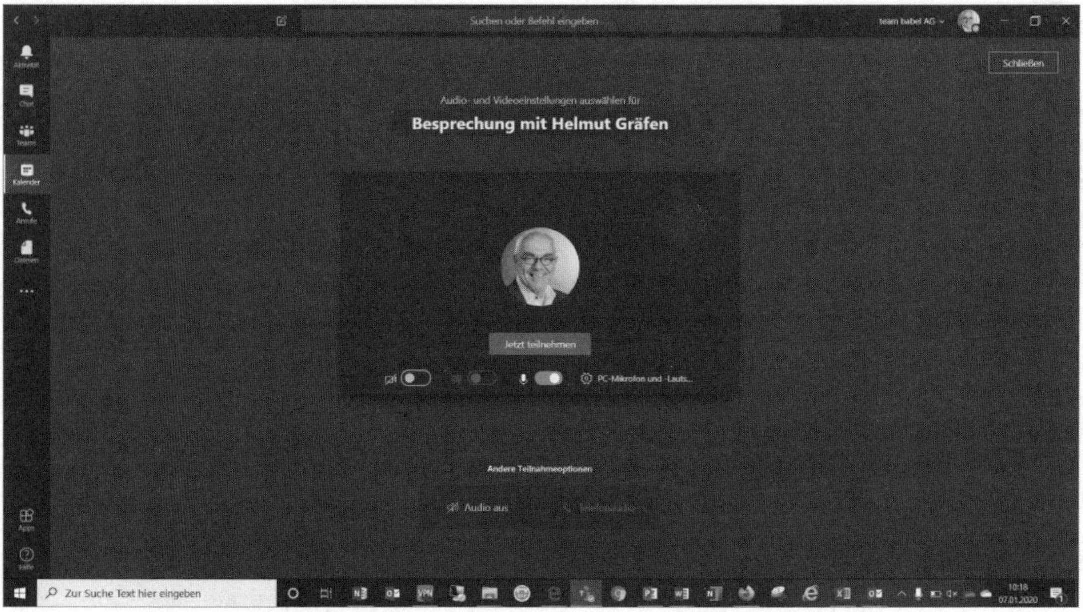

Abb. 9.22: Fenster BESPRECHUNG MIT …

Mit einem Klick auf die Schaltfläche JETZT TEILNEHMEN öffnen Sie das Besprechungsfenster, das auch im Vollbildmodus angezeigt wird.

In dem Beispiel, das in Abbildung 9.23 gezeigt wird, hat der Organisator über die rechte Navigationsleiste *Kontakte* die Mitarbeiterin Tanja Hermal eingeladen. Diese Navigationsleiste wird automatisch eingeblendet. Die eingeladene Person wird durch ein Banner darauf aufmerksam gemacht, dass sie eingeladen wurde.

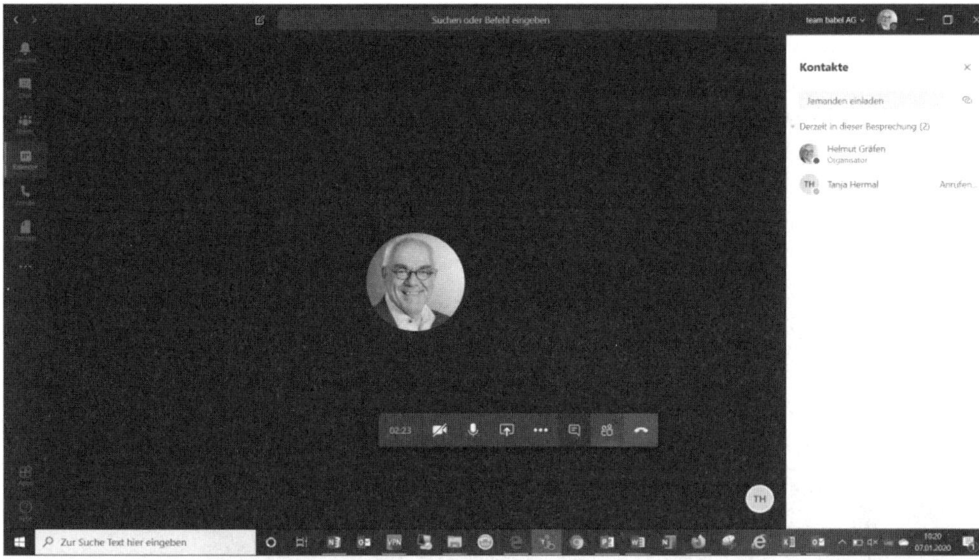

Abb. 9.23: Besprechungsfenster aus Teamkalender

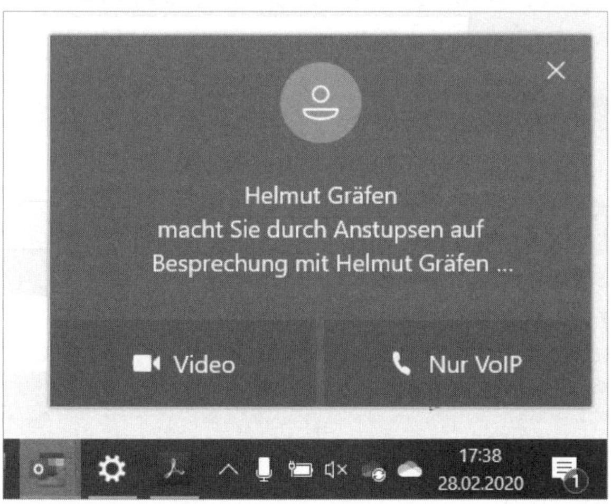

Abb. 9.24: Ein Banner zeigt die Einladung zu einer Besprechung an.

Die eingeladene Person kann über das Banner an der Besprechung entweder mit Videoanbindung oder nur mit telefonischer Anbindung (VoIP) teilnehmen. Gleichzeitig mit dem Banner wird auch im FEED in der Navigation AKTIVITÄT die Besprechungseinladung angezeigt, in der die eingeladene Person auf TEILNEHMEN klicken kann. Einladungen, die aus einer Sofortbesprechung im Kanalchat resultieren, werden ebenfalls hier angezeigt.

Hat die eingeladene Person die Besprechungseinladung angenommen, wird sie rechts oben in dem Besprechungsfenster des Organisators angezeigt.

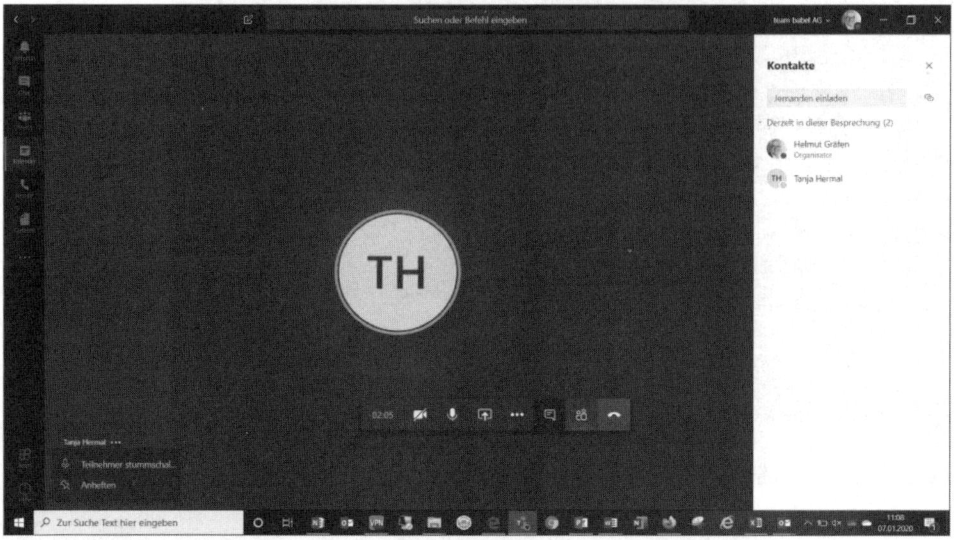

Abb. 9.25: Teilnehmende Personen werden rechts oben aufgelistet.

> **Wichtig**
>
> Im Gegensatz zur Sofortbesprechung aus einem Teamkanal können nur diejenigen teilnehmen, die der Organisator explizit einlädt. Die Sofortbesprechung aus dem Kalender wird nicht als Beitrag in einem Kanalchat angezeigt, aber in der Bereichsnavigation AKTIVITÄT. Im Gegensatz zur Sofortbesprechung aus einem Teamkanal kann der Organisator die Mikrofone der Teilnehmer stumm schalten. Auch wenn der Organisator in seinem Besprechungsfenster aufgelegt hat, läuft die Besprechung weiter, bis die letzte verbleibende Person aufgelegt hat.

9.5 Geplante Besprechungen

Geplante Besprechungen rufen Sie mit der Schaltfläche NEUE BESPRECHUNG aus dem Teamkalender in Ihrem Team auf.

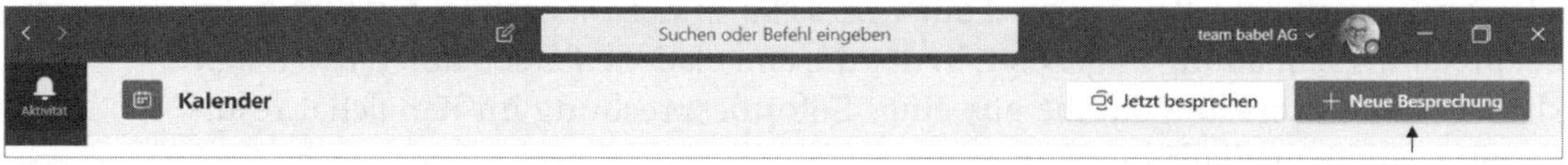

Abb. 9.26: Neue Besprechung planen

In dem Fenster, das daraufhin angezeigt wird, definieren Sie den Titel, das Datum sowie Start- und Endzeit der Besprechung. Darunter können Sie Informationen im Freitext hinterlegen.

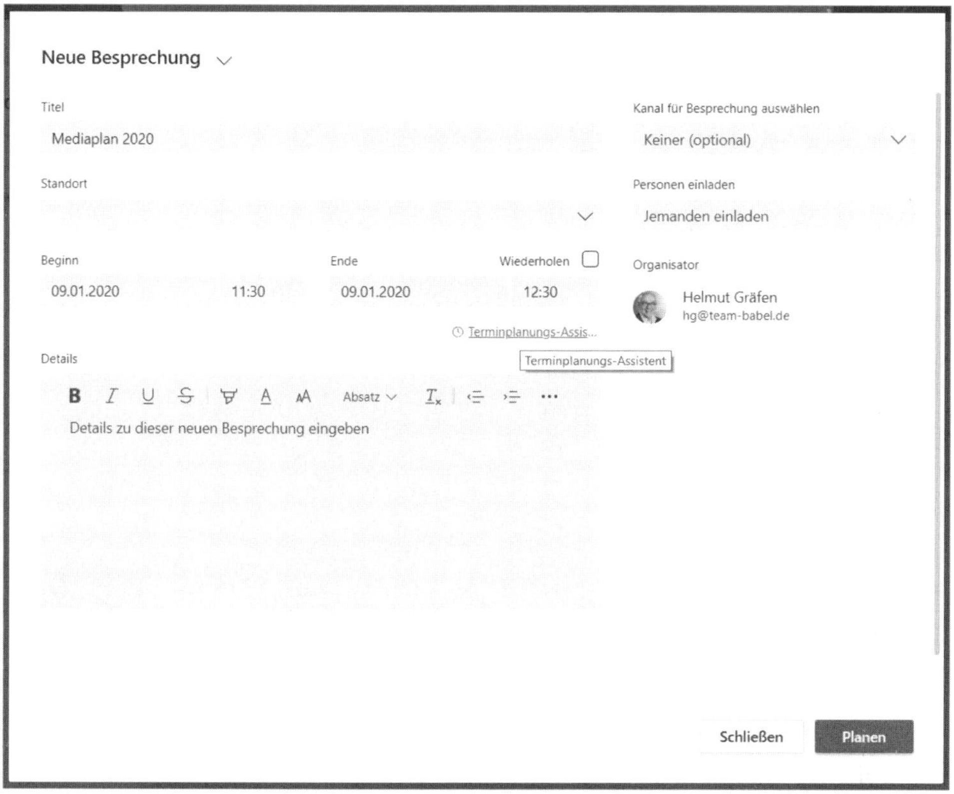

Abb. 9.27: Besprechung planen aus dem Teamkalender

Hinweis

Rechts oben haben Sie die Möglichkeit, diese Besprechung einem Kanal im Team zuzuordnen (Abbildung 9.27). Haben Sie die Besprechung einem Kanal zugeordnet, wird sie als Beitrag in diesem Kanal angezeigt.

Mit der Schaltfläche TERMINPLANUNGS-ASSISTENT rufen Sie ein Fenster auf, das Ihnen mögliche Terminüberschneidungen der eingeladenen Personen zeigt.

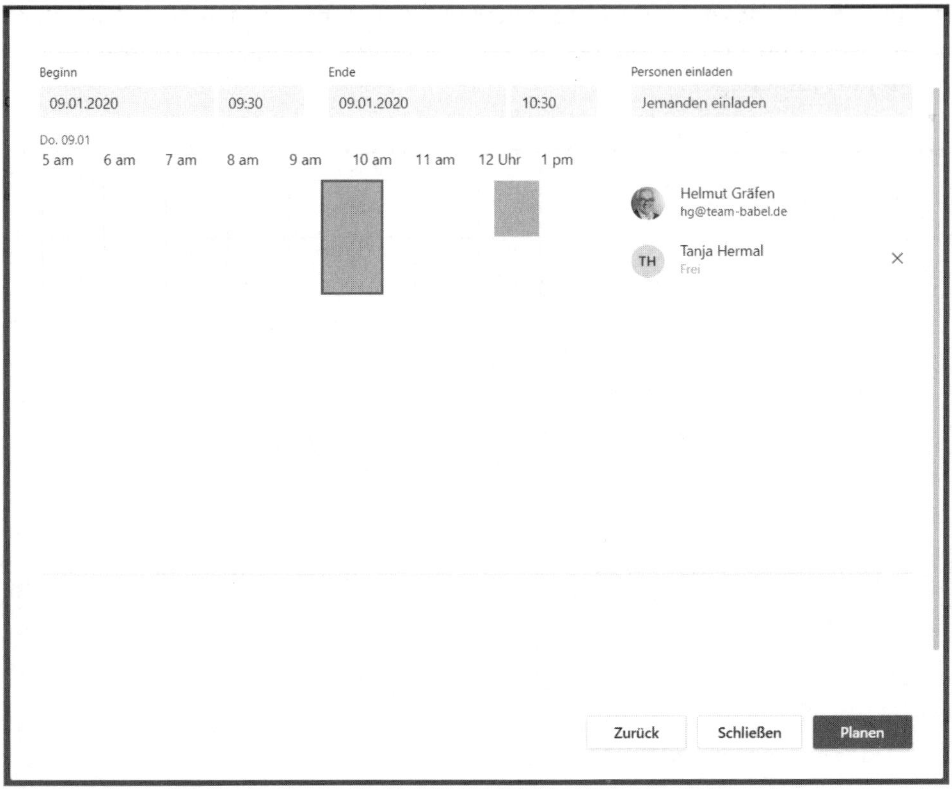

Abb. 9.28: Terminplanungsassistent im Teamkalender

Sobald Sie auf die Schaltfläche PLANEN geklickt haben, wird die Besprechung im Teamkalender und in Ihrem persönlichen Outlook-Kalender angezeigt.

Abb. 9.29: Besprechung wird im Teamkalender dargestellt.

Im Besprechungseintrag im Kalender sehen Sie auch, dass es sich um eine Teams-Besprechung handelt. Das bedeutet, die Besprechung findet online statt. Wenn Sie den Besprechungseintrag öffnen und auf die Schaltfläche TEILNEHMEN klicken, gehen Sie mit der Besprechung online. Die eingeladenen Personen erhalten eine Besprechungseinladung per E-Mail. Auch sie nehmen auf dem gleichen Weg an der Besprechung teil, sofern sie in der Einladungs-E-Mail die Besprechung zugesagt haben.

Tipp

Besprechungen in Ihrem Team können Sie nach wie vor auch über Outlook planen. Entweder als Besprechung mit physischer Anwesenheit in einem Besprechungsraum oder als Online-Team-Besprechung. Für die Teambesprechung wird in Ihrem Kalender in Outlook eine entsprechende Kachel angezeigt.

Kapitel 10

Microsoft Teams mit Apps erweitern

Die Registerkarte + in den Kanälen eines Teams ermöglicht es Ihnen, dort Funktionalitäten einzubinden, die Microsoft Teams von Haus aus nicht anbietet. Dies geschieht mit Apps, die entweder von Microsoft selbst (z.B. Planner, OneNote, Excel, Forms, PowerBI etc.) oder von anderen Unternehmen (z.B. Jira, YouTube etc.) in Office 365 bereitgestellt werden. Die Vorgehensweise, eine App an eine Registerkarte zu heften, ist für alle Apps, unabhängig vom Anbieter, gleich.

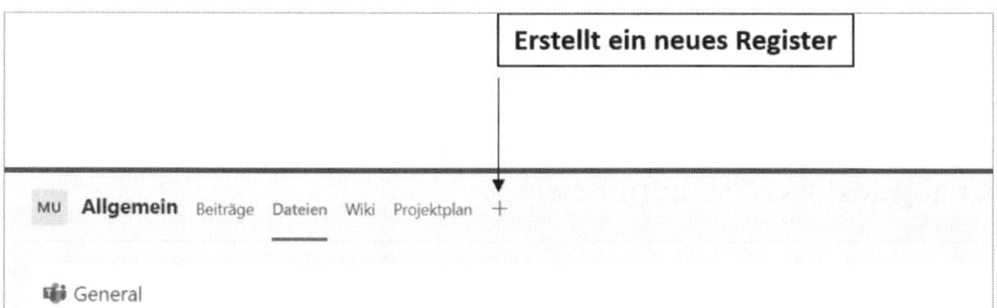

Abb. 10.1: Eine neue Registerkarte erstellen

Nachdem Sie das Register + angeklickt haben, erscheint ein Fenster mit einer Auswahl an Apps.

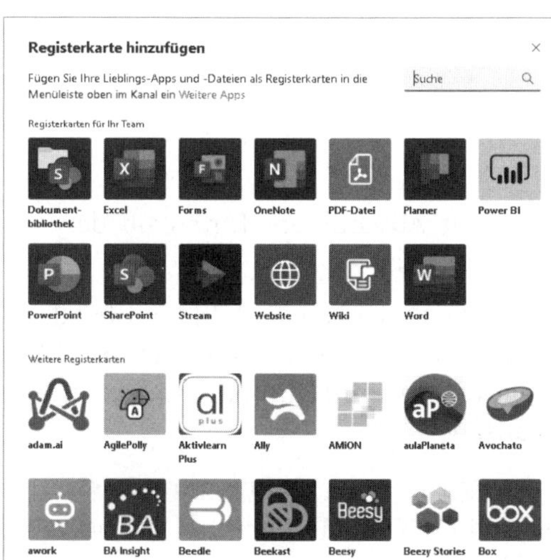

Abb. 10.2: Auswahl von Apps

In der Gruppe *Registerkarten für Ihr Team* sind die meisten Microsoft-Apps aufgelistet. Die Apps der Fremdanbieter finden Sie in der Gruppe *Weitere Registerkarten*. Microsoft ist an dieser Stelle erstaunlich offen, selbst Konkurrenzprodukte wie z. B. Trello oder Evernote werden hier angeboten.

Hinweis

Das Auswahlfenster, das Sie hier sehen, enthält viele Apps. Welche Apps in Ihrem Office-365-Account tatsächlich angezeigt werden, steuert Ihre IT-Abteilung. Viele Unternehmen zeigen hier nur die Apps von Microsoft an.

Wählen Sie mit einem Mausklick eine der Apps aus, wird die neue Registerkarte erstellt.

10.1 Ein OneNote-Notizbuch für das Team einbinden

Mit einem OneNote-Teamnotizbuch zu arbeiten, hat viele Vorteile für das Team. Dort können die unterschiedlichsten Informationen zentral und für alle Mitglieder gut erreichbar abgelegt werden, zum Beispiel:

- Teamregeln
- Dokumentationen von Meetings
- Ideen und Anregungen
- Verbesserungsvorschläge
- Offene Fragen
- How-tos
- Reiseplanungen
- Linklisten
- Checklisten
- und so weiter

Ein OneNote-Notizbuch strukturieren Sie mit Abschnitten. Innerhalb der Abschnitte können Sie Seiten und Unterseiten anlegen.

OneNote ist dafür entwickelt worden, schnell Gedanken und Ideen digital zu notieren, unabhängig vom Endgerät, mit dem Sie gerade arbeiten, und unabhängig vom Ort, an dem Sie sich im Augenblick befinden. Dafür sind unterschiedliche Versionen von OneNote entwickelt worden:

- **OneNote 2016** – Ist auf Ihrem PC in der Regel bereits als Programm installiert (möglicherweise auch eine frühere Version) und ist optimiert für das Arbeiten an einem stationären PC mit großem Monitor.

- **OneNote Windows-App** – Ist Bestandteil von Windows 10 und damit automatisch verfügbar, wenn auf Ihrem Endgerät, z. B. einem Surface, Windows 10 läuft. Die Windows-App ist für das Arbeiten mit Stift auf einem Tablet optimiert.
- **OneNote Apps für Smartphones oder Nicht-Windows-Tablets (Android oder iOS)** – Die Smartphone-App gibt es sowohl für Android als auch für iOS und ist für das Arbeiten mit dem Smartphone optimiert.
- **OneNote Webversion** – Ist für das Arbeiten in einem Webbrowser optimiert. Mit der Webversion kann ein OneNote-Notizbuch selbst dann bearbeitet werden, wenn auf Ihrem Endgerät OneNote weder installiert ist noch die App zur Verfügung steht.

Wichtig ist aber auch, an dieser Stelle festzuhalten, was OneNote nicht ist:

- Es ist kein Dateiablagesystem.
- Es hat kein Kalendarium und ist damit kein Ersatz für den Outlook-Kalender.
- Es ist keine Aufgaben-App und damit kein Ersatz für die Outlook-Aufgaben oder für die App To-Do.

OneNote speichert Eingaben immer automatisch. Sie werden also in OneNote keinen Button für das Speichern finden. Sollten Sie einmal nicht mit dem Internet verbunden sein, können Sie mit Ihrem Notizbuch auch offline arbeiten, und zwar mit jedem Endgerät, auf dem dieses Notizbuch geöffnet ist. Sobald sich Ihr Gerät wieder mit einem WLAN verbunden hat, synchronisiert OneNote die Inhalte automatisch. Diese Synchronisation erfolgt ebenfalls automatisch, wenn ein Gerät oder eine Person eine Änderung an einem Notizbuch vorgenommen hat.

OneNote ist unter anderem deshalb eine enorme Bereicherung, weil Sie ein Notizbuch, z. B. das Teamnotizbuch, auf mehreren Endgeräten bearbeiten können. Dafür muss auf jedem Endgerät die OneNote-App installiert und das entsprechende Notizbuch auf diesem Gerät geöffnet sein:

- **PC/Notebook**
  Auf Ihrem PC oder Notebook ist OneNote in der Regel als Programm installiert (z. B. OneNote 2016). Falls auf Ihrem Rechner Windows 10 läuft, steht Ihnen automatisch auch zusätzlich die Windows-App OneNote zur Verfügung.
- **Surface**
  Für ein Surface oder ein ähnliches Gerät, auf dem Windows 10 läuft, gilt die gleiche Aussage wie für den PC oder das Notebook.
- **Nicht-Windows-Tablet (Android oder iOS)**
  Bei diesen Geräten müssen Sie oder Ihre IT-Abteilung dafür Sorge tragen, dass die App OneNote installiert ist.
- **Smartphone (Android oder iOS)**
  Für das Smartphone gilt die gleiche Aussage wie für die Nicht-Windows-Tablets.

Das OneNote-Notizbuch, mit dem Sie aktuell arbeiten (z. B. das Teamnotizbuch), sollten Sie auf all Ihren Endgeräten öffnen, damit Sie jederzeit geräteunabhängig mit den dort abgelegten Informationen arbeiten können. Da das Teamnotizbuch in der Cloud gespeichert ist, wird es immer automatisch aktualisiert, alle sind also jederzeit auf demselben Stand.

Wie ich bereits früher erwähnte, wird mit dem Team automatisch auch ein OneNote-Notizbuch für das Team erstellt. In unserem Beispiel hat es den Namen `Notizbuch für Musterteam`. Es wird in der Teamwebsite unter WEBSITEINHALTE gespeichert.

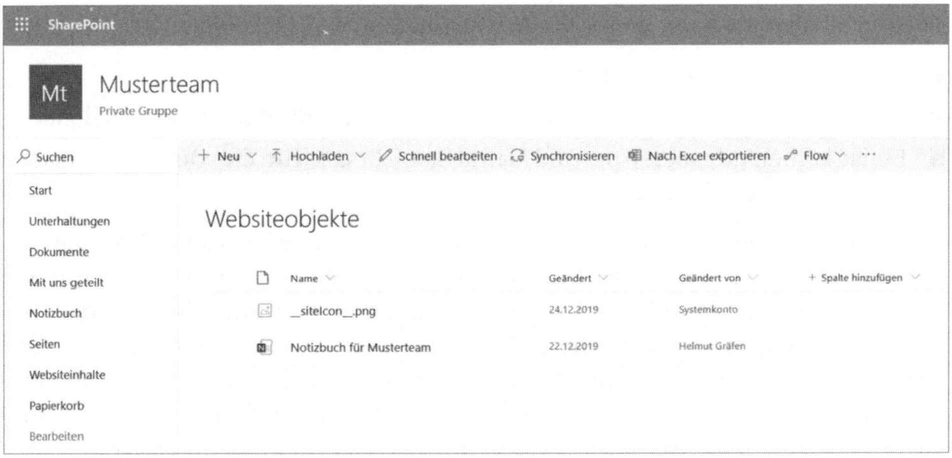

Abb. 10.3: OneNote-Notizbuch für das Team

Das Teamnotizbuch kann von mehreren Stellen aus aufgerufen werden. Zum Beispiel öffnet der Eintrag NOTIZBUCH in der linken Navigationsleiste der Teamwebsite das Teamnotizbuch.

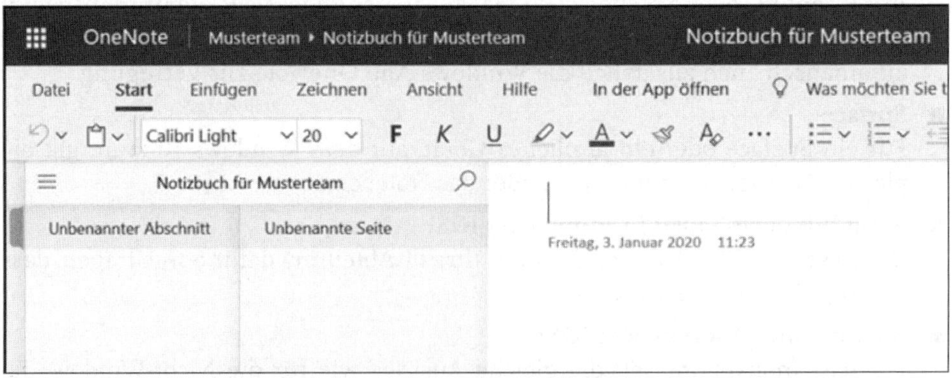

Abb. 10.4: Das Teamnotizbuch in der Webversion von OneNote

Anfangs enthält das Notizbuch weder Abschnitte noch Seiten. Der Teambesitzer hat die Aufgabe, hier eine Grundstruktur zu erstellen, mit der die Teammitglieder arbeiten können. In Abbildung 10.5 sehen Sie eine beispielhafte Struktur für ein Teamnotizbuch.

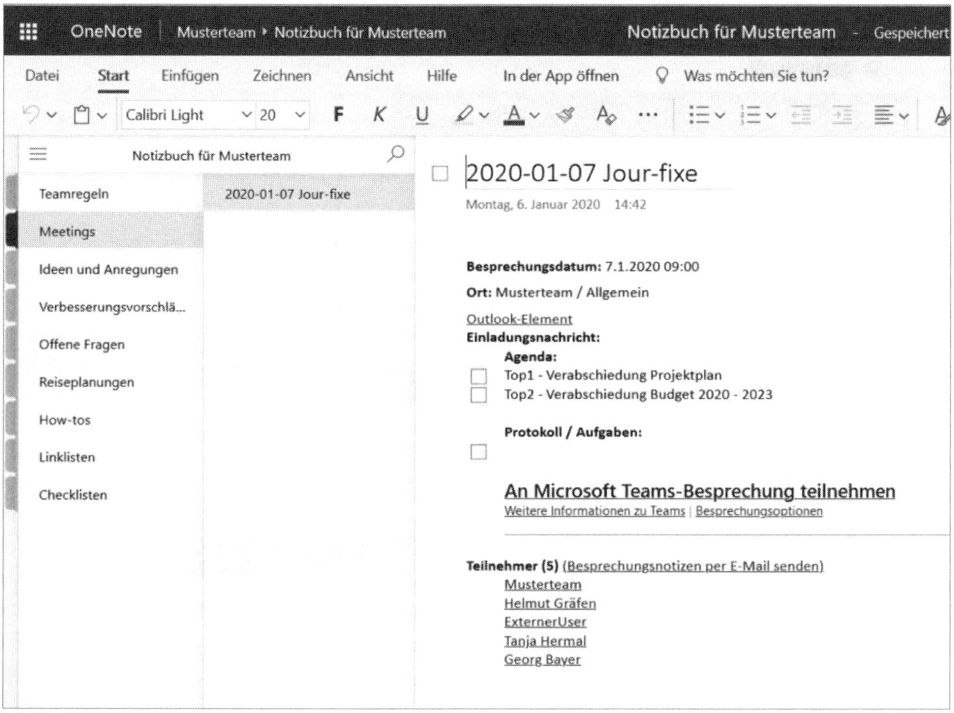

Abb. 10.5: Möglicher Aufbau eines Teamnotizbuchs

Da es kanalübergreifende Informationen enthält, sollte das Teamnotizbuch nun allen Teammitgliedern direkt im Kanal ALLGEMEIN zugänglich gemacht werden. Um in diesem Kanal eine neue Registerkarte für OneNote anzulegen, klicken Sie dort auf das Register +. In dem App-Auswahlfenster klicken Sie dann auf die Kachel ONENOTE.

Wählen Sie im folgenden Fenster das gewünschte Notizbuch und bestätigen Sie mit der Schaltfläche SPEICHERN. Links unten im Fenster können Sie definieren, ob diese Aktion im Kanal gepostet werden soll. Standardmäßig ist dieser Haken gesetzt. Das ist sinnvoll, weil so alle Teammitglieder direkt über die neue Ressource informiert sind. Das Teamnotizbuch wird als Registerkarte in diesem Kanal angezeigt. Alle Teammitglieder können nun damit arbeiten.

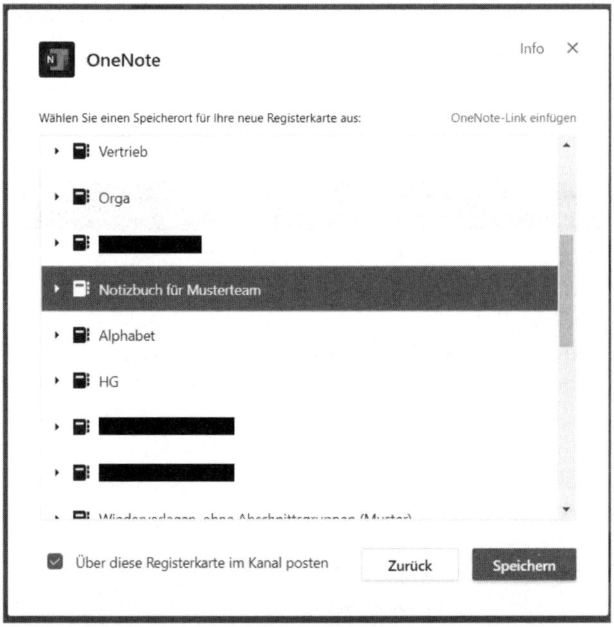

Abb. 10.6: Welches Notizbuch soll eingebunden werden?

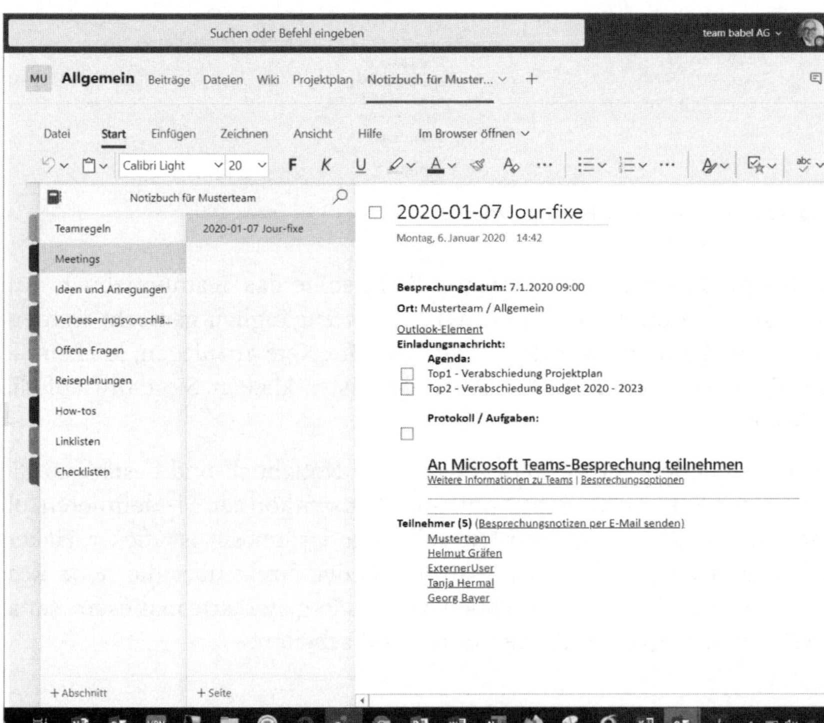

Abb. 10.7: Teamnotizbuch als Registerkarte eingebunden

Rechts neben der Menüzeile der OneNote-Benutzeroberfläche haben Sie mit einem Klick auf den Menüpunkt In der App öffnen die Möglichkeit, das Notizbuch auch in das Programm OneNote, das auf Ihrem PC installiert ist, einzubinden. Jedes Teammitglied kann dies auf seinem PC tun.

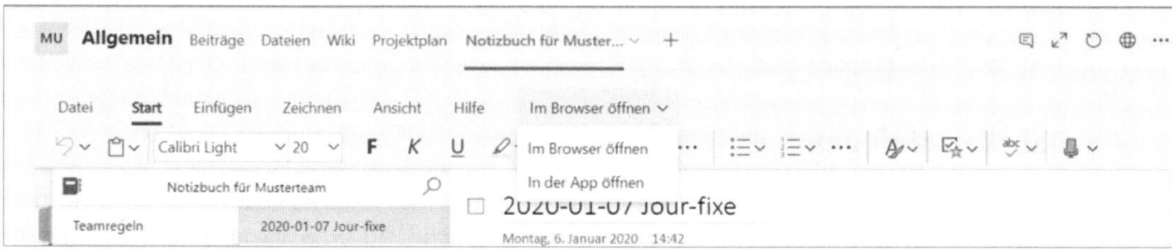

Abb. 10.8: Notizbuch in der App öffnen

Damit können Sie das Teamnotizbuch auch dann nutzen, wenn Sie nicht in MS Teams arbeiten.

Tipp

Ich empfehle jedem Teammitglied, das Teamnotizbuch auch in die OneNote-App auf dem Smartphone und/oder Tablet einzubinden. So können Sie jederzeit Ihre Gedanken notieren, unabhängig vom Endgerät, das Sie gerade nutzen. Das Notizbuch wird immer automatisch aktualisiert, alle sind also jederzeit auf demselben Stand.

10.1.1 Elf interessante Anwendungsmöglichkeiten für OneNote

Die im Folgenden abgebildeten Screenshots beziehen sich ausnahmslos auf die Version OneNote 2016.

Notizencontainer einfügen

Sobald Sie in einer OneNote-Seite zu schreiben beginnen, wird automatisch ein Notizencontainer erzeugt, der sich ähnlich wie ein Textfeld in Word verhält. Je nach eingegebenem Text erweitert er sich dynamisch nach rechts und nach unten. Sie können an jede beliebige Stelle in der OneNote-Seite doppelklicken, um dort zu schreiben und einen Notizencontainer zu erstellen. Da OneNote-Seiten keinerlei vorgegebene Struktur haben, können Sie die vorhandenen Notizencontainer beliebig auf der Seite positionieren oder verschieben.

Abb. 10.9: Notizencontainer in OneNote

Tabellen einfügen

Tabellen helfen beim strukturierten Eingeben von Texten in OneNote. Im Nachhinein sind sie in der Regel auch leichter zu ändern und anzupassen als Fließtext.

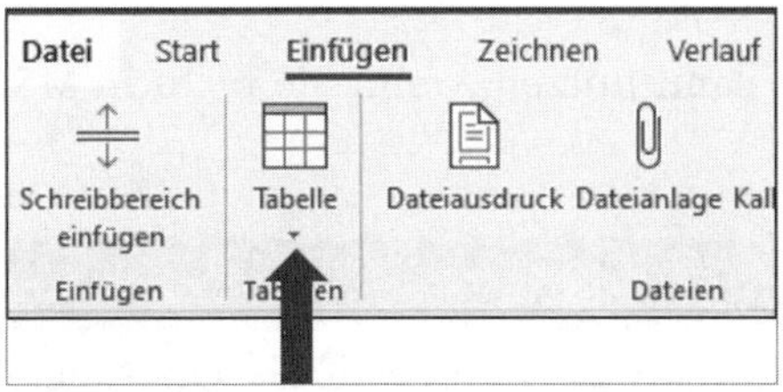

Abb. 10.10: Tabelle in OneNote einfügen

Kalkulationstabelle als Objekt einfügen

Sie können entweder eine vorhandene Excel-Tabelle als Anhang oder eine neue Excel-Tabelle als Objekt einfügen. Ich möchte Ihnen hier die zweite Möglichkeit vorstellen: NEUE EXCEL-TABELLE einfügen. Die wichtigste Information wird leider im Menü nicht aufgeführt: Die neue Excel-Tabelle wird ausschließlich als Objekt in die OneNote-Seite eingefügt. Das bedeutet, es wird keine Excel-Datei im Dateisystem abgespeichert. In dem Excel-Objekt steht trotzdem die komplette Excel-Funktionalität zur Verfügung. Diese schöne Funktionalität nutze ich für meine Stundenzettel für die Arbeiten in einem Projekt. Wenn das Projekt abgearbeitet und die Rechnung dazu gestellt ist, muss ich lediglich die OneNote-Seite mit dem Excel-Objekt löschen.

Hinweis

Erstellen können Sie ein Excel-Objekt nur in OneNote 2016, in den Apps leider nicht. Allerdings können Sie in den Apps mit einem vorhandenen Excel-Objekt arbeiten.

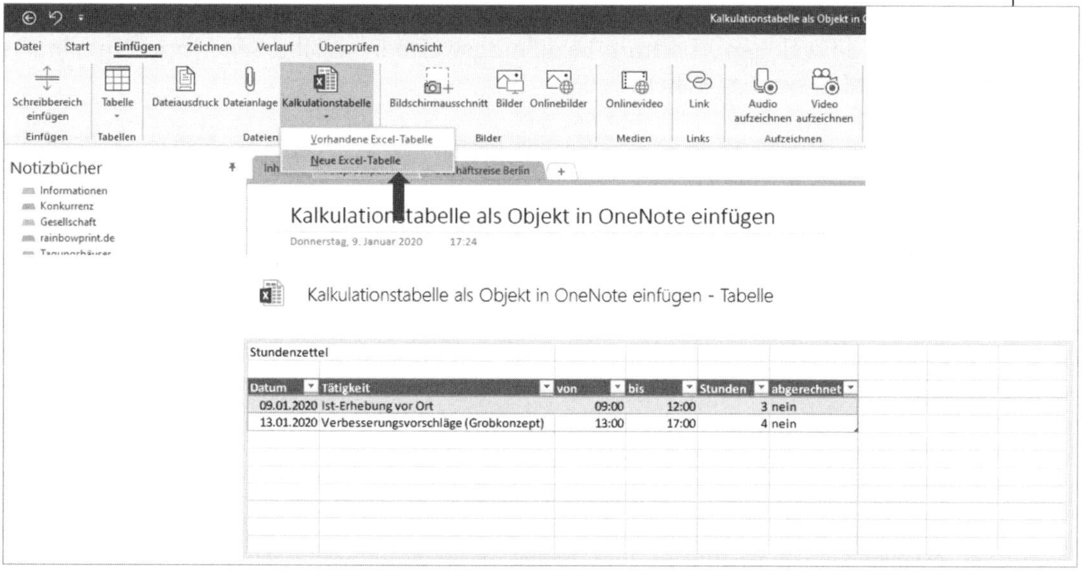

Abb. 10.11: Kalkulationstabelle als Excel-Objekt in OneNote-Seite einfügen

Mails aus Outlook nach OneNote senden

Eine Mail aus Outlook nach OneNote zu senden, hat den Vorteil, dass Sie sich einfach Notizen in dieser OneNote-Seite machen können. In Situationen, wo Tippgeräusche stören, so z.B. in einer Besprechung oder bei einem Kundentermin, können Sie sich handschriftliche Notizen in der Seite machen, sofern Sie ein Endgerät mit Stifteingabe, z.B. ein Surface, besitzen. Beim Senden nach OneNote bleiben Links und Anhänge erhalten und können in OneNote geöffnet werden. Die Mail verbleibt nach dem Senden in Outlook.

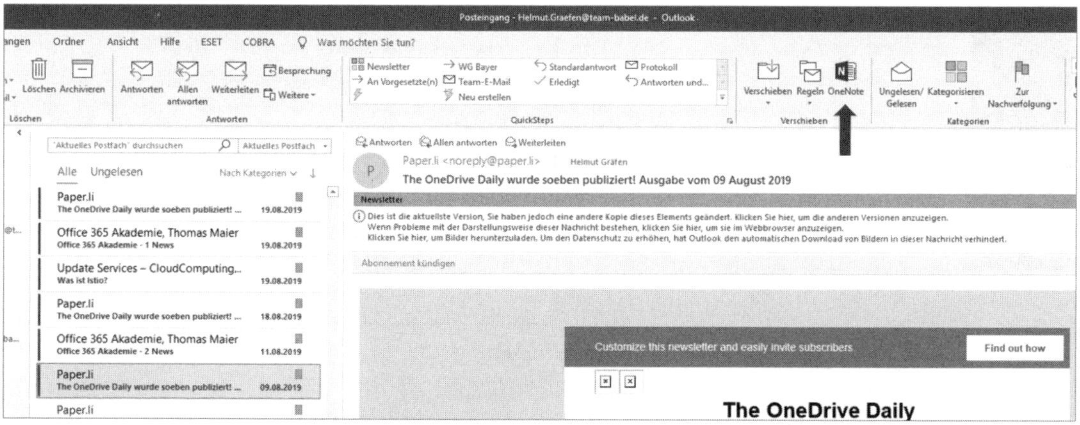

Abb. 10.12: Mail aus Outlook nach OneNote senden

Nachdem Sie in Outlook den Button ONENOTE angeklickt haben, werden Sie gefragt, in welchen Abschnitt beziehungsweise in welche Seite Ihres Notizbuchs Sie die Mail senden wollen.

Hinweis

Diese Funktion steht nur in OneNote 2016 zur Verfügung, in den Apps leider nicht. Allerdings können Sie in den Apps mit den in OneNote 2016 erstellten Seiten arbeiten.

Virtuellen Dateiausdruck einfügen

Wenn auf Ihrem PC oder Notebook OneNote als Programm installiert ist, wird automatisch ein Druckertreiber mit dem Namen `Send to OneNote 2016` eingerichtet. Das ermöglicht es Ihnen, aus jeder Anwendung, die auf Ihrem PC installiert ist, einen Ausdruck einer Datei in OneNote zu erzeugen. Der virtuelle Ausdruck wird als Bild in die OneNote-Seite eingefügt. Auch diese Funktion lässt sich sehr gut einsetzen, um zum Beispiel Besprechungen smarter vor- und nachzubereiten. In Abbildung 10.13 ein Beispiel mit einer Excel-Datei.

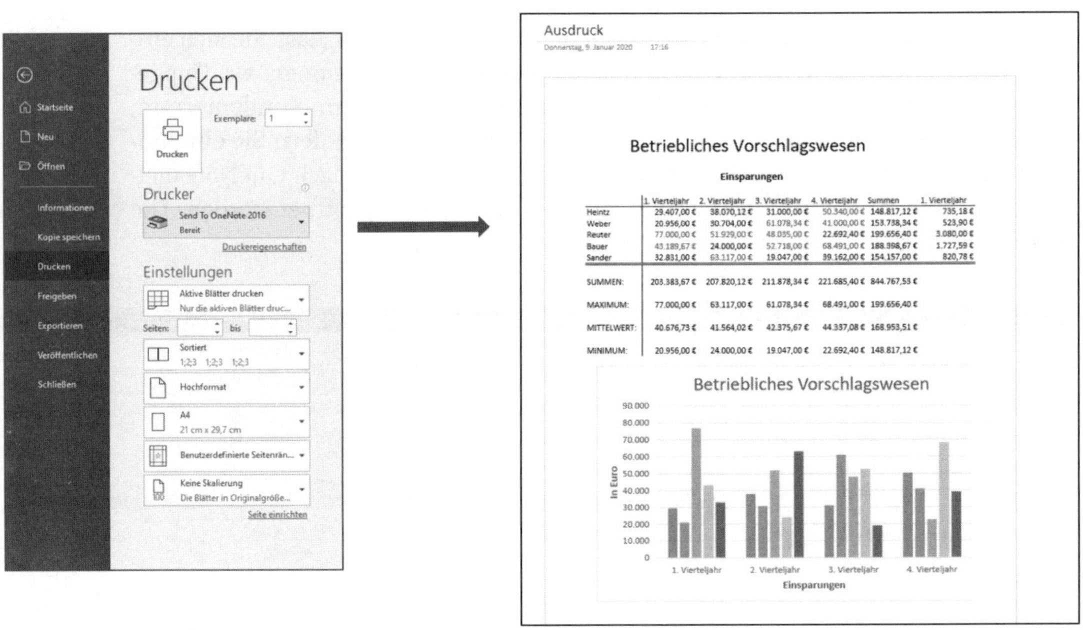

Abb. 10.13: Excel-Datei nach OneNote drucken

Auch hier werden Sie beim Klicken auf den Button DRUCKEN gefragt, in welchen Abschnitt beziehungsweise in welche Seite der Ausdruck abgelegt werden soll.

Bildschirmausschnitt einfügen

Diese Funktion gibt es auch in den anderen Office-Programmen, aber in OneNote nutze ich sie besonders häufig. Sie funktioniert ähnlich wie das *Snipping Tool* aus Windows. Während das Snipping Tool vor allen Dingen dafür gedacht ist, aus Screenshots Grafikdateien zu erzeugen, legt die Funktion BILDSCHIRMAUSSCHNITT den Bereich, den Sie in einem Fenster mit der Maus aufgezogen haben, als Bild in die OneNote-Seite ab.

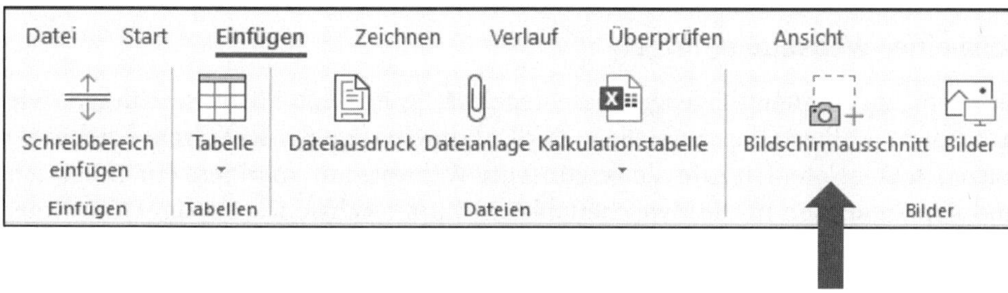

Abb. 10.14: Menü EINFÜGEN|BILDSCHIRMAUSSCHNITT

Bevor Sie den Button BILDSCHIRMAUSSCHNITT anklicken, wechseln Sie in das Programmfenster (z. B. MS Teams), aus dem Sie den Bildschirmausschnitt erstellen wollen. Dann kehren Sie wieder zu OneNote zurück und klicken auf den Button BILDSCHIRMAUSSCHNITT. OneNote wechselt nun in dieses Programmfenster (z. B. MS Teams) und blendet den Bildschirm weiß ab. Mit der Maus ziehen Sie jetzt den gewünschten Bereich auf und lassen die Maus los. OneNote legt den markierten Bereich als Bild in die OneNote-Seite ab.

Abb. 10.15: Bildschirmausschnitt aus MS Teams

Diese Funktion ermöglicht es Ihnen, schnell bebilderte Anleitungen (How-tos) in OneNote zu erstellen.

> **Hinweis**
>
> Die Funktion steht nur in OneNote 2016 zur Verfügung, in den Apps leider nicht. Allerdings können Sie in den Apps mit den in OneNote 2016 erstellten Seiten arbeiten.

Teile einer Webseite einfügen

Es gehört zu meinem Tagesgeschäft, regelmäßig im Web zu recherchieren, wie sich unsere Mitbewerber aufstellen. Zur Dokumentation der Rechercheergebnisse nutze ich OneNote. Ich rufe die gewünschte Webseite auf, markiere einen Bereich und kopiere diesen in die Zwischenablage. Dann wechsle ich zu einer OneNote-Seite und füge den Bereich ein.

Teile einer Website einfügen
Montag, 6. April 2020 08:27

ONLINE-SEMINARE – TERMINE 2020

*) alle Preise in €, zzgl. gesetzlicher MwSt.

TERMIN	TITEL	LISTENPREIS	AKTIONSPREIS	ORT	DAUER
20.04.2020	Microsoft Excel Pivot-Tabellen-Workshop	145,00		Online-Seminar	3,5 Std.
22.04.2020	Office 365 - Mit Microsoft Teams arbeiten	220,00		Online-Seminar	3,5 Std.
23.04.2020	Microsoft Teams - Konzepte und Implementierung	kostenlos		Online-Vortrag	1,5 Std.
27.04.2020	Office 365 - Überblick für Entscheider	220,00		Online-Seminar	3,5 Std.
28.04.2020	Professionelles Organisieren mit Outlook	170,00		Online-Seminar	3,5 Std.
04.05.2020	Intelligentes Organisieren mit OneNote und Outlook	170,00		Online-Seminar	3,5 Std.

Aus <https://www.babel-training.de/>

Abb. 10.16: Teile einer Website einfügen

Das Beispiel in Abbildung 10.16 zeigt einen Ausschnitt der Trainingsseite von *team babel*. Wie Sie in der Abbildung erkennen, bleiben alle Links der Website erhalten. Zusätzlich wird am Ende des Bereichs noch der Link zu der Quell-Website angezeigt.

Bilder einfügen

OneNote bietet natürlich auch die Möglichkeit, Bilder einzufügen.

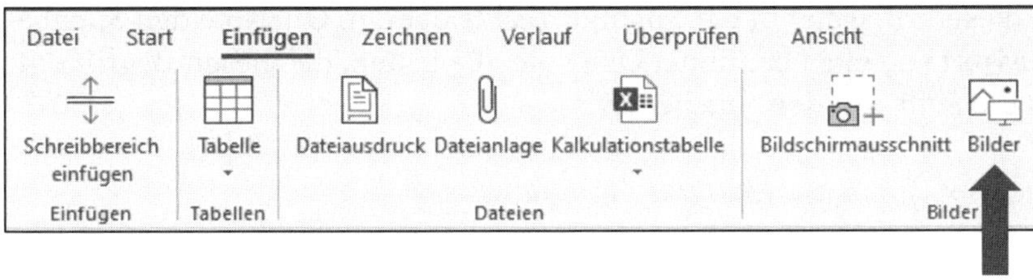

Abb. 10.17: Menü EINFÜGEN|BILDER

Abb. 10.18: OneNote-Seite mit eingefügtem Bild

Auch wenn die Möglichkeiten, das Bild zu bearbeiten, sehr reduziert sind (siehe Kontextmenü in Abbildung 10.18), versteckt sich doch eine fantastische Funktionalität in den eingefügten Bildern: OneNote kann nach den Texten im Bild suchen. So können Sie Vorgänge und Abläufe in OneNote mit Fotos und Bildern dokumentieren, ohne diese in einem zusätzlichen Schritt verschlagworten zu müssen.

Wenn ich in diesem Beispiel in der Suchbox rechts oben in OneNote den Suchbegriff `Praxiseinstieg` eingebe, findet OneNote alle Seiten, die diesen Begriff enthalten. Auch die Seite mit dem Buchcover.

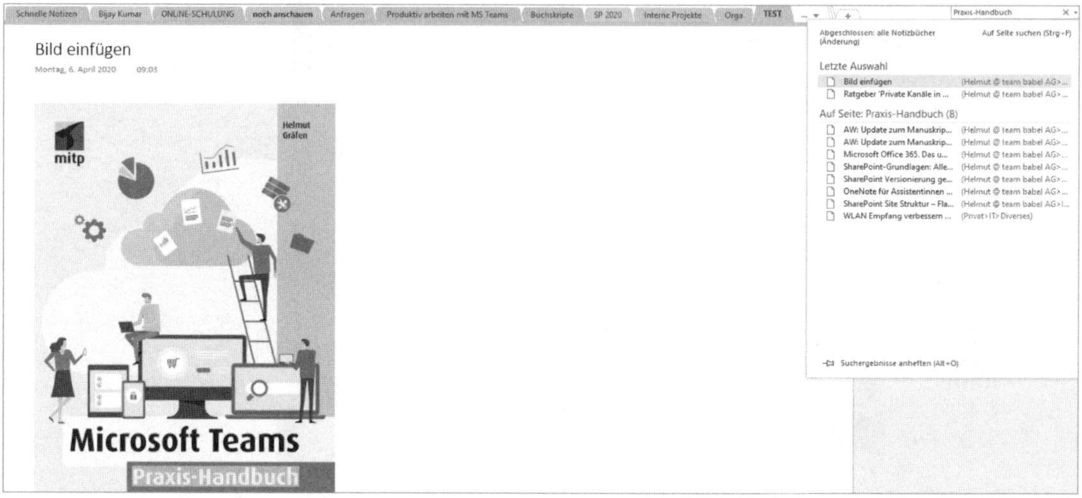

Abb. 10.19: Textsuche in einem Bild

Linkliste zu häufig genutzten Ressourcen einfügen

Arbeiten Sie, wo und wann immer es geht, mit Links zu benötigten Ressourcen.

Links haben gegenüber Dateianlagen zwei entscheidende Vorteile:

- Alle Beteiligten arbeiten immer mit der Originaldatei. Nachfragen, welche der Dateianlagen die aktuelle Version ist, entfallen.
- Ein Link beansprucht keinen nennenswerten Speicherplatz, ein Dateianhang dagegen verbraucht zusätzlichen Speicherplatz.

In OneNote eine Seite anzulegen, die Links zu den wichtigsten Ressourcen eines Teams beherbergt, ist pures Gold wert.

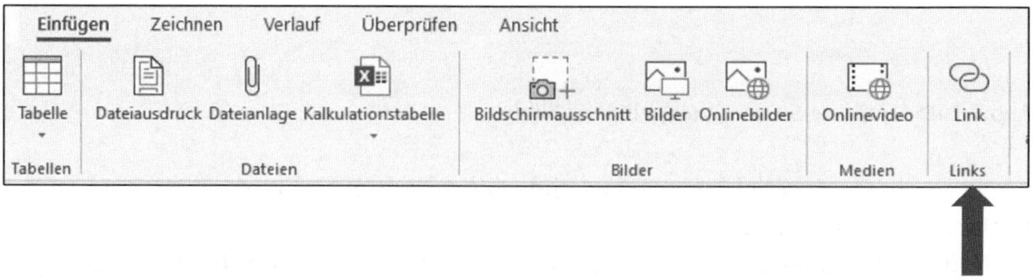

Abb. 10.20: Menü EINFÜGEN|LINK

Die Linkliste können Sie im Fließtext oder, wie in dem Beispiel in Abbildung 10.20, in einer Tabelle abbilden. Tabellen haben den Vorteil, dass Sie die Spalten sortieren können.

Wichtige Links
Mittwoch, 25. Mai 2016 09:36

Ressource	Link	Ort	Zeitstempel
OneNote Blog, S. Wischner	http://onenote-blog.de/blog-2/	Internet	19.10.2016
OneDrive Zeitung	https://paper.li/e-1476871820	Internet	21.10.2016
OfficeBlog.at	http://www.officeblog.at/default.aspx	Internet	21.10.2016
Intranet Startseite	http://[redacted]doku.php	Intranet	25.05.2016
Preislisten	http:[redacted]/doku.php?id=li preise beratung seminare aus kalkulationstool&s[]=preislisten	Intranet	25.05.2016
Anmeldungen zu Vorträgen	file://[redacted]/B 2020/Marketing%20(rot)/ Veranstaltung 2015-16/Anmeldungen%20Vortragsreihe%20BPR.xlsx	Intranet	25.05.2016
Marketing Mediaplan	http://[redacted]/doku.php?id=in mediaplan fuer mailings	Intranet	25.05.2016
Bildner Verlag	http://www.bildner-verlag.de/	Web	25.05.2016
Herdt-Verlag	http://www.herdt-verlag.de	Web	25.05.2016
Büromaterial bestellen	http://[redacted]/doku.php?id=aa bueromaterial bestellen	Intranet	25.05.2016
Anmeldedaten buecher.de	http://[redacted]/doku.php?id=in buch.de buecher bestellen	Intranet	25.05.2016
Feedbackbogen drucken	Vo Feedbackbogen Teilnehmer Seminare	Intranet	25.05.2016
Anmeldung Bing Ads	https://bingads.microsoft.com/?mkt=de-de	Web	10.06.2016
Anmeldung Office 365	https://login.microsoftonline.com/	Cloud	27.09.2016
Teamsite Office 365	https:[redacted] layouts/15/touchapp.aspx?Mode=TeamSite&Page=ListOfApps&Path=	Cloud	27.09.2016
Dateiserver	\\[redacted]	Dateiserver	27.09.2016

Abb. 10.21: Beispiel für eine Linkliste

Abhakbare Checkliste einfügen

In meinem Tagesgeschäft arbeite ich konsequent mit Checklisten. In OneNote erstellen Sie sehr schnell abhakbare Checklisten, indem Sie vor einen beliebigen Text in der OneNote-Seite eine klickbare Checkbox setzen. Diese Funktion ist im Menü START angesiedelt.

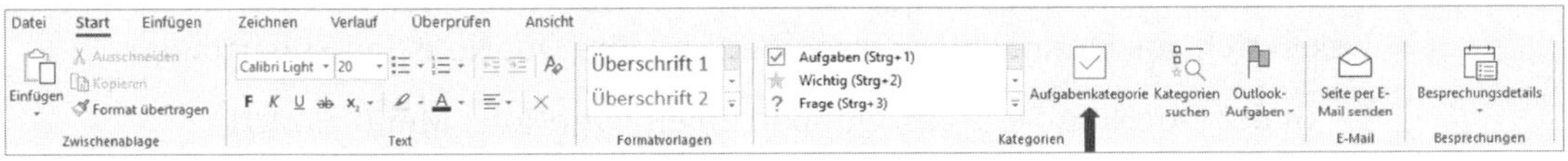

Abb. 10.22: Menü START|AUFGABENKATEGORIE

Auch hier können Sie wieder im Fließtext oder in einer Tabelle arbeiten. Tabellen haben den Vorteil, dass Sie die Spalten sortieren können.

Notebook einrichten

Freitag, 18. Juli 2014 21:07

ToDos	
Name + PW von Admin ändern	☑
Benutzer A anlegen	☑
Benutzer B anlegen	☐
Mozilla installieren	☑
Chrome installieren	☐
McAfee deinstallieren und ESET installieren	☑
iTunes installieren	☑
Neuen HBCI Kartenleser installieren	☑
Adobe Acrobat installieren	☑
Adobe CS	☐
ClassicShell f. alle User einrichten	☑
Sipgate Phone einrichten	☐
Sennheiser Headset einrichten	☑
Brother Drucker einrichten	☑
Scanner installieren	☐
MindManager installieren	☑
WinZip	☑

Abb. 10.23: Beispiel für Checkliste

Auf dem Smartphone und Tablet können Sie die Haken auch mit dem Finger erzeugen.

Besprechungsinformationen aus Outlook nutzen

Wie bereits erwähnt, können Sie OneNote auch dazu nutzen, Ihre Meetingressourcen im Teamnotizbuch abzubilden. Die Informationen zu einer Besprechung lassen sich aus Outlook über zwei Wege in eine OneNote-Seite übertragen:

1. In der OneNote-Seite aus Outlook holen (OneNote: Menü START)

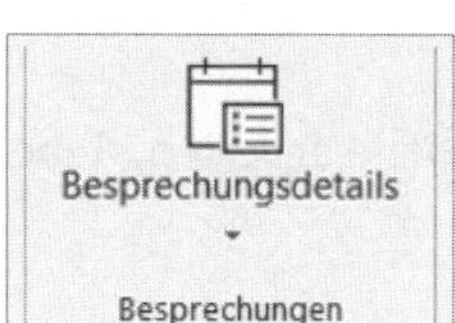

Abb. 10.24: Button in OneNote, um Besprechungsinformationen aus Outlook zu holen

2. Aus der Besprechung in Outlook nach OneNote senden (Outlook: Menü BESPRECHUNG)

Abb. 10.25: Button in Outlook, um Besprechungsinformationen nach OneNote zu senden

Welche der beiden Varianten Sie nehmen, ist Geschmackssache. Wählen Sie die Vorgehensweise, die Ihnen am besten von der Hand geht.

Erstellen Sie in OneNote für jede Besprechung eine Seite, in die Sie die Besprechungsinformationen aus Outlook, die Agenda und das Protokoll der Besprechung ablegen. Das Protokoll wird in der Regel als To-do-Liste geführt. Eine solche Seite könnte aussehen wie in Abbildung 10.26.

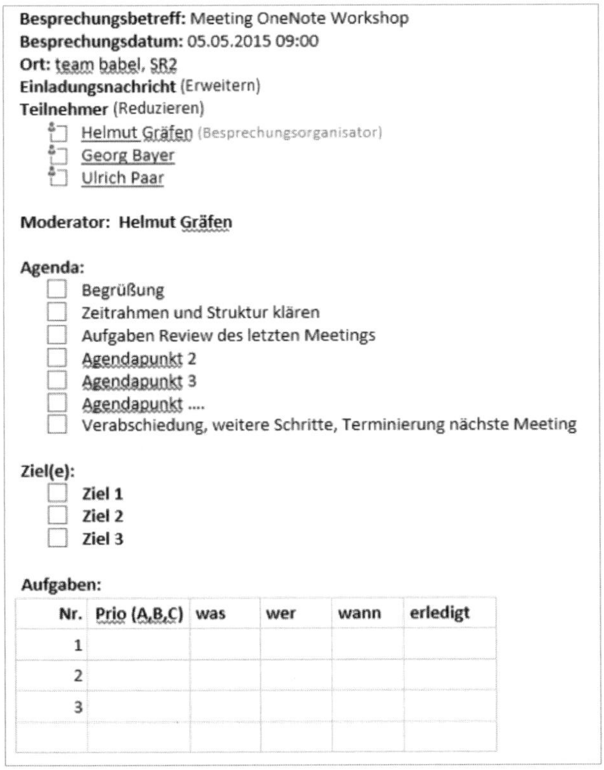

Besprechungsbetreff: Meeting OneNote Workshop
Besprechungsdatum: 05.05.2015 09:00
Ort: team babel, SR2
Einladungsnachricht (Erweitern)
Teilnehmer (Reduzieren)

- Helmut Gräfen (Besprechungsorganisator)
- Georg Bayer
- Ulrich Paar

Moderator: Helmut Gräfen

Agenda:

- ☐ Begrüßung
- ☐ Zeitrahmen und Struktur klären
- ☐ Aufgaben Review des letzten Meetings
- ☐ Agendapunkt 2
- ☐ Agendapunkt 3
- ☐ Agendapunkt ....
- ☐ Verabschiedung, weitere Schritte, Terminierung nächste Meeting

Ziel(e):

- ☐ **Ziel 1**
- ☐ **Ziel 2**
- ☐ **Ziel 3**

Aufgaben:

Nr.	Prio (A,B,C)	was	wer	wann	erledigt
1					
2					
3					

Abb. 10.26: Besprechungsinformationen in OneNote abbilden

Konsequent genutzt bietet die Funktion für alle Teammitglieder einen enormen Benefit.

10.2 Die Aufgaben-App »Planner« einbinden

Die App Planner dient dazu, die Aufgaben innerhalb eines Teams zu managen.

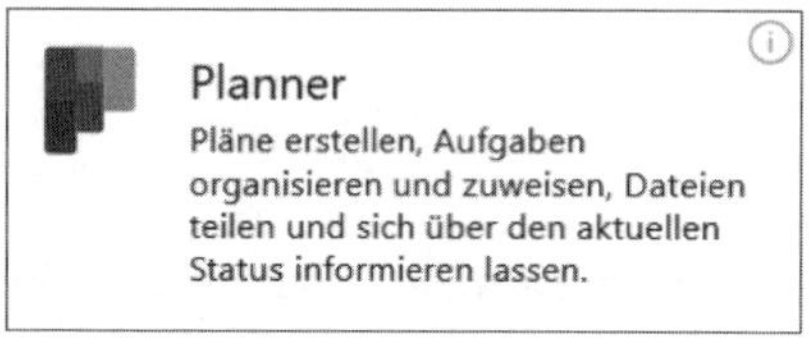

Abb. 10.27: Die App Planner

Sie kann sowohl über den Startbildschirm von Office 365 aufgerufen als auch als Registerkarte in einen Teamkanal eingebunden werden. Die App Planner soll im Kanal ALLGEMEIN an eine neue Registerkarte angeheftet werden. Auch hier klicken Sie zunächst auf das Register +. Im App-Auswahlfenster klicken Sie dann auf die Kachel PLANNER.

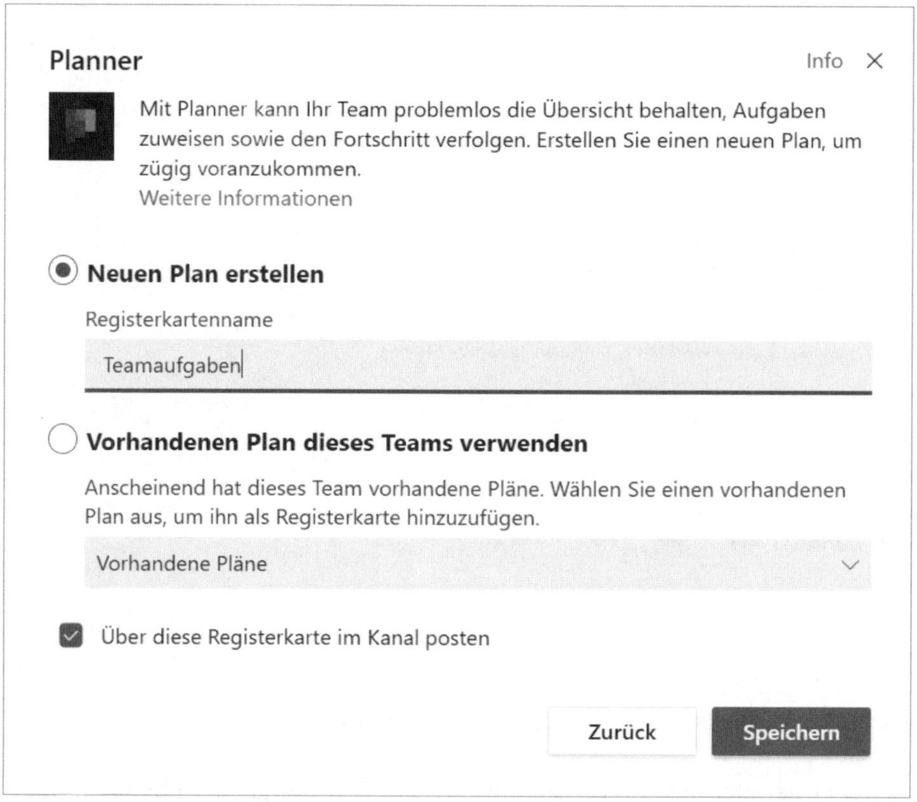

Abb. 10.28: Neuen Plan erstellen

Nachdem Sie den Namen für den neuen Plan eingetippt und mit der Schaltfläche SPEICHERN bestätigt haben, wird die Registerkarte eingerichtet. Sie erhält den Namen des Plans, den Sie angegeben haben.

Die Funktionalitäten der App Planner und das Zusammenspiel mit den anderen Aufgaben-Apps in Office 365 beschreibe ich detailliert in Kapitel 7.

Tipp

Ich empfehle Ihnen, die App Planner auch auf Ihrem Handy zu installieren. So haben Sie jederzeit die Teamaufgaben zur Hand, unabhängig vom Endgerät, das Sie gerade nutzen.

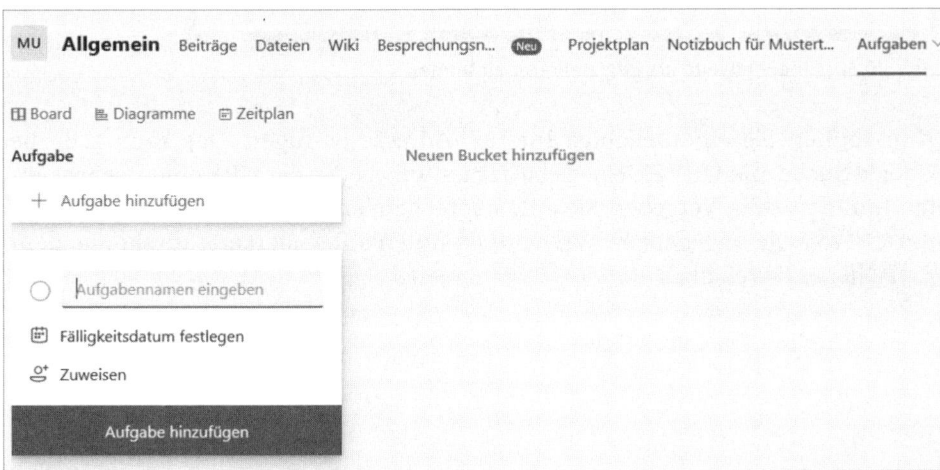

Abb. 10.29: Planner als Registerkarte eingebunden

10.3 Apps von Fremdanbietern einbinden

Das Einbinden der Apps von Fremdanbietern als Kanalregister macht vor allem dann Sinn, wenn Sie vor der Einführung von Office 365 bereits mit Tools von anderen Anbietern gearbeitet haben und diese auch weiterhin nutzen möchten.

Tipp

Anstelle einer App können Sie auch aus dem App-Auswahlfenster die Kachel WEBSITE wählen.

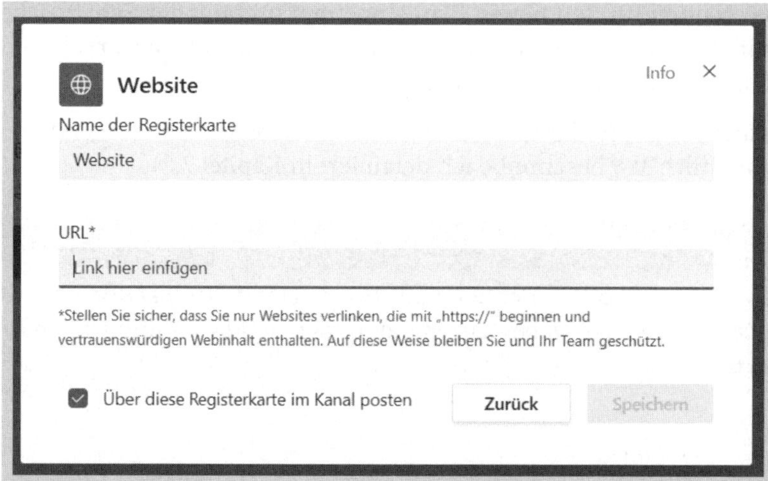

Abb. 10.30: Eine Webseite als Registerkarte einbinden

Nun können Sie eine beliebige Internet-Adresse einfügen. Das kann z.B. die Google-Suche, die URL eines webbasierten Wikis oder die URL eines webbasierten Intranets sein. Vergeben Sie einen sprechenden Namen und klicken Sie auf SPEICHERN. Die angegebene Webseite ist nun als Registerkarte direkt aus dem Kanal heraus erreichbar.

Stichwortverzeichnis

J

K

M

N

O

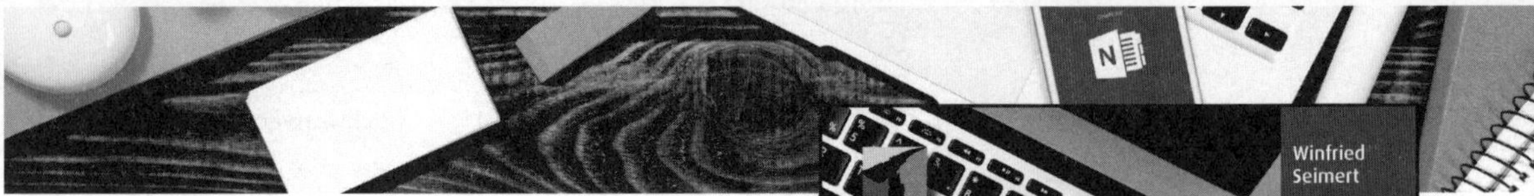

Winfried Seimert

OneNote

Praxiswissen für die Arbeit mit Computer, Smartphone und Tablet

Mit dem digitalen Notizbuch der Office-Suite effektiv arbeiten

Ideen notieren, Mitschriften erstellen, Informationen strukturieren

Von der ersten Notiz auf dem Computer bis zum mobilen Einsatz mit der OneNote-App

Microsoft OneNote ist Teil verschiedener Microsoft Office-Pakete und auf vielen PCs schon vorinstalliert. Das Notizprogramm bringt leicht Ordnung und Struktur in Ihr digitales Leben: Sie können unkompliziert Informationen jeglicher Art sammeln und zu Ihren persönlichen Notizbüchern zusammenfassen.

Winfried Seimert zeigt Ihnen in diesem praxisnahen Buch, wie Sie mit OneNote Notizen, Termine, Fotos, Screenshots, Webseiten oder auch Dokumente sinnvoll sammeln, verwalten, strukturieren und gezielt wieder abrufen. Sie lernen, OneNote in Zusammenarbeit mit anderen Office-Programmen wie Outlook oder Word zu nutzen, und erfahren, welche fortgeschrittenen Möglichkeiten Ihnen das Add-in OneTastic bietet.

So wird OneNote zu einem effektiven Helfer für Ihre Selbstorganisation sowie Ihr Wissens- und Informationsmanagement.

Probekapitel und Infos erhalten Sie unter:
www.mitp.de/953

ISBN 978-3-95845-953-3